"马克思主义理论学位点培优培育"
系列丛书

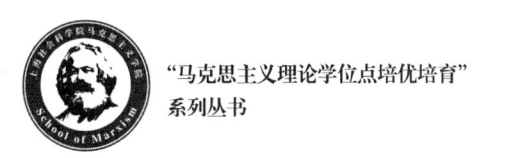

马克思政治经济学的开端
——从文本到现实

潘乐 谢晓川 冯莉 / 著

On the Threshold of Marx's
Political Economics
— From Texts to Realities

上海社会科学院出版社
SHANGHAI ACADEMY OF SOCIAL SCIENCES PRESS

编 委 会

潘世伟　吴晓明　黄力之
陈学明　肖　巍　黄凯锋
刘　杰　沈桂龙

合名論

丛 书 总 序

潘世伟(上海社会科学院中国马克思主义研究所名誉所长　教授)

19世纪中叶,马克思、恩格斯完成了社会主义从空想到科学的根本转变。《共产党宣言》正是这一根本转变的标志。自那时起的175年里,一代又一代的接续者不断努力,沿着马克思、恩格斯奠基者的足迹,使社会主义从一种思想观念发展为阶级斗争、政党组织、社会革命、国家政权和文明形态。如果从更为深邃的意义上思考,社会主义的历史性运动呈现为三种形态。

基于资本主义生长点的原典形态。社会主义思潮诞生于欧洲,其从空想到科学的蜕变也完成于欧洲,这并非偶然。这一地区得益于资本主义的发展,从而在整个世界的发展中脱颖而出,一跃而成为最为先进的地区。欧洲那些主要的国家,凭着工业革命的先行优势,造就了全新的强大生产力。就其内部而言,一个新的统治阶级,即资产阶级傲然崛起。通过不同样式的资产阶级革命,相继在欧洲一系列国家获得了政权,与此同时构造了与之相匹配的社会架构、市场经济架构、政治架构、文化架构,以及现代民族国家架构。所有这些变革最终关闭了欧洲中世纪略显灰暗的大门,显示出早期资本主义现代化的绚烂光影。就其外部而言,这些现代化先行一步的欧洲国家,借助持续的殖民扩张,以军事战争、宗教传播、文化侵略等综合性手段,揭开了此后绵延百年的以欧洲为中心的全球化序幕。值得注意的是,这一时期欧洲的资本主义是内部发展与外部发展相互交织、互为条件的双重奏鸣:内部政治、经济、文化、社会的发展,推动和主导了外部扩张;外部扩张,反过来又极大地支撑和加固了内部的发展。欧洲资本主义如此多彩炫目的发展成就,遮蔽了当时大多数人的视野。悄然间,一个全新的社会主义思想正在孕育中破土而出。正是欧洲资本主义经济政治的发展,为马克思主义的形成创造了社会条件;工人阶级的成长壮大,以及主张自己利益的工人运动的兴起,为马克思主义的形成提供了阶级基础;文化和哲学、经济学、社会学等社会科学的繁荣,为马克思主义的形成提供了思想社会条件;《共产党宣言》的发表,为科学社会主义的问世颁发了出生证书。科学社会主义的创始人马克思、恩格斯,以及他们同时代的社会主义经典作家,充分肯定资本主义发展创造的一切成就,并且毫不吝啬地给予前所未有的祝贺。然而,超越大多数人的地方在于,他们又无情地发布了欧洲资本主义的讣告,坚定地认为看起来方兴未艾的资本主义制度将迎来自己的绝唱。这些社会主义的先驱者大无畏地指出,虽然资本主义创造了令人赞叹的生产力和物质财富,以及在此基础之上的政治、社会和文化的一切成果,但同时也存在着深刻的内在矛盾。而这些弊端,靠资本主义本身的力量只能缓解,无法根除。可以肯定的是,资本主义绝对不会是人类社会发展的终极形态,它在历史中产生,也将被历史所否定。这些社会主义的先驱者坚定地认为,改变资本主义命运的力量来自处在被统治的工人阶级及其他社会力量,通过政治斗争和社会革命,资产阶级将失去统治地位,被压迫的阶级将成为统治阶级。对工人阶级来说,与其屈从于资产阶级的压迫,伴随资本主义的衰落,不如奋而投身革命,以打碎旧的世界。这些社会主义的先驱者充满信心地认为,人类应当有比资本主义更加合理的美好社会状态,取代资本主义的理想制度就是社会主义,以及在社会主义基础之上发展起来的更高级的共产主义。尽管未来美好社会的细节尚不能描绘出来,但是工人阶级及其政党在未来实践中一定会创造出来。更重要的是,这些社会主义的先驱者在批判资本主义、论证社会主义的过程中,提炼出了人类社会发展的一般规律,形成了以唯物史观为核心内容的世界观和方法论,使人们能更加准确地认识世界,把握人类历史运动。

  围绕上述内容,逐渐凝聚成社会主义的原典形态。这一形态的大致要点是:(1)社会主义孕育的母体只能是当时人类社会最发达的资本主义,社会主义所需要的政治力量和思想资源都在资本主义内部生成。(2)资本主义可以,也必然被否定和超越,无论资本主义生存维系的时间多么长久,它终究是人类历史的一个片段,即便资本主义因时因势进行自我改良,也无法得出资本主义具有永恒属性的结论。资本主义在完成自己的历史使命之后,告别人类舞台是其无法回避的命运。(3) 资本主义的终点就是社会主义的起点,社会主义一开始就立足于人类已经创造的生产力之上,立足于已经非常丰富的物质财富之上,立足于已经拥有的精神财富之上,立足于人类已经达到的现代化水准之上。正是在资本主义所积累的一切成果基础之上,社会主义去消解生产力与生产关系的紧张冲突,去克服生产资料私有制固有的弊端,去解决由之而来的一切矛盾与对抗。社会主义固然是对资本主义的批判与否定,但更是实现一种新的超越与升华。可以说,资本主义越是发展,越是在为社会主义准备更多的物质条件和其他各方面的条件。同样,资本主义的生产力越发达,生产关系越是复杂,国家治理越是精致,社会主义建设新社会的要求自然就会更高。创造更高的生产率,发展更强的生产力,实现更真实的公平,构造更和谐的社会,将更具挑战性。人类应当有能力承担这个更美好社会的建设任务。基于资本主义生长点的原典形态,正是社会主义出生时的模样。在本源的意义上,社会主义源于资本主义又高于资本主义。由此扩展而来的社会主义经典叙事有着强大的生命力,照亮着人类穿越资本主义丛林的前行道路,激励越来越多的人投身向社会主义过渡的漫长历史进程。

基于非资本主义生长点的转化形态。出乎人们预料的是,世界社会主义运动的进程发生了重大变化。这种变化表现为社会主义的发展出现了高涨和低落交替的跌宕起伏,表现为社会主义在其原生地形成了成长受阻的长久曲折,表现为在资本主义薄弱环节曾经成功的苏联、东欧国家社会主义实践的夭折逆转。然而在这历史的流变中,更为本质的变化是以中国为代表的社会主义国家的崛起。当社会主义在原来设定的生长点上,即资本主义发达国家,没有能够破土而出的时候,却出现了马克思主义经典作家视野之外新的生长点。这个生长点,不是在资本主义的内部,而是在资本主义的外部;不是在生产力最为发达的地带,而是在经济发展落后的地带;不是在西方,而是在非西方;不是源于资本主义内部的阶级矛盾和阶级斗争,而是源于帝国主义殖民地、半殖民地的民族解放运动。社会主义的内涵、社会主义的展开方式、社会主义的逻辑都有了新的定义。这一意义非凡的突破,超越了当年马克思主义经典作家的论述和想象,构成了一种全新的社会主义形态。在一定意义上可以称之为区别于社会主义经典形态的转化形态,区别于社会主义原生形态的衍生形态。这个新形态的问世,是社会主义发展逻辑与中国自身发展逻辑交汇融合的产物。从社会主义思想的角度观察和思考的话,可以看到资本主义的一个本质表现,就是征服世界。对欧洲中心之外的广大世界的侵略掠夺,成为资本主义持续繁荣和保持舒适的重要条件。发达国家的发达是建立在不发达国家的不发达基础之上的。资本主义不仅固化了内部的不平等,也造就着外部的不平等。社会主义经典作家注意到了资本主义殖民扩张对广大非西方世界的破坏性影响,但是限于诸多客观历史条件的限制,他们没有就此形成系统性的详细论述。直到列宁等后继的马克思主义者,才更加敏锐地深入关注了殖民地、半殖民地国家反抗资本主义、帝国主义侵略的民族解放斗争。"全世界无产者联合起来"这样一个经典的议题设置,被扩展为"全世界无产者和被压迫民族联合起来"的新议题设置,就是一个有力的证明。即便当时社会主义理论和实践的重心依然聚焦于资本主义国家本身,但是欧洲社会主义运动对广大殖民地、半殖民地的溢出效应在不断地增强。社会主义对资本主义的揭露和批判,对未来更加美好社会的理想和追求,工人阶级及其政党推翻旧世界斗争的勇气和决心,给广大殖民地、半殖民地国家和人民带来了深刻的启示,展现了进行新的选择的历史可能性,成为这些国家反抗资本主义侵略征服极其重要的思想资源。

　　从中国自身发展的角度观察和思考的话,可以看到已经独处东方几千年的中国,遇到了千年未有的重大冲击。一个在经济、军事、政治、文化、技术、治理、制度上全面优越于中国的外部力量,以野蛮的战争方式砸开国门。这场巨变不仅仅是欧美强国对东方古国的远征,更是一个新兴的资本主义对衰落的封建主义的毁灭性打击。国家羞辱、人民苦难、文明蒙尘的不幸遭遇,必然激发中国人民的反抗。追求民族解放和民族复兴的中国人,比以往任何时候都迫切需要新的思想的启迪。在中国内部思想资源难堪大用的窘境下,许多有识之士将目光转向外部,尤其是发展遥遥领先的欧美国家。诸多的西学主张被引入中国,社会主义、马克思主义只是其中一种。然而在西学东渐时涌入的其他西学诸说只是让中国人心动一时,在历史的展开中留下淡淡痕迹。中国人经过比较,最终选择的是社会主义。社会主义与中国的相会相交,是一定时空条件作用的结果。彼此身份的对立,是其原因之一。欧美资本主义国家是侵略者,中国是受害者,两者之间难以共情,老师殴打学生,学生反抗老师,师生之道无以存续。资本主义中心与广大外围地区的利益冲突和身份对立,冲击了所谓共同话语的虚伪性。中国作为亘古存在的源头性文明,从来不应当是被西方中心国家发现、启蒙、开化的结果。因此作为被侵略、被掠夺对象的中国,会更加倾向资本主义批判者的社会主义一边。对弱者的同情和理解,是又一个原因。资本主义国家内部反抗资产阶级统治的工人阶级是弱者;在资本主义对世界的征服中,广大的殖民地、半殖民地国家是弱者。同处弱者状态的中国自然与其他弱者同心同德、命运与共,因而代表弱者利益的社会主义,得到了中国人更多的亲近与重视。资本主义本身腐朽面的显露是再一个原因。随着中国对欧美资本主义了解的加深,其光鲜面背后的阴暗面也日渐显露:奴隶贩卖的罪恶,全球殖民地的争夺瓜分,国内贫困群体的困苦状况,尤其第一次世界大战期间帝国主义国家之间的血腥杀戮,更是反映出资本主义国家的内部弊端和相互矛盾,从而引发中国人对更美好社会的向往,而社会主义正体现了理想社会的可能。基于以上这些以及其他诸多原因,中国人走向了社会主义。其实,社会主义思想与某一个国家的靠拢,尤其是与一个非资本主义的落后国家的相遇,在中国之外的其他许多地区都曾经出现过。

为什么在中国却产生了社会主义与中国实际相结合的实践呢?这是值得进一步思考的问题。社会主义进入中国,中国选择社会主义,这种相遇还只是展现了一种历史运动的可能性,真正要使这种可能转化为现实,结出丰硕的成果,肯定还需要其他若干至关重要的条件。这些条件包括:拥有一个优秀的先锋队组织,一批甘愿牺牲一切的青年人,一批心属劳苦大众的知识分子,一批深谙中国国情又能领悟马克思主义精髓的领袖人物。当时的中国,相当完整地拥有了这些条件。所以,社会主义在中国大地的生根开花不仅是可能,而且是现实的事情。社会主义在中国的命运由此确定。社会主义进入中国后,改变了中国社会变革的性质。在原来世界资本主义的蓝图里,中国只是资本主义中心的从属者,处于被支配的边缘。至于中国内部半封建、半殖民地状态的延续或者变革,对中心国家来说无关紧要。即便中国发生社会变革,中心国家也将其设定为走向资本主义同质化的、模仿中心国家的社会变革,并且应当在中心国家利益代理人的控制下展开。这个进程在社会主义来到中国后被终止,中国出现的是另外一个样式的社会变革。中国共产党取代中国资产阶级政党,成为社会变革的领导者。工人阶级联合农民并与其他阶级一起取代资产阶级,成为社会变革的主体力量。社会变革的内容更是有了根本的调整,反对外来资本主义对中国的侵略、压迫和剥削,也反对外来资本主义对中国国内反动力量的支持,结束封建主义、官僚资本主义、帝国主义在中国的统治,实现民族解放,赢得国家独立。上述这些变化完全颠覆了通常意义上资产阶级民主革命的内容和方式。社会主义进入中国后,改变了中国现代国家的建构。当中国的社会变革被赋予崭新意义之时,意味着随后的国家建设将呈现新的面貌。果然,新中国成立后确定,不以资本主义为自己的发展方向,直接向资本主义的否定者社会主义过渡。相应地,整个国家建设也以此为准则,于是基本政治制度、基本经济制度和基本社会制度相继诞生,还根据中国的实际情况创建了中国共产党领导的制度、人民当家作主的人民代表大会制度、多党派合作的政治协商制度、民族区域自治制度、社会基层治理制度等富有中国特色的重要制度,完成了现代国家的建构,创造了政治长期稳定的奇迹,展现了具有国际比较意义的治理优势。

社会主义进入中国后,重设了中国现代化的进程。当人类社会从农业社会向更高水平的工业社会转变的时候,欧洲国家依托工业革命先行一步的优势,率先启动和实现了现代化;在它们对外扩张的进程中,又将这条资本主义现代化道路强加于广大的发展中国家。其实包括中国在内的发展中国家,对这条现代化道路的移植并不顺利,挫折、停滞和失败已经成为常态。新中国诞生后,决定以非西方、非资本主义的方式完成自己的现代化。中国共产党极其有效地动员和组织了亿万中国人民,在并不有利的国际环境下奋力推进中国的工业化,努力造就社会主义的物质基础。在经历了一系列曲折后,终于开辟出社会主义市场经济、积极参与世界经济、坚持共同富裕的现代化新路径。尤其是改革开放后创造出经济长期快速发展的世界奇迹,大踏步地推进了中国的工业化、城市化、市场化、信息化和国际化,使中国站到了世界现代化发展潮流的前列。

以上分别从社会主义发展的角度和中国自身发展的角度梳理了一个社会

主义新形态形成的大致脉络。以中国为典型的基于非资本主义生长点的转化形态的出现，不是社会主义在一般意义上的扩展，而是具有相对独立内涵和意蕴。新形态的问世和成长生动地显示了社会主义本身发展的多样性。

基于社会主义生长点的自我成长形态。19世纪中叶，社会主义诞生于欧洲。在这个世纪里，社会主义形成了第一个形态，即以资本主义为生长点的原典形态。这一形态并未消失，至今仍在缓慢生长之中，主要表现为思想文化层面关于资本主义的批判，以及争取底层人民群众利益诉求的社会政治运动，距离取代资本主义、上升为统治地位的目标依然有着很大距离。究其原因，固然与社会主义队伍本身的分化、变异密切相关，也与资本主义异乎寻常的自我改良能力密切相关。然而从根本上来说，存在于发达资本主义国家内部的社会主义不可能是一个自发生长的自然过程，缺乏强有力的先锋队政党的干预和引领，资本主义可能仍然会继续保持自身的正常运转。20世纪，社会主义运动在非资本主义地区开辟出了发展的新空间。以中国为代表的发展中国家在选择发展方向的时候，没有皈依资本主义中心国家，而在资本主义的外部割断了与资本主义的关联，成为社会主义新的生长点。它们面对的是前资本主义或半资本主义的场景，身处经济、政治、文化、社会发展相对落后的历史方位，没有可以跨越资本主义充分发展阶段，而直接迈入社会主义的理论论证和实践设计。令人欣慰的是，它们发挥了空前的历史主动性，创造性地进行以社会主义为方向的社会革命、以社会主义为标志的国家建设，以及实现了嵌入社会主义要素的现代化实践。在此基础上，形成了关于发展中国家建设社会主义的完整叙事，形成了社会主义发展的新形态。进入21世纪之后，社会主义会有怎样的新进展？这是所有的社会主义思想者、实践者所关注的问题。应当看到，发展中国家后发现代化的逻辑、以非资本主义为生长点的社会主义转化形态的逻辑依然存在。但随着中国社会主义的发展，社会生产力、科技实力、国家综合实力以及社会其他方面的成就，一个新的逻辑正在出场，即以一个社会主义现代化国家的身份，显示社会主义高于资本主义的可能性，显示社会主义的内在优越性，显示社会主义的未来成长性。这就要求把中国已有发展水平作为基础始点，寻求社会主义的自我成长，寻求更高水准的新成长。在一定意义上，这个新形态不是已有的社会主义第二个形态（转化形态）的自然延顺，而是一种具有迭代意义的升级。同时,在一定的意义上,这个新形态也有着向社会主义的第一形态(原典形态)复归的意蕴,意味着从资本主义国家的外部超越资本主义。概言之,新形态要以社会主义的自我成长来超越资本主义。客观上来说,新形态的形成刚刚展开,人们还无法完全把握其整体走向和内在规律,只能大致描绘出这一发展的基本轮廓。其一,统一和深化思想认识,储备相应能力。领导中国社会主义发展的中国共产党要进行深层思考,全面谋划,在适应中形成长期主义安排。在此基础上加强学习,统一思想认识,逐步树立"自我成长"的自觉意识。其中,全面了解和熟悉欧美资本主义在各个领域、各个方面的发展水平、存在瓶颈、有利不利条件、运作机制、操作经验等基本状况,至关重要。其二,加强整体性发展。相比资本主义发达国家长期运行后形成的均衡状态,中国经济、政治、文化、社会、生态各方面的发展上有轻重、先后、长短,需要强化"五位一体"融合发展的意识。其三,推动生产力高质量发展,增强物质基础。尽管中国大踏步地追赶,缩小乃至在某些方面追平了与发达资本主义国家的经济差距,但是生产力、生产效率、高科技以及物质财富基础仍有巨大发展空间。没有更高的生产力、更高的生产效率、更为雄厚的物质基础,社会主义的内在优势肯定无法真正体现。其四,提高制度成熟度,培育独特治理优势。在巩固已有的独特制度优势和治理优势的基础上,加快提高制度建设的完善度、成熟度和执行力,只有这样才能面对西方资本主义运行了数百年的制度高墙。其五,强化对社会主义本质的显示。相对资本主义而言,社会主义的本质决定了其拥有许多独特优越性,比如人民当家作主;比如执政党以人民为中心的宗旨,没有任何特权和私利;比如坚持共同富裕的至高准则,坚决防止社会的贫富两极分化;比如始终保持党的先进性、纯洁性,保持强有力的领导能力;比如强调社会和谐,人民群众之间没有根本利益的冲突和对抗;比如重大问题上的新型举国体制,能够凝聚起强大的各方力量;等等。这些优秀的内在本质要在珍惜呵护中精心培育。其六,更为主动的精神力量。文明型民族、文明型国家,是中国最重要的国情。中华文明是源头型文明,从文学到语言再到思维,都有自己的鲜明特点。中国文化绵延亘古,从未中断,并且与社会的契合、与人民日常生活的契合异常牢固。马克思主义之所以能够本土化,社会主义之所以在中国生成新的形态,很大程度上得益于与中国文化的内在契合,应当努力使这一宝贵资源创造性地转化为更为主动的精神力量,并与人类其他文化一起,展示人类文明多样性的独特魅力。其七,更加凸显的国际比较优势。中国的发展已经造就了许多方面的国际比较优势,即便在与发达资本主义国家的比较中也并不逊色。中国已经推动并在继续推动14亿人口的现代化,这一体量、规模超过了现有发达资本主义国家的总和,成为有史以来人类最伟大的现代化实验。不仅如此,中国现代化以更快的速度、更低的社会成本、更广的共享程度、更温和的方式著称于世。中国在绿色能源、生态保护、脱贫、数字化发展等方面后来居上,走到前列,交出了毫不逊色于发达资本主义国家的亮丽答卷。中国通过"一带一路"倡议唤醒、激活了辽阔的南方国家,鼓励它们开创属于它们自己的现代化之路。在解决人类面临的共同问题方面,中国提出了"人类命运共同体"的理念,以及一系列的正义主张,为世界和平、世界发展提供中国方案。中国欢迎和接受世界上不同类型现代化道路的比较、竞争与合作。随着中国式现代化的不断推进,中国的国际比较优势必将更加凸显。至于某些国家的敌意遏阻,中国将有足够的智慧和能力给予回击。21世纪的车轮正在疾行,已经驶入了第三个十年。使所有社会主义者感到兴奋的是,奠基于社会主义基础之上的一个新形态正在形成之中。站在这个社会主义发展的新起点上,我们仿佛回到了马克思、恩格斯的年代,他们反复思考的是,资本主义将被谁所超越?谁是资本主义的掘墓人?如今我们看到,资本主义在做的事情,社会主义能够比它做得更好;资本主义无法做到的事情,社会主义也能成功地做出来。成长起来了的中国社会主义,正如马克思、恩格斯所设想的那样,努力全面超越哪怕是同时代最先进的资本主义,创造人类更加美好的新社会。面对喷薄欲出的社会主义新形态,我们需要一次新的自觉。

为此,我们依托上海市教委马克思主义理论学位点建设培育培优专项(2021—2025),以上海社会科学院相关相近学科和研究团队为主力,组织一套系列丛书。丛书围绕马克思主义指导下的中国特色社会主义理论和实践,聚焦马克思主义世界观和方法论、中国式现代化理论、马克思主义中国化理论创新、中华优秀传统文化现代转化等展开学理性阐释,为上海社会科学院马克思主义理论一级博士点教学研究和学生培养提供参考。

前言　一切从资本主义谈起

  我的研究得出这样一个结果：法的关系正像国家的形式一样，既不能从它们本身来理解，也不能从所谓人类精神的一般发展来理解，相反，它们根源于物质的生活关系，这种物质的生活关系的总和，黑格尔按照18世纪的英国人和法国人的先例，概括为'市民社会'，而对市民社会的解剖应该到政治经济学中去寻找。

——马克思

  从传统的历史分类来说，马克思主义理论主要被分为哲学、政治经济学和科学社会主义三大组成部分，而这个学术体系主要是以马克思、恩格斯为主导创立的。之所以选择马克思本人的政治经济学转向作为研究重心，是因为我们倾向于主要研究马克思本人的思想转变，即1844年以后，为什么马克思的政治经济学研究不再以"财富形成的秘密"，而是以"财富带来的困境"为研究导向，这自然不包含后来的马克思主义者或者相关研究者在政治经济学领域的理论和实践探索，这应该是非常明确的。实际上，在本书酝酿出版之前，我们对于是使用"马克思的政治经济学"还是"马克思主义的政治经济学"有着不小的争论，最终还是认为，从目前材料的持续发现结果来看，马克思本人早期的思想转变是值得深入研究和刻画的，因此还是决定用"马克思的政治经济学"，而且不会写得太长。

  要追溯马克思政治经济学的转向必须"借助历史之遗存来接近'过去'本身，追溯和贴近历史的本来面目……将隐没于文献中的丰富历史信息及意义尽可能地揭示出来,从中重新发现历史的轨迹"。① 和"马克思主义在中国早期传播文献,目前仍存在'看不到''看不全'和'看不真'的问题"②一样,马克思政治经济学研究的起初或者转向也只是随着近些年不断的文献挖掘出现了持续丰富的趋向,特别是随着《马克思恩格斯全集》历史考证版(MEGA2)的出版,对我们把握马克思本人的思想脉络极有帮助。

一切都应该从"资本主义"一词开始。

如果说学界对资本主义的主流理解是,资本主义就是以资本逻辑为核心的、以追求利润为目的的生产方式,那么资本主义从一开始并未受到普遍的欢迎或者说认可,甚至可以说是在发展壮大的道路上遭受到了前所未有的挫折和反抗,尤其是对崇尚重农抑商的封建领主经济来说。因此,从一开始,"资本主义"就是一个被批判的概念,它一路"通关"的过程就是一场"文明之间的对抗",在这个过程中,充斥的是殖民、劫掠和无休止的战争:"如果忘记了战争的作用,社会、政治、文化(宗教)等领域的整整一个表现方面便会立即消失。交往本身也丧失其意义,因为这常常是些不平等的交往。如果不谈奴隶,不谈附庸性经济,欧洲是不可理解的。"③那些不但有钱而且还想用钱挣得更多钱的人从未获得过友好的口吻,因为他们把凡能积累财富的地方都当成他们的祖国,因此在许多人看来,资本主义是一个应该被批判的概念,虽然"它一度对历史学家最有诱惑力",但那还存在于"资本主义"这个新词还没有引起太大争议的时候。④

对学者们而言,资本主义是一个最容易引起歧义的概念,以至于迄今为止从来没有哪一个阐释能够获得普遍的认同。这其中有众多的原因,最重要的一点是对资本主义研究总是和意识形态结合在一起,这就使得声称奉行客观中立价值观的学者们经常对"资本主义"一词充满了讽刺。著名历史学家赫伯特·希顿(Herbert Heaton)说:"在所有以'主义'结尾的词中,'资本主义'一词最容易招惹是非。它的含义和定义是如此混杂,因而一切懂得自重的学者

---

①② 孙代尧、路宽:《探寻中国马克思主义的思想史源头》,《中国社会科学》2022年第11期。

③ [法]费尔南·布罗代尔:《十五至十八世纪的物质文明、经济和资本主义》(第1卷),商务印书馆2017年版,第106—107页。

④ [法]费尔南·布罗代尔:《十五至十八世纪的物质文明、经济和资本主义》(第2卷),商务印书馆2017年版,第268—271页。

都应该把它同'帝国主义'一起从词汇中摒弃。"①也正如德国学者于尔根·科卡(Jürgen Kocka)所说:"许多历史学家要么根本不使用这个概念,要么只是顺便提及它。这个术语曾被认为太宽泛、太笼统、太模糊,或者是被赋予了太多的价值、意识形态和争论色彩而遭到抛弃。"②也只有到了冷战结束以后,随着意识形态的淡化,"资本主义"一词才逐渐获得了学者们的认真对待。当然,学者们对"资本主义"一词的态度并不能等同于资本主义本身的发展,但从中可以看出,对资本主义发展方式或者模式的认同需要一个长期的过程,起码在亚当·斯密之前,人们对资本主义生产方式的批判是普遍的,但是亚当·斯密到成名作出版之后,这个状况发生了巨大的变化。

1776年,英国经济学家亚当·斯密的《国民财富的性质和原因的研究》发表,"那时,正是英国资本主义成长时期,英国手工制造业正在开始向大工业过渡,英国产业的发展,还在很大的程度上受着残余的封建制度和流行一时的重商主义的限制政策的束缚。处于青年时期的英国资产阶级,为了清除它前进道路上的障碍,正迫切要求一个自由的经济学说的体系,为它鸣锣开道。亚当·斯密的《国民财富的性质和原因的研究》,就是在这个历史时期,负有这样的阶级历史任务而问世的……此书出版以后,不但对于英国资本主义的发展,直接产生了重大的促进作用,而且对世界资本主义的发展来说,恐怕也没有过任何其他一部资产阶级的经济学著作,曾产生那么广泛的影响"。③通过对政治经济学的定义,斯密深入探索了资本主义国家财富的来源和原因:"被看作政治家或立法家的一门科学的政治经济学,提出两个不同的目标:第一,给人民提供充足的收入或生计,或者更确切地说使人民能给自己提供这样的收入或生计;第二,给国家或社会提供充分的收入,使公务得以进行。总之,其目的在于富国裕民。"④由此,他认为正是资本主义所倡导的自由经济主义才引导资本主义国家生产力发展实现了巨大突破,这为急于为自身"正名"的新兴的

---

① [法]费尔南·布罗代尔:《十五至十八世纪的物质文明、经济和资本主义》(第2卷),商务印书馆2017年版,第271页。
② [德]于尔根·科卡、[荷]马塞尔·范德林登主编:《资本主义:全球化时代的反思》,商务印书馆2018年版,导论。
③ [英]亚当·斯密:《国民财富的性质和原因的研究》(上卷),商务印书馆1983年版,序言。
④ [英]亚当·斯密:《国民财富的性质和原因的研究》(下卷),商务印书馆1983年版,第1页。

资产阶级不断获取财富提供了强大的理论支撑。斯密在他的著作中对资本主义做了极高的赞美,认为资本主义是合乎人性、合乎自然的,是永恒的,只要改变一些阻碍它发展的人为的不自然的社会经济措施,就可以永远发展下去。但是,当自由经济主义成为新兴资本主义国家发展指导思想的时候,包括殖民地在内的灾难就来了。

大卫·李嘉图(David Ricardo)继承和发展了斯密的学说,一方面,他克服了斯密在研究过程中存在的无法从抽象回到具体的缺陷,使经济学方法论有了长足的进步;另一方面,他把劳动价值学说及基于此之上的分配学说发展到了空前的理论高度,以至于成为当时空想社会主义者的理论分析工具。但与此同时,随着资本主义大工业发展的不断扩大,资本主义的内部矛盾也不断扩大,资本主义国家的社会矛盾和经济危机开始不断累积和爆发。1825年,英国爆发了第一次周期性普遍生产过剩的经济危机;次年,英国有70多家银行破产,工业危机达到高潮,大量商品卖不出去,大量企业破产,物价暴跌,工人大量失业。此后大概每隔10年,资本主义国家就会爆发一次经济危机。其中,1848年欧洲革命前夕经济危机的爆发是资本主义欧洲市场初步形成的重要表现,1857年第一次世界性经济危机则表明资本主义的世界市场初步形成。

从根本上说,古典政治经济学理论的流行是当时社会历史条件发展的产物。毕竟"理论在一个国家实现的程度,总是取决于理论满足这个国家的需要的程度",[①]实际上,"17、18世纪古典政治经济学的诞生与发展,主要与资本主义工业革命高涨期相呼应"。[②] 而"问题就是时代的口号,是它表现出自己精神状态的最实际的呼声"。[③] 马克思曾高度评价斯密:"在亚当·斯密那里,政治经济学已发展为某种整体,它所包括的范围在一定程度上已经形成。"[④]在马克思看来,斯密是对政治经济学的基本问题做出系统研究的第一人,并由此创立了一个完整的理论体系。因此,恩格斯等人认为,亚当·斯密和大卫·李嘉图的劳动价值论和剩余价值论是马克思政治经济学理论的主要来源,而对

---

① 《马克思恩格斯选集》(第1卷),人民出版社2012年版,第11页。
② 张雄:《政治经济学批判:追求经济的"政治和哲学实现"》,《中国社会科学》2015年第1期。
③ 《马克思恩格斯全集》(第40卷),人民出版社1982年版,第289—290页。
④ 《马克思恩格斯全集》(第26卷),人民出版社2014年版,第181页。

此时的马克思来说,他的主要任务是给已经发展壮大并作为独立的政治力量登上历史舞台的工人阶级以思想武器。他在写给恩格斯的信中曾经说过这样一句话:"我现在发狂似的通宵总结我的经济学研究,为的是在洪水之前至少把一些基本问题搞清楚。"①这就必然要在吸收和发展资产阶级古典经济学的同时对资本主义进行深刻而系统的批判。

马克思在1859年《〈政治经济学批判〉序言》中提到了三件与物质利益有关的事情:第一件是莱茵省议会关于林木盗窃法和地产析分的讨论,此时的马克思从政治和法律方面揭露剥削阶级的本性,已经初步按照人们的经济地位来研究他们之间的相互关系:"法律……是事物的法的本质的普遍和真正的表达者,因此,事物的法的本质不应该去迁就法律,恰恰相反,法律倒应该去适应事物的法的本质。"②第二件是当时莱茵省总督沙培尔针对摩塞尔地区农民状况同《莱茵报》展开的公开论战。马克思提出:"在研究国家生活现象时,很容易走入歧途,即忽视各种关系的客观本性,而用当事人的意志来解释一切。但是存在着这样一些关系,这些关系决定着私人和个别政权代表者的行动,而且就像呼吸一样地不以他们为转移。只要我们一开始就站在这种客观立场上,我们就不会忽此忽彼地去寻找善意或恶意,而会在初看起来似乎只有人在活动的地方看到客观关系的作用。"③第三件是关于自由贸易和保护关税的辩论。这三件事成了马克思研究政治经济学的最初动因。也就是说,马克思政治经济学的转向有着深刻的历史因素,它处于一定的历史语境中。他说:"1848年和1849年《新莱茵报》的出版以及随后发生的一些事变,打断了我的经济研究工作,到1850年我才能在伦敦重新进行这一工作。英国博物馆中堆积着政治经济学史的大量资料,伦敦对于考察资产阶级社会是一个方便的地点,最后,随着加利福尼亚和澳大利亚金矿的发现,资产阶级社会看来进入了新的发展阶段,这一切决定我再从头开始,批判地仔细钻研新的材料。这些研究一部分自然要涉及似乎完全属于本题之外的学科,在这方面不得不多少费些时间。"④

---

① 《马克思恩格斯全集》(第29卷),人民出版社1972年版,第219页。
② 《马克思恩格斯全集》(第1卷),人民出版社1956年版,第183页。
③ 同上书,第216页。
④ 《马克思恩格斯选集》(第2卷),人民出版社2012年版,第4—5页。

显而易见，要把握马克思主义政治经济学，必须对马克思在政治经济学开创过程中的思想转变进行深刻的挖掘。而对马克思主义政治经济学的研究显然已经不仅是一个历史的问题，而且是一个方法论的问题。马克思青年时期就投身于对现实政治的批判并倾注于对政治哲学的探究，但马克思思想的成熟则是伴随着他对古典政治经济学的批判而不断深入的。虽然马克思的政治哲学的规划，即人的解放是他的恒久思想主题，但在马克思看来，要解决政治哲学中的问题，还必须将之建立在坚实的科学基础之上，必须对资本主义的生产方式和社会结构进行严肃的分析。从《神圣家族》到《哲学的贫困》，马克思都将蒲鲁东的思想作为考察对象，但他对蒲鲁东思想的态度则是从辩护走向了批驳，这深刻反映了他从对政治哲学的关注走向对政治经济学的研究的必然性。

最早的"政治经济学"一词的来源是因为经济问题已经超出了经济本身而变成了国家或者社会的经济问题，从而演变成对政治和文化有影响的专门的理论体系。而马克思政治经济学批判则是以社会现实为出发点和立脚点，并以"私有制批判"为理论核心的科学理论，因此它是"工人阶级政治经济学的科学表达"。在政治经济学批判中，马克思通过对资本的历史性理解和实质性批判以及对人的生存境遇的思考与关照，深刻地揭示了资本主义的本质与逻辑。应该说，马克思直接对亚当·斯密等古典经济学理论的阐释进行了升华。我们现时代讨论马克思主义的政治经济学不仅是基于对马克思主义的理论体系进行学术研究的需要，更多的是基于时代发展的需要，或者说从时代发展的角度去继承和发展马克思主义的政治经济学。在马克思主义整个的政治经济学体系中，作为马克思主义理论体系的重要组成部分，马克思的政治经济学显然在其中处于显著和重要的位置，是"马克思主义理论最深刻、最全面、最详尽的证明和运用"。因此，要想完整和正确地理解马克思主义，就必须科学地完整地把握马克思的政治经济学。

这就必然要关注马克思政治经济学转向的方法论问题，或者说，只有解决了方法论问题，马克思政治经济学的转向才解决了"怎么做"的问题。

从历史的视角看，古典经济学方法论上的实证性和规范性的分歧随着社会科学取代哲学以及近代社会背景下经济学与政治学的相互交融和分离的过程而产生。主要体现在古典学派和历史学派的方法论分歧上,而在门格尔(Anton Menger)和古斯塔夫·施穆勒(Gustav von Schmoller)的经济学方法之争后,这一方法论上的分歧已然被纳入现代经济学的体系中,两者相互融合的综合法成为经济学方法的主要组成部分。但是对于马克思来说,古典(庸俗)经济学的方法并没有触及社会现实领域,它所讨论的只是事实之间的恒常性联系。因而在前提上,古典(庸俗)经济学的方法只能是对现代社会占统治地位的资本权力的实证,进而它也必定以资本的预定和谐为出发点,如马克思对詹姆斯·穆勒(James Mill)的评价:"在经济关系——因而表示经济关系的范畴——包含着对立的地方,在它是矛盾,也就是矛盾统一的地方,他就强调对立的统一因素,而否定对立。他把对立的统一变成了这些对立的直接等同。"①这也是马克思所说的古典经济学的庸俗性。一旦离开社会形式的前提,古典(庸俗)经济学所谓经济规律的"自然过程"也就不复存在。因而古典经济学方法的问题不仅在于历史性上以"自然"取代"历史"进而强调资本主义生产方式的永恒性,而且在于本质性上无视了资产阶级社会的内在矛盾,所以马克思在强调历史原则的同时也强调历史的本质性维度。历史在其展开过程中是一个必然性的领域,而必然性的尺度来自一定的社会生产关系的发展。

正如格奥尔格·卢卡奇(György Lukács)所说,马克思的方法论问题涉及整体性的问题,并且无法和本体论、认识论的问题完全分开。马克思方法论的问题包含"抽象"和"具体"、"表象"和"本质"、"外在"与"内在"、"结构"与"能动"、"范畴"和"实在"等一系列概念的辩证联系,又包含了生产力和生产关系、经济基础和上层建筑、社会存在和社会意识等诸社会层次之间的非对称性互动。马克思的唯物辩证法试图把握历史发展的本质性趋势以及这种本质维度在社会现象中的凸显,它表现为具体总体,即一定社会的实在主体之自我运动的辩证法,它包含了对社会本质维度的区分和把握、对一定社会阶段的自我批判、变革社会的具体行动和策略。通俗说来,就是在一个"发现问题、解决问题、产生新问题"的"循环"中实现社会主体发展"螺旋式"上升。这一方法集中体现在政治经济学批判中。

---

① 《马克思恩格斯全集》(第35卷),人民出版社2013年版,第92—93页。

马克思在他的《〈政治经济学批判〉序言》里这样说:"我的见解,不管人们对他怎样评论,不管它多么不符合统治阶级的自私的偏见,却是我多年诚实探讨的结果。但是在科学的入口处,正像在地狱的入口处一样,必须提出这样的要求:这里必须杜绝一切犹豫,这里任何怯懦都无济于事。"[①]

那么,让我们所有志同道合者,携起手来!

---

① 《马克思恩格斯选集》(第2卷),人民出版社2012年版,第6页。

目　录

丛书总序 ·· 潘世伟　1
前　言　一切从资本主义谈起 ································ 1

第一章　马克思政治经济学转向的思想动因和历史境遇 ············· 1
　第一节　马克思政治经济学转向中的法国理论因素 ············· 2
　第二节　从"社会问题"回到"市民社会理论" ··················· 9
　第三节　从"市民社会理论"走向政治经济学 ·················· 18

第二章　马克思政治经济学批判的方法论前提 ················· 25
　第一节　政治经济学批判与实证性的经济学方法 ·············· 26
　第二节　政治经济学批判与"规范—历史性"的经济学方法 ······ 79
　第三节　通往自身经济学方法论的道路 ····················· 88

第三章　马克思政治经济学批判的方法论起点 ················· 98
　第一节　社会现实领域的基本界定 ························· 98
　第二节　马克思对"社会现实"的发现过程 ·················· 101
　第三节　社会现实是马克思政治经济学批判的方法论起点 ···· 110

第四章　马克思政治经济学批判的"抽象—具体"的方法 …… 113
    第一节　马克思社会科学方法的实在论取向 …… 113
    第二节　马克思政治经济学批判方法的"抽象"与"具体" …… 120
    第三节　能动性、结构性与辩证法 …… 136

第五章　马克思政治经济学转向的历史影响 …… 159
    第一节　社会主义政治经济学的探索 …… 159
    第二节　作为批判理论的马克思政治经济学 …… 168

参考文献 …… 183

后　记 …… 193

第一章 马克思政治经济学转向的思想动因和历史境遇

1921年,俄国共产党(布尔什维克)中央委员会领导下的马克思恩格斯研究院成立。该研究院在20世纪二三十年代大规模的书籍征集活动中获得了大量马克思、恩格斯和列宁的某些文献的原件。除此之外还包括法国大革命、1872年巴黎公社、1830年革命、1848—1849年革命的文献资料及文物。1931年11月,马克思恩格斯研究院与列宁研究院合并之后成立了统一的马克思恩格斯列宁研究院。20世纪60年代中期,在莫斯科与柏林,两个马克思列宁主义研究院MEGA出版小组开始了MEGA再版工作。以此为基础,虽然后来历经坎坷,但新版MEGA依据完整性(出版包括一切现存的马克思和恩格斯的文本、与他们的生活相关的文件,如马克思的学校毕业证、调查表、报关单等)、科学性、真实性等原则再现文本。其中的第二部分"《资本论》及其准备材料"(共计15卷),包括了所有与写作《资本论》有关的经济类手稿,这为我们合理运用马克思和恩格斯的思想,重要的是了解他们的研究方法,仔细研究他们的著作,在原来的意义上研究他们的想法而不是道听途说,不是在扭曲的形式下研究提供了可能性。① 这使得我们可以更加细致地考察马克思政治经济学转向的最初历史场景。

---

① 参见[俄]奥莉加·米古诺娃:《〈马克思恩格斯全集〉历史考证版(MEGA)的历史、现状及意义》,https://www.dswxyjy.org.cn/n1/2019/0617/c427184-31160152.html。

第一节　马克思政治经济学转向中的法国理论因素

马克思成为《莱茵报》记者时所面对的现实社会问题成为他走向政治经济学研究的直接动因,比如《关于林木盗窃法的辩论》中因私有财产权保护范围的定义所引起的争端、《摩塞尔记者的辩护》中对私有财产中破产问题的论述。"物质利益"问题及其相关的社会经济困境[①]是马克思在资本主义经济较为发达的莱茵地区可以直接目睹的社会现象,是他在现实社会中获得的否定性经验。正是这种否定性经验首先促使他寻找有别于他所熟悉的哲学传统理论的视野,以便能够在时事新闻评论中更准确地分析现实的社会经济问题和批评普鲁士当局,特别是莱茵省当局的政策。在《莱茵报》工作时期,虽然他仍然在德语世界的法学和哲学理论传统框架下来讨论市民社会与国家的关系问题,但是他已经开始关注德语世界的政治经济学研究著作,比如弗里德里希·李斯特的《政治经济学的国民体系》。[②] 马克思由此开始接触和了解近代政治经济学思想。

但是如马克思在自述中所说,他之所以将目光汇聚在这种现实的社会问题上,不仅仅是因为在《莱茵报》所从事的时政写作让他不得不关注"物质利益",另一方面也是因为他在此时经由莫泽斯·赫斯等人的文章和相关的新闻报告接触到了法国社会主义和共产主义理论,特别是它们关于现代资本主义社会财产所有制的理论论述。[③] 对马克思来说,这种来自法国的社会主义和共产主义理论所提供的视角恰好让人们能够进一步认清德国社会的危机及其根源,但是德国的部分革命派,特别是倾向于自由主义和社会改良的人们,都不愿意在法国理论所开辟的视野中去深入思考社会危机的根源:"对于所有这

[①] 《马克思恩格斯全集》(第31卷),人民出版社1998年版,第411页。
[②] MEGA², Abt. I, B. 2, S. 686f.
[③] 赫斯在1842年9月30日的《莱茵报》上发表了一篇通讯文章,借由报道柏林贫困人口的住宅问题来引入共产主义理论,其主旨是认为贫困源于权利的不平等,尤其是源于财产权利的不平等;因此解决贫困的办法是废除私有财产权。参见《马克思恩格斯全集》(第3卷)(人民出版社2002年版)的注释107,第1020—1021页。

些问题,既没有提出任何药方,也没有作任何尝试,去'弄清实现'那能使我们摆脱这一切罪恶的伟大事业的'途径'!"也就是说,还是有人试图停留在德国旧有的理论框架中来分析和解决新出现的资本主义社会危机。马克思显然与此不同。经过关于"物质利益"问题的一系列写作和思考,他已经认识到了旧有理论的局限性。正是在这样的历史语境下,马克思开始将其理论目光转向来自法国的理论,他开始了解法国的社会主义和共产主义理论并力图检讨其中蕴含的"微弱哲学色彩的回声"。① 我们认为,在1843—1844年马克思思想转向时期,除了传统解释中强调的影响马克思理论转向的三个因素——对物质利益问题的研究、对黑格尔法哲学的批判和对黑格尔市民社会理论的批判外,法国的社会主义和共产主义理论是推动马克思转向政治经济学研究的重要理论因素。甚至可以说,法国的社会主义和共产主义理论是勾连着"物质利益问题"和"黑格尔市民社会理论"的重要环节,正是这种法国的理论进一步促使马克思将他的理论目光转向与人的社会经济生活密切相关的政治经济学思想领域。

为什么法国的社会主义和共产主义理论会促使马克思的理论目光转向政治经济学的思想领域呢?首先,这是因为法国社会主义和共产主义理论都受到奥古斯特·孔德实证主义精神的影响,它们否定旧有的基督教神学和古典哲学的学术传统,非常主动地运用19世纪出现的新兴科学来发展和论证自己的理论主张。法国社会主义理论和共产主义理论——以圣西门和傅里叶为代表——主要围绕着"人类历史是人类文明的进步历史"这一历史哲学命题来建构自己的新理论。② 这种法国理论把社会生产及其相关的社会制度视作人类历史进步的真正推动力,借助于对社会生产与社会制度的相互关系对文明发展所产生作用的分析,力图找到19世纪欧洲社会危机的根源,并且针对这些危机根源提出解决社会危机的方案。因此,法国的社会主义和共产

---

① 《马克思恩格斯全集》(第31卷),人民出版社1998年版,第412页。
② 关于法国社会主义和共产主义理论所具有的历史哲学命题之总结,在此仅限于两位主要的理论代表圣西门和傅立叶。可以参见圣西门在《给一个美国人的信》中的"第八封信"对自己的哲学观点的总结,《圣西门选集》(第1卷),商务印书馆2010年版,第167页;以及傅立叶在《文明制度发展体系》中所表达的观点,《傅立叶选集》(第3卷),商务印书馆2016年版,第4—5页。需要说明的是,转向政治经济学研究的马克思,在1843—1844年间,主要阅读的是圣西门及其学派的著作。

主义理论特别重视以社会生产为论题的各种政治经济学理论。通过大规模地吸收和改造近代以来的诸多政治经济学理论，这种法国的理论糅合了19世纪的新理论和新发现，给人们理解资本主义经济发展与社会变革、资本主义所带来的社会危机提供了新的理论进路。依据现有的文献证据，马克思在1842—1844年间主要阅读的是圣西门的理论。① 他至少阅读过《圣西门的学说释义》(*Doctrine de Saint-Simon. Exposition*)和圣西门的一位学生安凡丹(Enfantin)的著作《政治经济学与政治》(*Économie politique et politique*)。② 这两部著作包含了大量政治经济学的理论，以此来解释私有财产制度和社会政治危机之间所具有的各种相互关系。比如《圣西门的学说释义》就围绕着"剥削"现象用三个章节分析和说明剥削与所有制的关系，重点引入和批评了政治经济学的所有制理论，并且明确地认为私有制是剥削的直接原因："在剥削中起主要作用并构成剥削的直接依据是所有制结构，在家庭的范围内以继承的方式转让财产。"③ 由此可见，在深入了解法国的社会主义和共产主义理论时，马克思必然会遇到由法国理论所引介的政治经济学理论及其相关的各种范畴。在追溯理论渊源的意义上，我们可以说，法国的理论首先为马克思接触政治经济学的理论范畴提供了思想上的桥梁。

其次，并且也是更为重要的原因在于：法国的理论改变了马克思看待普鲁士和现代欧洲各种社会问题现象的视角。以圣西门、傅里叶等人为代表的法国早期社会主义和共产主义理论主导的核心问题是所谓的"社会问题"(la question sociale)，即随着资本主义经济和工业化的发展所引发的，以社会大众，特别是无产阶级的贫困现象为核心的一系列人的失序问题和社会矛盾冲突问题。19世纪第一位经济思想史家杰罗姆-阿多夫·布朗基(Jérôme-Adolphe Blanqui)在评价这种新思潮时敏锐地指出了它所身处的历史语境："(……)普遍和平推动了制造业的急遽发展，这种急剧的发展带来了新的难题，而只有通过有效且与形势相切合的措施才能处置这些难题。如我们所说，时代要求采取行动：无数的疾病在残害着社会这具躯体——贫穷在各个制造业国家日益肆虐；人们目睹了令人痛苦的、从未预见的商业危机，但这样的危

---

①② 参见 MEGA², Abt. I, B. 2, S. 687。
③ 《圣西门学说释义》，商务印书馆2011年版，第119页。

机却无望在短期内会消失。各个学派都开始讨论工资、弃婴和贸易的开放,但是没有任何一个政府敢于主动采取既有的措施,这些措施要么会消除恶疾,要么会加剧它,这取决于政府采取措施的能力。正是在这样的形势中,在其第一批著作获得公众的关注时,圣西门主义抵达了法国和欧洲。"① 可以看到,"社会问题",即引文中所指的"贫穷"及其引发的"无数的疾病",构成了 19 世纪 30—40 年代欧洲政治经济学新思潮兴起和发展的共同历史语境。法国共产主义和社会主义理论的独特之处在于:它们不仅仅将"社会问题"看作一种社会现象,而是将"社会问题"以及解决社会问题的理论构想看作它们建构关于社会历史发展变革趋势的历史哲学和推动社会革命理论的必要组成部分,即通过对"社会问题"的分析,他们首先看到"社会问题"与新兴工业化的发展和资本主义私有财产制度具有某种难以化解的共生关系,要解决"社会问题"及其所引起的社会危机,就必须要在社会生产、社会组织和经济制度上进一步地变革私有财产制度。

因此,在 19 世纪欧洲思想史的语境中,"社会问题"不是一种日常语言的表达,而是从对 18 世纪以来的历史和现实的反思中产生出的一个新兴社会科学概念,经由法国社会主义和共产主义理论的流传,最终成为推动 1848 年欧洲革命运动的核心议题。汉娜·阿伦特将"社会问题"视为一种驱使 19 世纪欧洲社会和政治思想走向革命的"历史必然性"概念的"现实实在"(reality):"与这一现代意象(即革命的历史必然性)相呼应的现实实在是 18 世纪以来我们曾称之为社会问题的东西,也即我们可以更确切、更直接地称之为贫困的存

---

① Jérôme-Adolphe Blanqui, *History of Political Economy in Europe*, trans. Emily J. Leonard, Press of G. P. Putnam's Sons, New York 1885, p.495. 杰罗姆-阿多夫·布朗基(又名 Adolphe Blanqui)是法国早期社会主义和共产主义理论家路易·奥古斯特·布朗基(Louis-Auguste Blanqui)的兄弟,他的著作《欧洲政治经济学史》原书为法语,出版于 1837—1838 年间,是当时欧洲第一本系统论述从古代到 19 世纪 30 年代政治经济学理论发展的著作。本章作者受学力所限,在此引用和翻译的是 1885 年英文版;经核查,所引用内容与法语原书相同。特别值得指出的是,该书用两章篇幅(第四十三和四十四章)论述了早期法国和英国的社会主义理论,将它们视为政治经济学发展的一个重要分支,并将傅立叶和欧文称作"空想的/乌托邦式的经济学家"(utopian economists),参见该书 535 页。布朗基的这本《欧洲政治经济学史》是 1843—1844 年间马克思进入政治经济学研究时所倚重的经济思想史参考读物。从现有的马克思文献研究来看,马克思当时对欧洲政治经济学各个流派的理解和判断,在不少地方参考了这本思想史著作所提出的论述和观点,在对这些论述和观点的继承、反思和批判的基础上,马克思建立起了自己理解和接受欧洲政治经济学思想的图谱。相关论述参见 MEGA², Abt. IV, B. 3, S. 451ff.。

在的东西。"①从构词上看,"社会问题"的定语是"社会的"而非"政治的",这就已经表明它所指涉的问题直接与市民社会,而非政治国家相关。"社会问题"的"问题"指向贫困,劳动阶级所身处的、糟糕的社会经济状况所造成的人的困境。"社会问题"的核心内容是:人的贫困和因为贫困所导致的社会失序;在这种失序中,作为公民的人变成了穷人,甚至是变成了"贱民"(Pöbel);②这种市民社会的失序者不仅外在的生活处于无可改善的贫困状态,进而失去了发展自身潜力和追求个人福祉的能力;而且他的内在精神也失去了实现自己自由和人格的意志,从而失去了作为市民社会之人的尊严。③可以说,"社会问题"概念是19世纪欧洲资本主义经济发展所造成的各种负面现象和负面效应在思想上的概念集合体。在这个意义上,"社会问题"概念与19世纪关于"革命"的理论密切联系在一起,受到左派革命思想家和理论家的重视。

此外,从"社会问题"概念在德国的接受史角度来看,尽管德语思想家们在19世纪早期就已经关注了现代资本主义经济发展导致的一系列市民社会的失序问题,比如黑格尔早在1821年的《法哲学原理》中就明确地讨论过市民社会中的贫困问题和"贱民"概念,但是"社会问题"概念本身在1840年才正式出现在德语世界。作为当时德语世界左派激进理论先驱之一的海因里希·海涅在1840年4月30日给《奥格斯堡总汇报》写的通讯文章中首次将"社会问题"这个概念从法语翻译为德语,④其目的是向德语读者介绍围绕着"社会问题"所产生的法国社会主义和共产主义理论。紧随海涅之后,在1842年出版的德语世界第一本详细介绍与评价法国社会主义和共产主义理论的著作《今日法国的社会主义和共产主义》中,洛伦茨·冯·施泰因(Lorenz von Stein)则直接将"社会问题"视为法国社会主义和共产主义理论继承法国大革命传统而要

---

① Hannah Arendt, *On Revolution*, Faber & Faber Ltd., London 2016, p.54. 笔者对此处英文的理解与现行中译本不同,现行中译本将 modern imagery 翻译为"现代形象",将 reality 翻译为"实际情况",参见:汉娜·阿伦特:《论革命》,译林出版社 2011 年版,第 48 页。
② 贱民(Pöbel)是 19 世纪早期德语世界讨论市民社会经济生活中的失败者和落魄者所用的专门概念,黑格尔是这个概念最具有代表性的使用者。在德语社会主义理论兴起之后,流氓无产者(Lumpenproletarier)、流氓无产阶级(Lumpenproletariat)概念则逐渐取代了"贱民"概念。
③ 关于近代德国古典哲学对"社会贫困"和"贱民"的经典论述,参见黑格尔:《法哲学原理》,人民出版社 2017 年版,第 241—245 页。
④ 参见 Eckart Pankoke, *Sociale Bewegung, Sociale Frage, Sociale Politik*, Stuttgart 1970, S. 49.

求在资产阶级政治革命后继续推行新社会革命的主导线索。① 可以说,"社会问题"这个概念本身在德语世界中就标识出了一种在思想渊源上承接着法国社会主义和共产主义理论脉络的思想路径。而围绕着"社会问题"及其所指向的社会危机而展开的理论讨论则直接发展为 19 世纪中后期德语世界关于保守和激进、改良和革命的思想辩论。如德国历史学家格哈德·里德尔所说:"19 世纪上半叶的社会危机和'无产阶级'的出现引起了非常激烈的社会政策讨论;在这种讨论中占据着核心地位的是对贫困问题之原因和后果的分析、对解决贫困问题之建议的分析。同时,与德国现代社会科学的这一开端联系在一起的是社会科学变成了具有派系特性的科学,以某一种特定的'正确的'社会图景为导向,支持或者反对某些主张。"② 对于马克思来说,他在《莱茵报》工作时期直接了解到莱茵地区的贫民和摩塞尔河地区破产葡萄酒农民生活现状,而在法国的社会主义和共产主义理论身上,他最直接地接触到了以有别于德国传统法学、政治学和哲学理论的方式来分析"社会问题"、将"社会问题"的解决与无产者的社会革命相联系的理论进路。

此外,通过法国的社会主义和共产主义理论,青年马克思看到了作为社会问题中心的无产者以及无产者要改善自身处境的潜在革命诉求,如他在《共产主义和〈奥格斯堡总汇报〉》的文章中所说的那样:"今天一无所有的等级要求占有中等阶级的一部分财产,这是事实,即使没有斯特拉斯堡的演说、尽管奥格斯堡保持沉默,它仍旧是曼彻斯特、巴黎和里昂大街上有目共睹的事实。"③ "曼彻斯特、巴黎和里昂",马克思在这里点出的地名代表着当时欧洲资本主义和工业化大生产最为发达的城市,这种列举本身暗含着马克思的一种判断:社会问题以及无产者的诉求与资本主义生产的发展有着密切的关联;在马克思身上,法国社会主义和共产主义理论的"社会问题"视野与他对现实经济问题的关注进一步结合在一起。从新理论出发来分析劳动者和无产者的贫困、分析贫困所带来的社会失序和社会危机,这构成了马克思关注政治经济学研

---

① 参见 Lorenz von Stein, *Der Sozialismus und Communismus im Heutigen Frankreich*, 1842, S.189f.。
② Gerhard A. Ritter, *Soziale Frage und Sozialpolitik in Deutschland seit Beginn des 19, Jahrhundert*, Springer Verlag 1998, S. 9.
③ 《马克思恩格斯全集》(第1卷),人民出版社1995年版,第293页。

究的初步理论动机。在这种最初的理论动机当中,我们也可以看到,马克思的"政治经济学转向"具有明确的价值取向,即他从对社会现实之人的贫困和社会失序的关切出发来进入政治经济学。这是马克思和德语世界(如莫泽斯·赫斯、恩格斯)乃至和欧洲其他国家同时代的社会主义者和共产主义者们(如英国宪章运动、如普鲁东)都共同分享的价值立场,这一价值立场显然不同于英国(如斯密、李嘉图)和欧洲大陆(如萨伊)那种推崇自由经济和商业繁荣的古典政治经济学派的立场。①

虽然马克思通过法国的理论已经意识到,近代欧洲各国普遍出现的"社会问题"与资本主义、工业化有着必然的关联,但是马克思并未全然接受法国理论的分析路径和解决"社会问题"的革命策略。与19世纪40年代的法国和德国的社会主义者及共产主义者相比,马克思还具有更深层次的理论动机。他的"政治经济学转向"没有停留在当时德语世界流行的、从法国传入的社会主义理论和共产主义理论所给出的那些新颖但光怪陆离的政治经济学观点和论述之上。这些观点和论述或带有文学浪漫主义的色彩(如海涅),或带有基督教传统道德的印记(如威廉·魏特林),抑或带有受德国古典哲学和法国大革命影响的、抽象普遍主义的特征(如费尔巴哈、莫泽斯·赫斯、卡尔·格律恩等)。因此他们的政治经济学研究普遍带有非常强烈的情感控诉和道德控诉色彩;在对"社会问题"的分析和解决方案的论证上,他们更多倾向于要么用朴素直接的道德情感或道德概念、要么用抽象的哲学人类学或历史哲学概念来分析和处理政治经济学的概念和理论。因此,他们更多依据德国古典哲学提供的"人作为意识主体、道德主体"的原则,从某种抽象的人性、抽象的人的感性直接性出发来建构以人类的同情情感为基础、以人类大同和互爱为目标的、抽象的社会主义和共产主义理论。马克思不满足于这种法国社会主义和共产主义理论自身以及德语世界引入的理论自身所具有的"抽象人性"的理论框架和理论基础,他非常敏锐地看到,法国社会主义和共产主义理论本身所蕴含的旧哲学的要素,即《〈政治经济学批判〉序言》自述中所提到的"微弱哲学色彩的

---

① 关于欧洲早期共产主义和社会主义理论的价值立场参见:Jérôme-Adophe Blanqui, *History of Political Economy in Europe*, trans. Emily J. Leonard, Press of G. P. Putnam's Sons, New York 1885, pp.495 – 496, pp.508 – 509。

回声"对要求革命行动的理论本身会产生不利影响,即对人们用新科学和新方法来理解和分析"社会问题"及其背后的整体资本主义体系会产生干扰;这种"哲学微弱的回声"对共产主义理论和社会主义理论的消极影响只有在马克思和普鲁东1845—1848年间关于政治经济学理论基础的论辩中才逐渐变得清晰可见。这也就可以理解,何以马克思在1859年的《〈政治经济学批判〉序言》说明自己走向政治经济学历程时,总是不忘提及1843—1844年在克罗茨纳赫度假时通过研究黑格尔法哲学和近现代国家政治理论及政治历史所进行的理论反省以及后续在巴黎和布鲁塞尔时期与青年黑格尔派所做的一系列"清算我们从前的哲学良知"①的理论论战。马克思将这种反省和论战视为自己从旧的理论框架,特别是从哲学研究转向政治经济学研究所必须经历的理论过渡。

第二节　从"社会问题"回到"市民社会理论"

依据马克思1859年《〈政治经济学批判〉序言》的自述,在流亡巴黎开始政治经济学批判研究之前,他又再次研究了黑格尔哲学,即对黑格尔《法哲学原理》进行了批判性的阅读、摘录和评注。这种批判性研究的成果部分展现在1844年出版的《德法年鉴》的两篇文章中,即《论犹太人问题》和《〈黑格尔法哲学批判〉导言》,以及展现在他本人后来一直没有整理出版的《黑格尔法哲学批判》未完稿中——主要是从黑格尔《法哲学原理》262节开始到312节,涵盖了黑格尔《法哲学原理》中"国家"概念的大部分内容。② 此外,马克思在准备和写作上述三份文本时期还阅读了近代欧洲政治理论和政治史的大量作品,撰写了与政治史、国家历史相关的读书笔记,即《克罗茨纳赫笔记》。从马克思所

---

① 这里引用的文段,德语为 mit Unserem Ehemaligen Philosophischen Gewissen Abzurechnen,参见 MEGA², Abt. II, B. 2, S. 97,此处中文版《马恩全集》的翻译为"把我们从前的哲学信仰清算一下",参见《马克思恩格斯全集》(第31卷),人民出版社1998年版,第414页。此处引文根据德语表达,对中文翻译略有修改,以符合上下文写作的语义。

② 参见《马克思恩格斯全集》(第3卷),人民出版社2002年版,第5—158页,以及《马克思恩格斯全集》(第31卷),人民出版社1998年版,第412页。

身处的思想理论语境看,马克思走出德国哲学和法学传统,转向政治理论和政治史,既是为了从历史和现实的双重角度出发深入理解和批判当时他所接触到的、在德语世界中流行的关于"社会问题"的"肤浅言论",①也是为了寻找一种有别于德国哲学传统的、能够解决"社会问题"并改变劳动者现实生存处境的更为深刻的理论方案。在 1859 年《〈政治经济学批判〉序言》的自述中,马克思对这个过渡阶段成果的总结简单而明确:"我的研究得出这样一个结果:法的关系正像国家的形式一样,既不能从它们本身来理解,也不能从所谓人类精神的一般发展来理解,相反,它们根源于物质的生活关系,这种物质的生活关系的总和,黑格尔按照 18 世纪的英国人和法国人的先例,概括为'市民社会',而对市民社会的解剖应该到政治经济学中去寻求。"②在《1844 年经济学哲学手稿》中,马克思在标题为"序言"的文稿开头也给出了他对这个时期研究的定位,即"针对思辨的批判",③这里的"思辨"是那个时代用来标识黑格尔哲学的概念辩证法方法的特定词汇,而结合马克思在《黑格尔法哲学批判》未完稿的第一部分和《1844 年经济学哲学手稿》第三笔记本中对黑格尔论述自我意识的形成与产生的批评内容来看,这个时期马克思的黑格尔法哲学批判研究本身也是他持续不断地在方法论上对自己的研究路径(Ansatz,approach)④进行反思和尝试突破的体现。

综合马克思在 1859 年《〈政治经济学批判〉序言》和《1844 年经济学哲学手稿》中对自己在巴黎转向政治经济学研究的回顾和说明,我们可以说,马克思在进入巴黎时期的政治经济学研究之前,主要将精力放在梳理和批判黑格尔法哲学关于国家与社会的概念关系以及批判黑格尔的哲学方法之上。这种梳理和批判让马克思再次确认"转换到政治经济学来重新认识旧的法学和政治理论范畴"的理论必要性,因为关于"法和国家"这类根本的法学和政治理论

---

①② 《马克思恩格斯全集》(第 31 卷),人民出版社 1998 年版,第 412 页。
③ 《马克思恩格斯全集》(第 3 卷),人民出版社 2002 年版,第 219 页。
④ 在研究课题的意义上,"方法"(德语 Methode,英语 Method)和"路径"(德语 Ansatz,英语 Approach)都属于人们通常所说的"方法论"(德语 Methologie,英语 Methodology)。本章作者对"方法"和"路径"之间的差异的理解如下:"方法"指无价值立场的研究方法和工具,可以为持不同立场的研究者共同使用,比如统计学的某些方法;而"路径"是指依据某种价值立场来进行运用方法的理论研究方式。不同的路径之间,或许会有交叉、会平行,甚至会"殊途同归"式地达到相同的目标,但是它们之间因为价值立场的差别而无法通约。

范畴,"既不能从它们本身来理解,也不能从所谓人类精神的一般发展来理解,相反,它们根源于物质的生活关系,这种物质的生活关系的总和,黑格尔按照18世纪的英国人和法国人的先例,概括为'市民社会',而对市民社会的解剖应该到政治经济学中去寻求"。① 引文里提到的"既不能从它们本身来理解",即无法用当时的法学理论和政治学理论来解释法和国家。这其实是马克思在《莱茵报》工作时期最为直接的实践行动经验,在他从法学的权利概念理论为涉嫌林木盗窃的贫民辩护、从国家行政机构监管权理论为摩塞尔河地区破产的葡萄酒农民辩护时,他已经看到了这种"法和国家"范畴本身的无能。而引文里提到的"也不能从所谓人类精神的一般发展来理解",即无法用以黑格尔为代表的、从近代哲学的自由意志概念来建构实践哲学的德国古典哲学体系来解释法和国家。

马克思很早就认识到,德国古典哲学的传统与批判资本主义及其社会体系的理论活动之间存在着隔阂,比如在其博士论文的脚注里关于"世界的哲学化和哲学的世界化"②的讨论就旨在表明黑格尔的哲学体系和真正的现实世界之间还缺乏某种让理性哲学在现实世界中落地的中介行动。写作博士论文时期的马克思尽管认识到理论和现实之间的隔阂,但是他并不认为这种隔阂源于理论本身的缺陷,而是认为理论和现实之间缺少的是实践,隔阂源于人们缺少将理论付诸实践的行动。但是在克罗茨纳赫时期有关黑格尔《法哲学原理》的笔记和未发表的手稿中,我们可以看到,马克思对黑格尔哲学的局限性又有了进一步的认识:黑格尔式概念哲学的理论框架旨在建立和实现理性概念本身的完满体系,在这种概念科学中,特殊规定不过是更高层次规定的一个组成环节,当特殊规定停留在自身并且将自身看作目标时,特殊规定在理论上是必须要被否定、被扬弃的一个环节,也就是说特殊规定本身要服务于概念运动的整体,服务于在理论上"高于它的规定";黑格尔的法哲学是黑格尔所设想的整个哲学概念体系的一个组成部分,在马克思看来,它并不是关于法和国家现实的理论,而是将法和国家的现实转变为概念的要素,从而让这些法和国家的现实服务于一种自在自为的哲学的概念体系的理论;在黑格尔那里,不是法

---

① 《马克思恩格斯全集》(第31卷),人民出版社1998年版,第412页。
② 《马克思恩格斯全集》(第1卷),人民出版社1995年版,第75—77页。

和国家的现实规定概念,而是为了概念自身的理论构想,要反过来让理论规定现实:"观念变成了主体,而家庭和市民社会对国家的现实的关系被理解为观念的内在想象活动。家庭和市民社会都是国家的前提,它们才是真正活动着的;而在思辨的思维中这一切却是颠倒的。可是如果观念变成了主体,那么现实的主体,市民社会、家庭、'情况、任意等等',在这里就变成观念的非现实的、另有含义的客观因素。"① 因此,如果继续用黑格尔式的法哲学理论体系来分析和解释普鲁士的国家和社会的关系,那么黑格尔式市民社会概念不过是整个伦理生活概念中的一个环节(其他两个环节为家庭和国家);作为概念的环节,市民社会在理论功能上只服务于"向更高层次运动的理性概念本身",即服务于"国家"概念,而市民社会中的现实之人也必须依据这种理论概念上升运动的要求,随之扬弃自己的社会属性,让自己上升到国家的更高属性和要求当中去。

在马克思看来,这个被黑格尔在哲学上加以概念化的国家,其根本核心却仍然是一种作为"彻头彻尾自相矛盾和自我毁灭的混合物"②的立宪君主制;黑格尔法哲学中的"国家"概念章节与其说是论证了现代国家概念的基础,不如说是以思辨哲学的方法将本来不合理的、作为封建旧制度残留的君主权力偷渡到人民主权概念中去了,让君主变成了现代人民主权国家不可或缺的基石,即国家主权的自然人格性(die natürliche Persönlichkeit der Souveränität)——黑格尔自己最常用的一个比喻是:对于现代国家的组织来说,作为自然人格的君主就像是字母 i 上的那一点;这一点虽然不是这个字母的全部,但是如果没有这一点,那么字母 i 就无法成为字母 i。③ 马克思将黑格尔这种让国家凌驾于市民社会、把君主和现代人民主权概念绑定的论证路径称为"逻辑的、泛神论的神秘主义"和"神秘的方式"。④ 基于他在克罗茨纳赫对黑格尔法哲学理论所做出的这种洞见,马克思进一步认识到:无法用黑格尔本人的或者变形了的黑格尔式哲学和法哲学理论——如青年黑格尔派的自我意识哲学和政治

---

① 《马克思恩格斯全集》(第3卷),人民出版社2002年版,第10页。
② 《马克思恩格斯全集》(第47卷),人民出版社2004年版,第23页。
③ 关于黑格尔对君主权力作为国家自然人格性的论证和比喻,参见黑格尔:《法哲学原理》,人民出版社2017年版,第427页。
④ 《马克思恩格斯全集》(第3卷),人民出版社2002年版,第31—32页。

宪法共和国理论（以布鲁诺·鲍威尔为代表）——来确切地认识和把握市民社会经济生活中的人所具有的中心地位，因而也就无法提出从根本上解决"社会问题"的理论方案；解决"社会问题"理论方案的关键问题是：在什么样的理论框架中来理解"社会问题"。对于1842—1843年间的马克思来说，这种理论框架肯定不能是那种依据法哲学的国家概念，以逻辑推导的方式来得出的、观念意义上的政治宪法理论。解决"社会问题"的理论框架应当建立在对市民社会中现实的人之现实需求的认识上，以对"现实之人的现实需求和现实活动"的认识来重新定义国家和社会的基本制度，并以这种现实之人的现实需求来衡量是否需要改革、来论证是否有必要进行革命、来评价历史的进步程度。简言之，新的理论必须重新认识这种"现实之人的现实需求和现实活动"中所包含的、黑格尔式的哲学思维无法触及的，甚至故意遮蔽的社会现实性（die Wirklichkeit der Gesellschaft）。

马克思克罗茨纳赫时期对黑格尔法哲学以及关于德国政治理论的时代处境的思考在后来《德法年鉴》的两篇文章——论说文《〈黑格尔法哲学批判〉导言》[①]和书评文章《论犹太人问题》——中都有更为明确的论述。在《〈黑格尔法哲学批判〉导言》中，马克思将理论目光聚焦于德国的国家理论流派和德国的现状之间的关系上；可以说，在这篇文章中，他明确地把"社会的现实性"看作评判理论框架的参照物，而衡量和评价某一理论框架不应再停留于理论自身之内，而必须在先行衡量和评判"社会的现实性"的基础上，才能再进一步地衡量和评判某一种理论。对于作为评判理论参照物的"社会现实性"，马克思如何先行地衡量和评判它呢？对这一问题的回答显示出马克思走出德国旧有法学和政治理论框架的信念，即马克思力图从"理论之外"[②]的历史发展的普

[①] 这里的论说文是指 Essay 这种体裁的文章。这篇文章在《德法年鉴》上的原标题为《论黑格尔法哲学的批判》（*Zur Kritik der Hegel's chen Rechts-Philosophie*），"导言"（*Einleitung*）一词为该文正文开始的子标题，参见：Deutsch-Französische Jahrbücher, hrsg. v. Arnold Ruge u. Karl Marx, Paris 1844, S. 71. 与当代的期刊出版文化不同，当时似乎《德法年鉴》这类的德语文化期刊都习惯于用连载的方式来刊登比较长篇幅的著作和文章，比如同为阿诺德·卢格负责编辑出版的《德国年鉴》（*Deutsche Jahrbücher*）就以连载的方式刊登过费尔巴哈批判黑格尔哲学的长文。马克思这里的"导论"应该理解为一篇长篇连载论说文的导言部分。因为《德法年鉴》后续的停刊，所以这篇论说文现在只留存下了导言部分的章节，而没有之后部分的内容。

[②] 这里的"理论之外"是指在马克思眼光中处在德国旧有的哲学、法学和政治理论之外的另一种思考。在我们今天看来，这种"理论之外"的思考显然也是一种理论进路和理论主张。

遍趋势和社会现实之人的客观规定来衡量这种社会现实。具体而言,他从近代以来英国、法国和美国的革命历史事件与政治发展的历史中得出了人类历史发展普遍趋势的洞见,①这种洞见将人的解放和自由看作革命的真正目的,进而将这种人的解放的革命看作历史发展的普遍且必然的趋势。马克思将这种普遍必然的历史趋势变成评判的尺度,用它来衡量和评判德国的政治现状,对德国国家制度的现状做出了否定性评价:"我们没有同现代各国一起经历革命,却同它们一起经历复辟。我们经历了复辟,首先是因为其他国家敢于进行革命,其次是因为其他国家受到反革命的危害……"②在这种否定性评价下,作为理论对照物的德国的社会现实性即是一种"时代错乱":"现代德国制度是时代错乱,它公然违反普遍承认的公理,它向全世界展示旧制度毫不中用;它只是想象自己有自信,并且要求世界也这样想象。"③这种德国时代错乱的现实性意味着:在历史普遍必然趋势的尺度下,德国的现实性本身是自相矛盾的,德国的这种现实性是历史普遍趋势的逆流。正是以这种"时代错乱"的、自相矛盾的社会现实性为对照物,马克思逐一评判了德国国家理论中的不同流派和不同立场:历史法学派和黑格尔的法哲学、实践的政治派立场和理论的政治派立场。④

在这种依据社会现实而对理论所进行的评判中,从理论内部走向前台的是理论和社会现实性之间形成的某种关系,这种关系不是简单的理论与现实的对应关系,或者简单的现实和理论之间的相互作用关系。马克思在《〈黑格尔法哲学批判〉导言》中真正想要突出的是:在德国时代错乱的、自相矛盾的社会现实性的对照下,德国的理论和社会现实性之间显示出相互之间不匹配的关系:"我们德国人在思想中、在哲学中经历了自己的未来的历史。我们是当代的哲学同时代人,而不是当代的历史同时代人。德国的哲学是德国历史

---

① 这种对近代欧洲革命历史事件的洞见同样来源于马克思在克罗茨纳赫时期所做的关于英国和法国革命史和政治史的笔记,参见 MEGA², Abt. IV, B. 2, S. 63ff., S. 123ff. u. S. 145ff.
② 《马克思恩格斯全集》(第 3 卷),人民出版社 2002 年版,第 201 页。
③ 同上书,第 203 页。
④ 关于这里的流派和立场参见《马克思恩格斯全集》(第 3 卷),人民出版社 2002 年版,第 201、205、206 页。需要注意的是,这里的理论流派和理论立场是有区别的。前者指特定的理论流派,比如历史学派就是以冯·萨维尼为代表的法学理论流派,而依据 MEGA² 附属资料卷的说明,"实践的政治派"和"理论的政治派"则不是指某种特定的政治流派,而只是马克思根据当时各个流派对"哲学与政治的关系"所采取的立场而做的一种简单划分。参见:MEGA², Abt. I. B. 2, S. 672, S. 674 - 675.

在观念上的延续。……德国的法哲学和国家哲学是唯一与正式的当代现实保持在同等水平上的德国历史。"[①]也就是说,德国的社会现实落后于历史发展的普遍趋势,但德国的法学和政治理论却保持着与这种历史普遍趋势及其理论的一致。马克思进一步看到,这种不匹配关系对德国的国家理论和德国的社会现实性本身都产生了消极的影响,以至于德国的国家理论和现实中共同造就出了理论的超前发展和现实的落后这两种状况的并行不悖、甚至互补共存的荒谬景象:"如果思辨的法哲学,这种关于现代国家……的抽象而不切实际的思维,只是在德国才有可能产生,那么反过来说,德国人那种置现实的人于不顾的关于现代国家的思想形象之所以可能产生,也只是因为现代国家本身置现实的人于不顾,或者只凭虚构的方式满足整个的人。"[②]依据马克思的看法,这种理论和现实的不匹配关系不仅一方面放任了作为社会现实性的国家对现实的人的忽略,在另一方面也造成了理论本身对现实的人的忽略。马克思在这里提到的"现实的人"(der wirkliche Mensch)即在克罗茨纳赫时期未发表手稿中不断提到的社会中从事生产活动的现实之人,即在《〈黑格尔法哲学批判〉导论》和《论犹太人问题》中都明确点出的市民社会之人,即资产阶级社会中过着现实经济生活的人。现实的人既在德国社会现实中被忽略——比如像马克思所看到的莱茵省的破产农民,又在德国的理论上被一种虚构的理性的人之规定遮蔽——比如黑格尔那里的市民社会中的人之规定和国家公民之规定;落后的现实和超前的理论以一种共谋的方式造成了这种对现实人的忽略和遮蔽,以至于像青年黑格尔派那样企图用德国的哲学理论来批判德国现实的举动都不可避免地陷入了这种对现实之人的忽略和遮蔽之中,而这种由现实和理论共同造成的对现实的人的忽略正是马克思之前从德国旧有的法学和政治学理论无法切入和解决资本主义所造成的"社会问题"的原因。

此外,在将近代欧洲革命的历史趋势树立为评判社会现实性的尺度之时,马克思也看到,这种历史趋势中同样蕴含着对人的某种抽象化和观念化

---

① 《马克思恩格斯全集》(第3卷),人民出版社2002年版,第205页。
② 同上书,第207页。

的构想,①比如法国大革命所蕴含的那种人权观念,马克思在《论犹太人问题》中所着重指出的那样:"最后,人,正像他是市民社会的成员一样,被认为是本来意义上的人,与 citoyen[公民]不同的 homme[人],因为他是具有感性的、单个的、直接存在的人,而政治人只是抽象的、人为的人,寓意的人,法人。现实的人只有以利己的个体形式出现才可予以承认,真正的人只有以抽象的 citoyen[公民]形式出现才可予以承认。"②克服这种历史事件中作为"微弱哲学回声"的抽象的人之规定的手段是引入社会中现实之人的客观规定。但是在旧有的理论框架之外,如何能够达到这种新的现实之人的客观规定呢?结合他在《莱茵报》工作时期的现实经验和克罗茨纳赫时期的理论反思来看,对于在此时马克思来说,达到这种现实人的客观规定的新科学只能是一种从共产主义和社会主义理论立场出发、以批判的方式加以改造的政治经济学。借助这种经过了批判的政治经济学,马克思用在现实经济生活视野中所认识到的现实之人的规定来取代英国和法国革命历史事件中的抽象的人之规定,将这种现实之人的解放和自由看作这种历史的普遍必然趋势的真正目标。

在《德法年鉴》同期发表的书评文章《论犹太人问题》中,马克思从另一个维度进入关于社会的现实之人的讨论。在这里,借助于布鲁诺·鲍威尔提出的政治国家和宗教之间关系的论题,马克思将理论关注的焦点从国家的普遍性转换到了现实的人的普遍性论题上:"我们并不宣称:他们必须消除他们的宗教局限性,才能消除他们的世俗限制。我们宣称:他们一旦消除了世俗限制,就能消除他们的宗教局限性。我们不把世俗问题化为神学问题。我们要把神学问题化为世俗问题。"③也就是说,借助于宗教和国家的关系,马克思再次提出了克罗茨纳赫时期所关注的国家和人的关系,并且在国家的普遍性视域中切入现实之人的普遍性问题。鲍威尔毫无保留地接受了黑格尔式的"政

---

① 这里仅仅依据马克思自己对抽象化和观念化的理解来使用这两个词,这里主要指以普遍人性、人的自然本质、人的自然权利为核心内容的哲学人类学论述。关于马克思对抽象化和观念化的具体理解,参见:《马克思恩格斯全集》(第3卷),人民出版社2002年版,第219页。
② 《马克思恩格斯全集》(第3卷),人民出版社2020年版,第188页。依据 MEGA²,此处引文中的"寓意的人、法人"为 eine allegorische, moralische Person,字面意思也可以理解为"一种寓意的、道德的人格",有别于前面"抽象的、人为的人"当中的标识"人"的德语词 Mensch,参见 MEGA², Abt. I. B. 2, S. 162。
③ 《马克思恩格斯全集》(第3卷),人民出版社2002年版,第169页。

治国家具有普遍性"论题并以此作为他展开宗教批判的出发点和前提,而马克思则敏锐地抓住了这种国家普遍性的黑格尔式预设的问题,即从理论自身中虚假地将国家建构为一种针对真正的现实普遍性——即市民社会中的人——的中介:"宗教正是以间接的方法承认人。通过一个中介者。国家是人以及人的自由之间的中介者。正像基督是中介者,人把自己的全部神性、自己的全部宗教约束性都加在他身上一样,国家也是中介者,人把自己的全部非神性、自己的全部人的无约束性寄托在它身上。"①马克思直接地指出这种国家普遍性的预设本身是一种理论虚构的假象,这种对政治国家中人之规定的虚构和马克思在《〈黑格尔法哲学批判〉导言》中指出的德国理论以虚构的理性人的方式来忽略现实之人的做法相一致。在这种虚构出来的假象中,现实的人由此被强加了一种高于他自己现实属性的理论属性,以至于现实的人绝不是现实的自己,而是一种双重的人:"在政治国家真正形成的地方,人不仅在思想中,在意识中,而且在现实中,在生活中,都过着双重的生活——天国的生活和尘世的生活。前一种是政治共同体中的生活,在这个共同体中,人把自己看作社会存在物;后一种是市民社会中的生活,在这个社会中,人作为私人进行活动,把他人看作工具,把自己也降为工具,并成为异己力量的玩物。"②

在对现实之人的忽略和遮蔽的意义上,马克思找到了以黑格尔为代表的、哲学化的德国法学和政治理论的真正症结,而消除这种对现实之人的忽略和遮蔽的关键就在于打破这种理论和现实的不匹配。马克思在此已经预见到,破除这种不匹配关系不可能仅仅是单独在理论层面或者现实层面上进行变革,而必须同时改变理论和现实:"对思辨的法哲学的批判既然是对德国迄今为止政治意识形式的坚决反抗,它就不会面对自己本身,而会面向只有用一个办法即实践才能解决的那些课题。"③关于"理论作为批判的武器"和"革命作为武器的批判"的经典论述正是上述洞见形象而直观的表达。这种必须同时改变理论和现实的洞见构成了马克思转向政治经济学最为核心的理论动因,而且贯穿着马克思整个政治经济学的研究历程,即政治经济学研究必须是一种政治经济学的批判,作为一种批判的武器,它服务于现实之人对现实的批判

---

① 《马克思恩格斯全集》(第3卷),人民出版社2002年版,第171页。
②③ 同上书,第172—173页。

行动，即服务于现实之人的革命实践。这意味着马克思想要从事的政治经济学研究必然是一种从社会主义和共产主义理论的价值立场出发、经过这种价值立场批判的政治经济学。对马克思来说，只有在这种经过了批判的政治经济学视域中，现实之人才显现为资本主义社会中的劳动者；也只有依据这种经过了批判的政治经济学，资本主义社会中的劳动者所具有的普遍性才显现出它的现实真相，即这种劳动者在资本主义社会中普遍地成了无产者；作为在资本主义社会中从事生产劳动的现实之人，无产者虽然在理论上享有私有财产所有权，但是他无法在社会现实中普遍地实现这种权利，以至于作为社会普遍大多数的无产者的现实生活出现了危机，变成了"社会问题"。正是经由这种经过了批判的政治经济学所提供的新的理论路径，马克思才能够将人的解放和自由具体化为资本主义社会中无产者的解放和自由，他才得以确立衡量历史发展本身的明确尺度：衡量历史进步的尺度在于历史发展是否能够实现，并且在何种程度上实现资本主义社会中无产者的自由和解放。

第三节 从"市民社会理论"走向政治经济学

在《〈黑格尔法哲学批判〉导论》和《论犹太人问题》两篇文章中，借由批判那种黑格尔式的哲学理论以及包含在这种哲学理论中的旧的"市民社会"概念，马克思明确了通过政治经济学走向新的、处在他当下现实中的"市民社会"概念的理论必要性，如 1859 年的《〈政治经济学批判〉序言》中的思想历程回顾所言："法的关系正像国家的形式一样，既不能从它们本身来理解，也不能从所谓人类精神的一般发展来理解，相反，它们根源于物质的生活关系，这种物质的生活关系的总和，黑格尔按照 18 世纪的英国人和法国人的先例，概括为'市民社会'，而对市民社会的解剖应该到政治经济学中去寻求。"[1]引文中"法的关系"德语原文为复数的 Rechtsverhältnisse，[2]即"诸种法的关系"。作为复合名词，它由名词 Recht 和 Verhältnisse 构成，后者是"关系"的复数单词。因为

---

[1] 《马克思恩格斯全集》（第 31 卷），人民出版社 1998 年版，第 412 页。
[2] 参见 MEGA², Abt. II, B. 2, S. 100。

德语单词 Recht 既具有"法"的含义,也具有"权利"的含义,因此这里的"法的关系"也可以理解为"诸种法权关系""诸种权利关系",①因此在整个黑格尔法哲学批判时期,马克思对"法的关系"的否定和批判也即是他对德国现实的权利关系(即引文中的"它们本身")及其理论(即引文中的"人类精神的一般发展")的否定和批判。我们可以将这种对现实和理论的双重否定的起点看作马克思进入自己政治经济学研究的否定性动因。除此否定性的动因外,本章第一节已经说明,法国的社会主义和共产主义理论在理论视域上为马克思接触新的政治经济学思想建构了理论的桥梁,给予了马克思新的启示,让他看到了破解上述德国的"权利关系"的现实和理论的新的可能性。这种来自法国社会主义和共产主义理论的新的启示,我们可以进一步看作为马克思进入政治经济学研究的肯定性动因。正是在这种否定性和肯定性动因的共同作用下,马克思初次进入政治经济学研究的路径才变得明确而清晰。

在马克思巴黎时期所写作的《1844 年经济学哲学手稿》以及在巴黎和布鲁塞尔时期所摘录的政治经济学笔记②中,我们可以集中看到马克思初次进入政治经济学研究的路径所具有的理论渊源特征。按照马克思在《1844 年经济学哲学手稿》"序言"中的说明,他这个阶段的政治经济学研究,首先立足于"完全经验的、以对国民经济学进行认真的批判研究为基础的分析",③即他从事的研究是经验性的、实证的政治经济学研究,这种研究包含着对国民经济学的批判。需要指出的是,马克思在这里所说的"国民经济学",德语为 Nationalökonomie,即英语和法语中的政治经济学(英语 political economy,法语 économie politique);德语世界在接受英国和法国的政治经济学理论时将英语和法语中修饰"经济学"的定语"政治的"翻译为"国民的",并且在相当长一段时间内,用"国民经济学"这个名词来特指斯密和李嘉图学派的政治

---

① 在 1843—1844 年间对黑格尔法哲学批判的研究中,马克思对这种"法的关系""权利关系"的剖析集中表现在《论犹太人问题》对法国大革命《人权宣言》中"人权"含义的分析和批评中。和"法的关系"的德语原文 Rechtsverhältnisse 一样,法语的人权原文 droits de l'homme 中的 droits,既可以理解为"诸种权利",也可以理解为"诸种法"。参见《马克思恩格斯全集》(第 3 卷),人民出版社 2002 年版,第 182—189 页。
② 这里的提到的"巴黎和布鲁塞尔笔记本"主要是指 MEGA² 第 4 部分第 2 卷和第 3 卷中收录的 1844 年至 1845 年间的巴黎笔记本和布鲁塞尔笔记本。参见 MEGA², Abt. IV, B. 2 u. B. 3。
③ 《马克思恩格斯全集》(第 3 卷),人民出版社 2002 年版,第 219 页。

经济学理论。① 此外,还需要今天的读者注意的是,马克思在这里所提出的这种经验和实证研究不同于今天社会科学以田野调查或案例研究为基础的实证研究。他的实证和经验主要来自他阅读政治经济学研究著作中的事例和历史叙述,即他从所阅读的政治经济学著作中摘录了大量关于地租、工资和工人阶级的社会经济生活状况的描述性案例、摘录了大量的经济史论述,再对这些案例和经济史叙述进行分析和评议,从而展开自己对政治经济学的思考。结合马克思《1844年经济学哲学手稿》和《巴黎笔记》摘录的全部笔记内容,用今天的眼光看,马克思巴黎时期进入政治经济学研究的理论渊源是19世纪的斯密和李嘉图派的政治经济学理论,他的实证研究实际上是一种立足于19世纪政治经济学的各种实证性研究文本,以对实际案例和历史证据的分析为基础、针对19世纪斯密和李嘉图理论及其在法语和德语世界的流行观点进行批判的理论性反思。

此外,在《1844年经济学哲学手稿》中,马克思之所以称自己的研究为"实证的""经验性的"研究,这主要也是因为他心目中非实证研究的参照对象是以布鲁诺·鲍威尔(Bruno Bauer)为代表的青年黑格尔派和当时那些受青年黑格尔派哲学影响的、具有明确道德立场的德语社会主义理论,比如同时代的魏特林(Wilhelm Christian Weitling)和卡尔·格律恩等人的文章和著作。在马克思《1844年经济学哲学手稿》"序言"删掉的部分文字段落中,我们可以看到,他对"实证研究"的描述主要还是为了反驳青年黑格尔派的代表布鲁诺·鲍威尔的批评。② 在马克思此时的用语中,与"实证的""经验的"构成对立参照和批评的词汇不是单纯的"理论的""抽象的"和"演绎的",而是鲍威尔的"'乌托邦的词句',或者还用'完全纯粹的、完全决定性的、完全批判的批判''不单单是法的,而且是社会的、完全社会的社会''密集的大批群众''代大批群众发言的发言人'等等一类空话",③ 也就是说,这里和"实证""经验"对立的是19世纪40年代以来打着实证研究的旗号、具有经验性研究伪装的各种德国的左派激进理论和革命理论,所以马克思在"序言"中对实证的强调也和在

---

① 关于"国民经济学"词条的概念史说明,参见 Nationalökonomie, in Historische Wörterbuch der Philosophie online, Schwabe Verlg 2007.
② 《马克思恩格斯全集》(第3卷),人民出版社2002年版,第219页脚注1。
③ 《马克思恩格斯全集》(第3卷),人民出版社2002年版,第219页脚注1,同时参见第666页中注释59的说明。

青年黑格尔派中最明确走出黑格尔式概念哲学的费尔巴哈的哲学人类学联系在一起:"从费尔巴哈起才开始了实证的人道主义的和自然主义的批判。"①而在《1844年经济学哲学手稿》"序言"的最后部分,马克思表明要延续克罗茨纳赫时期对黑格尔理论的批判,但是不再围绕着法的关系和国家的形式,而是要进一步针对"黑格尔的辩证法和整个哲学"②来进行剖析。人们需要问的是,为何在马克思最初的政治经济学研究的构想中,仍然还需要再次回到对黑格尔哲学的批判中去? 其实这里对黑格尔哲学批判的构想仍然和马克思自己对"实证研究"的设想相关,用他自己在第三笔记本的话说:"彻底的自然主义或人道主义,既不同于唯心主义,也不同于唯物主义,同时又是把这二者结合起来的真理。我们同时也看到,只有自然主义能够理解世界历史的行动。"这里的"自然主义"和"人道主义"已经不是我们今天字面理解的含义,而是指一种关于外部自然世界本身的理论和关于人本身的理论,即关于现实的外部世界和现实的人的理论。在这个意义上,这种对黑格尔的批判也就是想从方法论的角度为"实证的""经验的"理论寻求坚实的基础。

按照马克思在《1844年经济学哲学手稿》"序言"中的自述,马克思巴黎时期的政治经济学研究的理论渊源,除了通过自己"完全经验的、以对国民经济学进行认真的批判研究为基础的分析得出的",他还参考了"法国和英国的社会主义者的著作"以及"德国社会主义者的著作"。③ 在德国社会主义者的著作中,对马克思影响最大的主要是魏特林、赫斯和恩格斯的文章和著作,他在《1844年经济学哲学手稿》"序言"中明确表明:"德国人在这门科学方面所写的内容丰富而有独创性的著作,除去魏特林的著作,就要算《二十一印张》文集中赫斯的几篇论文和《德法年鉴》上恩格斯的《国民经济学批判大纲》。"④当然,马克思本人在巴黎时期对德语政治经济学著作的阅读没有局限于上述三位德国社会主义者的作品。虽然在1859年《〈政治经济学批判〉序言》的思想

---

① ② 《马克思恩格斯全集》(第3卷),人民出版社2002年版,第220页。
③ 同上书,第219—220页。
④ 《马克思恩格斯全集》(第3卷),人民出版社2002年版,第220页。这里威廉·魏特林的著作主要指1838年出版的《现实的人类和理想的人类》和1843年出版的《和谐与自由的保证》。赫斯的文章主要指《社会主义和共产主义》《行动的哲学》和《一种且唯一的一种自由》三篇文章,参见 MEGA², Abt. I. B. 2, S. 914 以及 Moses Hess, *Philosophische und Sozialistische Schriften*, hrsg. u. einl. v. Auguste Cornu u. Wolfgang Mönke, Akademie Verlag 1961, S. 197 – 230。

回顾中,马克思并没有提及德语政治经济学对他的"政治经济学转向"的影响,而是着重强调他和恩格斯以殊途同归的方式走向了唯物史观,并且以此为基础来展开对德语地区左派思想阵营中流行的哲学路径的批判。但是从他的《巴黎和布鲁塞尔笔记》所摘录的文字我们至少可以确认,除了上述魏特林、赫斯和恩格斯的作品,在1844年进入政治经济学研究之时,马克思还阅读了弗里德里希·李斯特和弗里德里希·威廉·舒尔茨等多位德语政治经济学的研究著作,特别是舒尔茨的《生产运动》一书,它是马克思在1843—1844年间理解当时欧洲资本主义各国工业生产模式和运转机制所带来的"社会问题"的重要参考著作。[①] 而马克思之所以在上述"序言"中突出强调魏特林、赫斯和恩格斯对自己研究的影响,这也是因为他特别想要突出他自己政治经济学研究中的价值立场:这三位人物都是19世纪30—40年代德语世界社会主义和共产主义理论阵营中的重要作家,通过强调他们对自己的影响,马克思本人非常明确地坦诚自己的"政治经济学研究"不是没有先在价值立场的单纯科学研究,而是一种为"武器的批判"服务的"批判的武器"。他自觉地把自己的政治经济学归入社会主义和共产主义理论的光谱下,明确地承认他的政治经济学研究路径深受当时欧洲流行的社会主义和共产主义理论的影响,承认经由社会主义和共产主义理论批判和改造的政治经济学研究对他开启政治经济学研究有着决定性的价值定位和导向作用。

社会主义和共产主义理论对马克思政治经济学研究的价值定位和导向作用集中体现在《1844年经济学哲学手稿》的笔记一中,也即体现在马克思政治经济学研究路径初次具体的展开中,也就是说,这种价值定位和导向作用体现在他第一次具体地入手选择研究对象时,他突出强调了这些研究对象的哪些维度以及他反思和批判了既有政治经济学的哪些观点。在选择政治经济学的研究对象,抑或说研究的课题时,社会主义和共产主义理论明确地展现出其对

[①] 在巴黎时期的《1844年经济学哲学手稿》和《巴黎笔记》中,马克思摘录的德语政治经济学作家主要有弗里德里希·李斯特、弗里德里希·威廉·舒尔茨、卡尔·许茨(Carl Schüz)、海因里希·奥兹安德(Heinrich Osiander),这里的依据主要是德语版《马克思恩格斯全集历史考证版》附属资料卷中的说明,参见MEGA², Abt. I. B. 2, S. 692ff. und S.695ff. 关于舒尔茨对马克思的影响,详见瓦尔特·格拉布:《生产运动》中的创见及其对马克思的影响,载于弗里德里希·威廉·舒尔茨:《生产运动》,南京大学出版社2019年版,第189—219页。

马克思选择研究对象具有一种导向作用。一般从内容上看,尽管偶有摘录其他经济学家的著作(比如萨伊),笔记一主要是马克思对自己之前阅读亚当·斯密《国富论》的读书笔记有选择性摘录和翻译并写下以自己的评论和研究心得的笔记。① 他在笔记一中选择摘录和评论的政治经济学课题分别为"工资""资本的利润"和"地租",之后他重点讨论了异化劳动和私有财产。以马克思对"工资"课题的讨论为例子,我们可以看到,与亚当·斯密的《国富论》第一卷关于工资的论述相比,②马克思在工资问题上重点关注的是影响工资的因素及其对作为劳动者的人的影响。在笔记一的工资部分,马克思对劳动者工资在资本主义经济发展中所面临的前景显然与亚当·斯密截然不同。斯密对社会进步和经济繁荣而带来的劳动者,特别是大多数无产者工资的提高以及生活幸福的提升充满信心:"或许值得指出的是:在进步状态中,社会并非只是获得它的全部财富,而是朝向更多的获得前进,从事劳动的穷人的条件,即这绝大多数人的条件,似乎会是最为幸福和最为舒适的条件。在停滞状态和衰退状态,这种条件是艰难的而困苦的。对于社会各个不同的等级来说,进步状态是真正温馨而友好的状态。停滞状态是沉闷的,而衰落状态则是悲惨的。"③与斯密的这种乐观立场相反,马克思显然更多关注劳动者在各种经济形势中面临的工资与生活需求,甚至是与生命需求不匹配的困境:"在社会的衰落状态中,工人遭受的痛苦最深重。他遭受特别沉默的压迫是由于自己所处的工人地位,但他遭受压迫则由于社会状况。而在社会财富增进的状态中,工人的沦落和贫困化是他的劳动的产物和他生产的财富的产物。就是说,贫困从现代劳动本身的本质中产生出来。社会的最富裕状态,这个大致还是可以实现并且至少是作为国民经济学和市民社会的目的的理想,对工人说来却是持续不变的贫困。"④马克思在这里传达的显然不是斯密那种乐观进步主义的论调,而是承接了赫斯和恩

---

① 依据当前的马克思文献研究,马克思当时尚未能用英语来阅读斯密,所以他阅读的是斯密《国富论》的 1802 年两卷本的法语译本(法语书名为 *Recherehes sur la Nature et les Causes de la Richesse des Nations*,T. 1. 2.,Paris 1802)。本章作者学力有限,在对比斯密的学说时,无法参考马克思所用原书,参考的版本为 Adam Smith,*Wealth of Nation*,P. F. Collier & Son 1902。关于马克思在巴黎时期研究斯密的详细情况,参见 MEGA²,Abt. I. B. 2,S. 870ff.
② 参见 Adam Smith,*Wealth of Nation*,P. F. Collier & Son 1902,Vol. 1,P. 120 ff.
③ Adam Smith,*Wealth of Nation*,P. F. Collier & Son 1902,Vol. 1,P. 143。
④ 《马克思恩格斯全集》(第 3 卷),人民出版社 2002 年版,第 232 页。

格斯那种社会主义和共产主义围绕着受苦的劳动者而建立起的沉重的、忧郁的政治经济学叙事基调。与斯密不同，马克思是在工资和工人生活处境的视角下，而非社会财富、国民财富增长的视角下来观察现实的人所面临的"社会问题"及其危机。在这种视角下，马克思直接表明，在亚当·斯密所预设的生产资料私有制的资本主义经济生活中，现实的劳动者无法如斯密所说的那样，可以跟随着社会经济的繁荣来改善自己的现实生活。换言之，在斯密的理论框架下，国民财富的增长和社会大多数从事劳动的现实之人的幸福之实现是相互冲突的。

对马克思来说，这种国民财富的增长和社会大多数从事劳动的现实之人的幸福之实现的冲突，其根源仍然来源于斯密的政治经济学自身所隐藏着的抽象之人的规定，如他所说："不言而喻，国民经济学把无产者，即既无财产又无地租，只靠劳动而且是片面的、抽象的劳动为生的人，仅仅当作工人来考察，因此，它才会提出这样一个论点：工人完全和一匹马一样，只应得到维持劳动所必需的东西。国民经济学不考察不劳动时的工人，不把工人作为人来考察；它把这种考察交给刑事、司法、医生、宗教、统计表、政治和乞丐管理人去做。"①在这里我们可以看到，马克思对斯密在工资论述中对人的抽象规定的描述其实不同于他对黑格尔法哲学和国家哲学理论对人的抽象规定的描述。在黑格尔那里，马克思看到的是抽象的规定忽略和遮蔽现实的人及其生活，而在斯密这里，我们可以说，马克思看到的是抽象的规定去切割和分裂现实的人及其生活。在"资本的利润"和"地租"的论述中，我们同样可以看到，马克思在接受了社会主义和共产主义理论所提供的视角和立场之后，他始终力图在斯密、萨伊等人的政治经济学中发现资本家、地主等社会的经济存在者（die ökonomischen Wesen）被某种抽象规定切割和分裂的现实存在状态。这种对抽象规定的抗拒与社会主义和共产主义理论将理论关切定位于市民社会、资本主义社会中的现实之人密切相关。只要不脱离这种作为社会普遍大多数、作为社会现实性的现实之人，通过社会主义和共产主义理论就始终能够让新的政治经济学框架，或者说，能够让马克思的政治经济学的批判发现扭曲的现状和抽象的理论对人所产生的桎梏。

---

① 《马克思恩格斯全集》（第 3 卷），人民出版社 2002 年版，第 232 页。

第二章 马克思政治经济学批判的方法论前提

古典经济学方法论范式①和诸多社会科学一样,主要分为实证方法和规范方法,前者以演绎法优先,后者以归纳法优先。前者主要以事实判断为基础,强调价值中立和经济现象的客观规律,后者以价值判断为基础,强调经济事实之外的社会价值。② 正如老凯恩斯(John Neville Keynes)所说:"关于经济学方法争论的要旨,可以通过对两个存在广泛差别的学派的大略比较来描述。一个学派把政治经济学看作是一门实证的、抽象的和演绎的科学。另一个学派则把它看成是一门伦理的、现实的和归纳的科学。"③这两种不同的范式贯穿了古典经济学发展过程,经济学的古典时代往往被认为是经济学逐渐获得自身独立学科领域的过程。它一方面包含了经济与政治等领域脱离的过程,另一方面包含了一个通过实证方法确立自身科学性的过程。"实证经济学和规范经济学之间的区别,'科学的'经济学和对经济政策问题的实际建议之间的区别,这些问题至今已有150年的历史,可以回溯到拿骚·思诺(西尼尔)和约翰·斯图亚特·穆勒的著作。在19世纪后半期的某些时候,在经济学中的这种熟悉的区分变得混乱了,并且几乎同哲学实证主义者的'是'和'应该

---

① 古典经济学(或古典政治经济学)概念一般有以下几种区分:马克思的古典政治经济学概念范围从威廉·配第、布阿吉尔贝尔到李嘉图和西斯蒙第,他们包含了政治经济学的科学性特征以区别于李嘉图学派和德国历史学派等为代表的庸俗经济学;凯恩斯则将他之前的所有经济学家统称为古典经济学家;而一般西方经济学则将古典经济学的范围界定为亚当·斯密到"边际革命"为代表的新古典经济学派为止。
② 陈岱孙:《陈岱孙学术论著自选集》,首都师范大学出版社1994年版,第377—378页。
③ [英]约翰·内维尔·凯恩斯:《政治经济学的范围与方法》,商务印书馆2017年版,第8页。

是'之间的区分、事实和价值之间的区分、想象上的关于世界的客观的宣言式的论述和对世界的规定的估价的叙述之间的区分等同起来。现在实证主义经济学被说成是同事实有关,而规范经济学被说成是同价值有关。"① 当然,实证和规范的不同方法,在经济学上并不是完全对立的两方,它们分享一系列共同的理论出发点。另外,经济学方法论的对立在马克思所处的时代方兴未艾,其主要体现在从萨伊到西尼尔再到约翰·穆勒经济学实证主义方法的确立以及德国旧历史学派以国家主义和历史主义为出发点对英法古典经济学的批判等议题中。但是对马克思来说,这一方法论的分歧又体现在其古典政治经济学和庸俗经济学的区分以及其对政治经济学的批判之中。马克思通过对实证主义和历史主义经济学方法的批判,扬弃了两者以建立起历史唯物主义意义上的政治经济学批判。

第一节 政治经济学批判与实证性的经济学方法

在最广义的范围上,社会科学的实证主义方法意味着将自然科学的方法应用到社会科学研究之中。而在古典经济学范围内,实证方法认为经济学的学科独立性及其科学性在于它的实证性。但是对于马克思来说,经济学以实证主义方法确立自身"科学性"的过程,恰恰是其"科学性"的丧失。在马克思对古典政治经济学和庸俗政治经济学的经典区分之中,体现了他和古典经济学家对于科学本质的不同认识。"实证主义"一词在马克思、恩格斯的时代相对而言并不像当代社会那样清晰,国内有学者考证马克思、恩格斯甚至有六种关于"实证主义"的用法:自然科学范式的应用、孔德实证主义、宗教神学外在权威的实证主义、实存为原则的历史法学派、黑格尔唯心辩证法、马克思和恩格斯对自己理论的阐述。② 因而国内研究也有将马克思、恩格斯的经济学方

---

① [英]马克·布劳格:《经济学方法论》,商务印书馆1992年版,第169页。
② 李天保:《马克思恩格斯语境中的六种实证主义》,《现代哲学》2019年第3期。

法称作"新实证主义"或者"科学实证主义"方法。① 尽管这一类研究具有相当的理论原创性,但是就学术界公认的观点而言,一般不将马克思归为某种形式的实证主义。一般社会科学哲学中所探讨的实证主义主要包含六种用法的前两种,尤其是第一种用法,而孔德的实证主义往往被认为是社会科学实证方法研究的创始者(毕竟孔德最早提出了"实证主义"这个词)。因此在方法论上,马克思政治经济学批判中对实证方法的批判主要涉及对政治经济学方法自然科学化的批判。

一、社会科学中实证主义方法的基本界定

现代意义上的社会科学,源自启蒙运动以来与"人"相关的各种"人的科学"。它要求将近代科学中形成的观察、实验、分析方法运用到相对含混的各类人文社会领域。"启蒙运动期间,占据舞台中心的是对人的研究。这里是令人振奋的前线,在这里人们能够把当时对人本身的强烈兴趣与同样受到尊重的牛顿和洛克的科学方法结合起来……18世纪奠定了各门社会科学的基础。经济学、社会学、历史研究、政治科学、心理学、人类学等后来在现代世界得到了发展。"② 现代实证主义思想的产生亦受此影响,社会科学中最为广义的实证主义在于将自然科学(尤其是物理学)的方法直接运用到社会科学中。"社会学中的实证主义已经与社会科学的概念和使社会学成为科学的追求联系在一起。"③ 其前身来自法国启蒙运动。在法国启蒙运动中,启蒙思想家们一方面分享经验论对理性实体的排斥;另一方面又要求在现象界,以人为尺度重新建立人与自然的统一以驳斥怀疑论。他们要求"在人类可及的经验范围内,发现或至少感知某种基本的秩序,并且在最重要的问题上获得确定性是可能的"。④

---

① 罗雄飞:《马克思的经济学方法论思想——以科学实证主义为核心》,经济日报出版社2016年版,第1页。
② [美]罗兰·N.斯特龙伯格:《现代西方思想史》,中央编译出版社2004年版,第174页。
③ Christopher G. A. Bryant, *Positivism in Social Theory and Research*, Macmillan Education UK, 1985, p.1.
④ [波兰]莱泽克·科拉科夫斯基:《理性的异化——实证主义思想史》,黑龙江大学出版社2011年版,第29页。

19—20世纪的实证主义思潮以反形而上学的经验主义、科学主义为前提,它是理性主义和经验主义的结合。它吸收了理性主义的科学方法,但拒斥理性主义的形而上学基础;又以经验主义为前提和基础,但拒斥其怀疑论和不可知论的倾向。因此实证主义要求在经验现象界重建一种理性的统一。所以,一方面,经验主义是它的基础,"的确,哲学中的实证主义已经与使经验成为一切知识基础的认识论联系在一起。还有它们的补充的本体论,它提出了一种区分:可观察到的对象(因此知识是可能的)和不可观察到的对象(因此关于它们不可能有知识)。"① 另一方面,理性主义也是其方法论的重要组成部分。实证主义以实验和科学方法为前提。"对于孔德来说,实证的科学是有用的,是确定的知识而不是想象的知识,并且是建立在经验主义方法论上的。在孔德手里,从洛克到休谟的经验主义传统从纯粹的方法论转变为经验主义方法论的实际操作。知识也不再以对感观知觉的批判来证明其正确性,而必须接受实际调查的检验:没有调查研究就不会有真理。自此之后,经验主义就进入客观存在的领域,而科学就是对这些事实的观察。经验主义将其目标定位在事实上,理性也从认识论转向科学层次并开始等同于方法论。这样,孔德式的实证主义就秉承了经验主义和理性主义的传统。"②

在此基础上德兰逊将实证主义的原则界定为:(1) 科学至上主义还是科学方法的一致性;(2) 自然主义还是现象主义;(3) 经验主义;(4) 价值中立;(5) 工具性知识。③ 与此类似,科拉科夫斯基将实证主义视作"关于人类认识的规则和评价标准的一个集合",视作"规范的态度,它制约我们如何使用像'知识'、'科学'、'认识'和'信息'之类的词"。其基本规则为:(1) 现象学规则(现象即本质);(2) 唯名论规则(经验主义);(3) 否定价值判断和规范性论述的认知价值(价值中立);(4) 对科学方法的根本统一性信仰(科学主义)。④ 而吉登斯则更注重方法论的界定,他将社会学意义上的实证主义界定为:

---

① Christopher G. A. Bryant, *Positivism in Social Theory and Research*, Macmillan Education UK, 1985, p.1.
② [法] 吉尔德·德兰逊:《社会科学:超越建构论和实在论》,吉林人民出版社2005年版,第19页。
③ 同上书,第2—3页。
④ [波兰] 莱泽克·科拉科夫斯:《理性的异化——实证主义思想史》,黑龙江大学出版社2011年版,第3—9页。

(1) 社会学方法论上的一种假设,认为自然科学的过程可以直接适用于社会学;(2) 社会学研究的最终结果可以用"规律"或"类似规律"的概括来表述,就像自然科学家所建立的那样;(3) 社会学具有技术特征的实践假设。①

二、孔德:作为社会理论的实证主义

一般而言,当代实证主义的发展主要分为两个阶段:一是19世纪初形成的古典实证主义,二是20世纪初以维也纳学派为代表的逻辑实证主义。② 实证主义的思潮最初来自法国实证科学的传统。而孔德被当作古典实证主义思想的创始者,他继承了圣西门的法国实证主义传统,又影响了涂尔干的实证社会学。

就古典实证主义而言,圣西门最初明确提出了这一概念,而孔德则是"实证主义"(positivism)这一思想的真正创始人,他将这一思想系统化。"如果实证主义的萌芽存在于圣西门杂乱无章、有时不连贯的著作中,那么他的弟子就提供了组织和连贯的天赋,以及对科学的更深入的了解,这将把实证主义变成一个全面的系统。"③

但是孔德关于实证主义的一些观点与当代意义上的实证主义相去甚远。实证主义对于孔德来说是一整套的系统学说,它不仅包含认识论和方法论,而且具有本体论意义。"对圣西门和孔德来说,实证主义不仅是认识论,是一种知识理论,就像对许多当代理论家来说的那样,而且是一种本体论,一种关于社会理论和世界研究结构和发展的,尽管这里有一些困难,但它是一种'技艺',或者我们现在说的,一种有理论依据的实践,在这种理论中,理论不仅提出了应用,而且把某些历史义务强加给了所有承认其有效性的人。"④孔德的实证主义首先意味着一种精神,一种社会哲学或者说人类的社会生活方式。"实证主义的主要目的有两个:一是概括我们的科学概念,二是使社会生活的

---

① Christopher G. A. Bryant, *Positivism in Social Theory and Research*, Macmillan Education UK, 1985, pp.7 - 9.
② 其他实证主义的代表还包括马赫主义和波普尔的证伪主义等。
③ Jones, G. S., and G. Claeys, *The Cambridge history of nineteenth-century political thought*. Cambridge University Press, 2011, p.187.
④ Christopher G. A. Bryant, *Positivism in Social Theory and Research*, Macmillan Education UK, 1985, pp.11 - 12.

技艺系统化。"①这也导致孔德在方法论上的模糊性。他既不被简单当作归纳主义者或者经验主义者,但是他的方法论原则又通过客观观察、归纳和事实的优先性地位在某种程度上符合了经验主义和归纳主义的立场。②

因此在本体论和认识论上,实证主义以经验现象界的统一为前提,它以康德哲学为基础。与康德限制经验以为信仰留出地盘不同,孔德所继承的是康德经验世界的统一性观点,而舍弃了康德的形而上学倾向。"我们的实证研究基本上应该归结为在一切方面对存在物做系统评价,并放弃探求其最早来源和终极目的,不仅如此,而且还应该领会到,这种对现象的研究,不能成为任何绝对的东西,而应该始终与我们的身体结构、我们的状况息息相关。"③所以,孔德强调的是知识以经验为基础,以身体的官能而非思维为基础,实证主义是和人联系而不是和宇宙本体联系,任何将研究推向现象之外都是危险和无用的,必然使得科学烦琐化和虚无化。"但是当人类理智成熟到毫不犹豫地放弃不可企及的研究并把自己的活动明智地划定在我们的官能真正衡量得到的领域的时候,实证哲学则肯定能给这两种基本需求以更完全、在各方面也更实际的满足。"④孔德把社会科学的范围牢牢地限定在经验世界。另外,这种元社会科学的统一性还表现为各门社会科学之间统一体系,通过"系统化"和"增补"将一切经验范围纳入统一的科学系统。"归根到底,人们当时只应当设想一门单一的科学,即人文科学或更精确地说社会科学;我们的生命存在既构成其本源也成为其目标,对外部世界的理性研究自然融合于其中,它既作为必需的因素也作为主要的序幕……正是仅仅因为这样,我们的实证知识才有可能构成真正的体系,从而显示出令人十分满意的性质。"⑤

在方法上,孔德首先确立了经验观察的第一位原则。"把力量放在从此迅速发展起来的真实观察领域,这是真正被接受而且切合实际需要的各门学识的唯一可能的基础。"⑥而观察的目的在于揭示普遍规律并对事实进行预测。

---

① Comte A., *A General View of Positivism*, New York: Cambridge university press, 2015, p.3.
② Cohen P., "Is Positivism Dead?", *The Sociological Review*, 1980-feb vol. 28iss. 1, p.148.
③ [法] 奥古斯特·孔德:《论实证精神》,商务印书馆 1996 年版,第 10 页。
④ 同上书,第 14 页。
⑤ 同上书,第 17—18 页。
⑥ 同上书,第 9 页。

"真正的科学,远非单凭观察而成,它总是趋向于尽可能避免直接探索,而代之以合理的预测,后者从各方面来说都构成实证精神的主要特性……因此,真正的实证精神主要在于为了预测而观察,根据自然规律不变的普遍信条,研究现状以便推断未来。"① 所以另一方面,科学不依赖于直接的考察,来自理论假设及其证实弥补直接观察的不足。"因此我们全部的真正逻辑需要,基本上都集中到这种共同用途:在把我们各种观念组成连续性和均匀性时,以同样满足秩序与进步的同时需要的方式,通过我们系统思辨,尽可能使我们的知性达到自发的统一,并使我们在变化状态中求得稳定。"② 因此实证主义的普遍规律由于其经验性,需要不断在现实中获得证实和补充,其终点在于形成一种单数的大一统的社会科学。"人们常常倾向于夸大这种必要的扩散在逻辑方面的缺陷,皆因对于从归纳转为演绎的实际好处并未有足够认识。然而,必须坦率承认,无法将一切都归结为唯一的实证规律,也是个重大缺陷,这是人类自身条件的必然结果,这条件使我们不得不把十分微弱的智慧运用到极其复杂的宇宙上去。"③

在孔德看来实证主义不仅仅是一套理论体系,而且包含一整套现代社会的生活方式和精神重组(spiritual reorganization)。孔德认为,人类心智的进化经历了从神学到形而上学再到实证的三个阶段。神学和形而上学阶段都寻求事物隐蔽的本质,前者表现为神的奇迹,后者表现为自然背后包含一切的本性。而实证阶段则是对前两者的真正重建。孔德所处的法国大革命后西方社会的精神与道德大混乱的危机时代,其时代特征在于神学的衰落和解体以及形而上学的混乱,急需新的哲学精神以重建社会秩序。对于孔德而言,实证精神的首要任务是道德意义上的,即结合"秩序"和"进步"这两大被孔德视作现代社会基础的道德条件。在孔德看来,人符合社会秩序的社会化过程同时是伴随着道德进化的。而神学缺乏进步而形而上学缺乏秩序。实证精神作为"秩序"和"进步"的统一,趋向于在两者之间建立和谐的关系。"秩序向来是进

---

① [法]奥古斯特·孔德:《论实证精神》,商务印书馆1996年版,第12页。
② 同上书,第15页。
③ 同上书,第17页。

步的基本条件,而反过来,进步则成为秩序的必然目标。"①实证精神针对现代社会的道德性困难,以健全的历史观和系统的科学重建社会。孔德在社会哲学和道德哲学的视角下将实证精神归结为五点:(1) 真实(撇开隐蔽本质)而非虚幻;(2) 有用(改善个人和集体的现实境况)而非无用;(3) 肯定(建立合乎逻辑的普遍规律)而非犹疑;(4) 精确(现象的协调与人的需求的精确度)而非模糊;(5) 组织(历史性与系统化)而非破坏。② 实证精神致力于人力所能及范围内的思辨的(全面)系统状态,即相对性和系统性、现实性和普遍性的结合。在秩序上,实证精神与神学不同,实证精神致力于"合乎现象日益增长的复杂性的明确次序"。③ 正如熊彼特所说,"孔德主要关心的,并不真正是这种哲学。《教程》以这样一个问题开始:在一个专门化成为不可避免的时代,我们怎样才能抢救全人类知识的有机统一体——这在博学者的时代是如此重要的一个现实。他的答复是,我们应当如此创立另一个专门科学,即普通学这门专门科学"。④ 它始终代表着人为秩序,趋向于揭示各种观察的联系手段并使之系统化。而在进步问题上,孔德将实证精神的进步理解为通过发扬"智慧"和"社会性"来"促成人类进步不断完善的事物所作的全面而精确的估量",⑤ 进而不断摆脱动物性而实现人的道德进化。因此孔德对于秩序和进步的综合归结到社会学理论的建立之中,"实证精神能够自发地系统归纳秩序与进步这两个并存的健全观念……新哲学的价值尤其取决于充分的科学事实,亦即它在原则和事实之间尽可能始终建立准确的平衡……唯有全面重建才能结束现代重大危机,这种重建工作,从精神角度而言主要在于建立一门足以适当解释整个人类历史的社会学理论"。⑥

"秩序"和"进步"的结合构成孔德实证哲学的核心,而在"秩序"和"进步"的结合中实证主义作为一种时代精神、社会结构、组织形式等全方位构成现代社会的基础,它将物质存在和人的社会存在统一起来。"无论在任何问题上,

---

① [法]奥古斯特·孔德:《论实证精神》,商务印书馆1996年版,第40页。
② 同上书,第29—30页。
③ 同上书,第33页。
④ [美]约瑟夫·熊彼特:《经济分析史》(第2卷),商务印书馆1992年版,第59页。
⑤ [法]奥古斯特·孔德:《论实证精神》,商务印书馆1996年版,第42页。
⑥ 同上书,第43页。

实证精神都总是趋向于在存在观念与运动观念之间建立正确的基本和谐,从而导致结构观念与生命观念之间的持久关系,特别是对于生命体而言更是如此。"①它既对应了社会学的两大内容:社会静力学和动力学,前者强调社会有机体各部分之间功能和秩序的和谐,后者强调人类社会化过程中物质的、物理的、精神的以及道德的进化,又包含了孔德实证主义的政治立场。实证主义将秩序适用于进步的文明。"进步可以简单地看作是秩序的发展;因为自然秩序本身必然包含着一切可能的进步的萌芽。"②在孔德看来,"秩序"贯穿于自然与社会的不同层级:从数学到政治生活的序列。社会现象的秩序和自然科学并无二致,所以孔德也将社会学称作社会生理学或社会物理学。秩序意味着功能协调和整体和谐。"秩序就是各种社会势力欲行使其社会功能时的和谐的组织。但任何真正的社会势力都是集合的,而且都是有'许多人暂时的或长久的集合在一个非常人物之下'……组织的原则有二,一是集合力量,一是分配功能。在社会中,各人的能力不同,各人所能担负的功能因而有异;而因为人人都有野心,所以要集合他们的力量,必须用政府的强力。"③在政治上,孔德肯定中央集权的重要性。孔德将法国大革命对权力分散的要求解释为法国历史中的反常现象,一旦对反动的恐惧消失,这种地方权力的偏好也将回归中心权力。因为中心权力具有直接负责、实际而不建立精神影响以及清晰界定功能的优势,所以"实证主义者几乎在所有情况下都毫不犹豫地站在中心一边,反对地方权力"。④

而就"进步"来说则包含着社会现象普遍性和复杂性不断增加的四个连续方面,物质的、身体的、智力的和道德的进步。尤其在道德层面,道德进步被认为是促进人类幸福的最大方面。道德的进步表现为"同情"(symphathy)和"活力"(energy)的品质,它们与"心"(heart)相关,最能体现"人性"的进步。孔德认为道德进步的序列和科学的序列是类似的。"两者都表明了社会考虑的至高无上;两者都指出博爱是最高的理想。"⑤这一道德进化的内容即从"私人

---

① [法]奥古斯特·孔德:《论实证精神》,商务印书馆1996年版,第40页。
② Comte A., *A General View of Positivism*, New York: Cambridge University Press, 2015. p.112.
③ [美]威廉·邓宁:《政治学说史》(下卷),吉林出版集团有限责任公司2009年版,第235页。
④ Comte A., *A General View of Positivism*, New York: Cambridge University Press, 2015. p.131.
⑤ Ibid, p.115.

的爱"到"社会的爱"。"对于实证主义者来说,道德的对象是我们同情的本能尽可能压倒自私的本能;社会的感受压倒个人的感受",①而在"爱""秩序"和"进步"三大核心概念下,作为科学概念和社会生活方式的实证主义最终被综合到人道宗教之中以完成其实证主义体系。尽管孔德晚年的人道教被当作某种精神错乱的产物,但是如果我们将孔德的实证主义视作一个整体,人道教的基本指向或多或少地已经体现在实证主义体系之中了。

我们看到,作为社会理论体系的实证主义包含了一种对现代社会的基本界定。这种方式和科学主义及工业主义相关。这里不仅是社会研究方法的科学化,而且是社会生活和政治生活的科学化和工业化。实证主义不仅是一种科学,而且是一种实证政体(positive polity),在政治上孔德带有精英主义和集体主义的倾向。"人必须崇拜某种东西,而既然已经拒绝了上帝,他会在远远低于天使的某个地方发现自己身上的神性。这种计划型国家由工业家和科学家主导,由一个银行家委员会进行管理,得到大量面目完全一样的无产者的支持,不给个人想法留任何空间,彻底拒绝民主,自由则屈从于控制的观念——这就是奥古斯特·孔德之主张的自然而然的后果。原因是,人既然被有意教导去相信道德行为没有超自然力量的背书,他就必须由赤裸裸的强力或者精妙的社会机器强迫着去照章行事或劳作。"②

古典实证主义除了广义上将自然科学方法应用于社会研究之外,也可以被视作现代社会的形构。它一方面颂扬工业和科学,强调工业社会的和谐性;另一方面,在政治上又强调社会对于个人的优先性,以精英主义和集体主义的政治倾向反对自由主义。

三、斯密、李嘉图对政治经济学实证方法的奠基

就政治经济学而言,实证科学化是其获得学科独立性的重要方式。早期的政治经济学理论形态同时包含了两个方面,一方面是与政治、伦理问题的结合,财富不是纯粹中立的东西,相反,早期的政治经济学家更倾向于从福利层面来理解财富;另一方面,自威廉·配第开始政治经济学成为一门独立学科,

---

① Comte A., *A General View of Positivism*, New York: Cambridge University Press, 2015. p.98.
② [美]拉塞尔-柯克:《保守主义思想》,江苏凤凰文艺出版社2019年版,第300页。

科学的方法就开始出现在政治经济学的研究中。比如威廉·配第在《政治算术》中明确将数学的方法运用到政治经济学的研究中,数学方法被当作唯一真实的方法。①

在方法论上,早期政治经济学家以归纳为主。面对纷繁复杂的经济现象,古典政治经济学试图通过归纳解决两个问题:一是如何确立变动不居的市场价格背后不变的本质性的真实价格以寻求财富增长的真正规律;二是如何通过这种真实的财富规律为国家和人民的福利服务。它既是政治经济学之独立学科特征的表现,又体现了这一时期经济活动和政治活动的自发结合。或者说以经济的方式为政治划定界限。正如福柯所说,"'政治经济学'这个词本身及其意义的种种模棱两可,就表明了它在那个时代在根本上关乎什么,因为你们知道'政治经济学'这一表述,在18世纪50年代到1810—1820年之间,一直在不同的语义两端摇摆。它有时指对生产和财富流通的一种严格和有限的分析。但是人们同样以一种更宽泛和更实际的方式,把'政治经济学'理解为能够确保一个民族繁荣的所有治理方法。终究,政治经济学……是指对于一个社会中诸多权力的组织分配和限制进行的一种一般性思考。我认为政治经济学从根本上就是能够确保治理理由作出自我限制的东西"。② 在福柯看来,18—19世纪的国家治理和经济过程紧密联系在一起,社会财富的积累成为国家繁荣的主要条件,进而形成了政治经济学这一特殊的学科体系。

一般而言,亚当·斯密被认为是古典经济学的创始人,因为其创造了古典经济学完整的科学体系。而对于斯密的经济学方法向来有归纳法和演绎法的争论。③ 一方面,斯密具有明显的经验主义立场。斯密强调通过经验观察得出事物之间的普遍联系,这是毫无疑问的归纳法。另一方面,斯密的理论也包含着从一般假设进行演绎的内容,比如"理性经济人"的人性假设。在方法论上,斯密和牛顿紧密联系在一起。在斯密的时代,牛顿物理学的信念已经得到广泛认同。斯密在《天文学的历史》一文中广泛参照了牛顿物理学的原理,并

---

① [英]威廉·配第:《政治算术》,商务印书馆1978年版,第8页。
② [法]米歇尔·福柯:《生命政治的诞生》,上海人民出版社2011年版,第11页。
③ 参见[苏联]卢森贝:《政治经济学史》(上卷),生活·读书·新知三联书店1962年版,第135—136页。

强调了将经验事物统一起来的"关联律"的重要作用。"必须承认,牛顿提出的原理具有某种坚实而完整的特性,是我们在任何其他体系中都找不到的……甚至,在我们试图把所有那些欲将凌乱无序的自然现象纳入统一架构的哲学体系统视为想象力的产物时,我们所使用的语言依然在不知不觉当中表述着其中的关联律,仿佛它们是一些真正的链条,大自然真的用它们来把自己的造化行为联结在一起了……它发现了那个把一切最伟大、最崇高的真理紧紧连在一起的宏大链条,而维系这个链条的关联律,正是我们每天都在经历着的一个基本事实。"① 而布劳格甚至将斯密的两本主要著作直接视作对牛顿方法的运用。"由于《道德情感论》把对他人的同情作为中心的作用,而《国富论》把利己行为作为中心的作用,这两本书都可以看作斯密首先是审慎地企图把牛顿的方法用于伦理学,然后才用于经济学。"② 雷德曼则将斯密的方法分解为四个步骤:(1) 抽象和孤立的社会(包括经济)动机和过程;(2) 检验部件之间的相互依赖关系;(3) 概括所有相似情况下发现的关联(建立归纳原则,从事实中进行推论的过程);(4) 从一般或普遍的原则(演绎)中推断出一个系统,说明理论,并揭示和解释原理的运作对社会制度的影响,③ 并将其和牛顿的方法论进行一一对比。斯密在方法论上应用了牛顿的归纳法,但牛顿对一般规律的演绎并没有在斯密这里发挥作用。相较于牛顿对一般原理对事实的证实和预测新事物,斯密更注重"从连接的原则进行推断,形成一个系统,说明理论,解释原则对制度的影响"。④ 尽管斯密的方法汲取了自然科学的归纳与推论,但是离自然科学的数学或者实验的方法相去甚远。"斯密哲学的结论不受制于牛顿的意义上的测试或数学计算的参照或实验的合法性",⑤ 比如,斯密没有使用数学和机械的方法。其原因与其说斯密对这一类自然科学方法不熟悉,毋宁说斯密意识到社会科学、道德科学的科学性不同于自然科学,它倚重经验更甚于推理。就数学而言,这并非斯密不了解数学而是由于苏格兰启蒙

---

① 《亚当·斯密全集》(第4卷),商务印书馆2014年版,第103页。
② [英]马克·布劳格:《经济学方法论》,商务印书馆1992年版,第75页。
③ Redman D. A., *The Rise of Political Economy as a Science Methodology and the Classical Economists*, Massachusetts & London: The MIT Press, 1997, pp.212-213.
④ Ibid, p.214.
⑤ Ibid, p.215.

运动的经验主义背景,以及斯密对于联结律兴趣远胜于演绎的兴趣,因此他的体系并不需要数学的方法。而就机械论而言,斯密对牛顿力学的应用也仅限于类比的修辞,并且其对社会制度的分析更注重社会形式之间的历史演进。

斯密的方法论还包含了静态和动态分析的"混乱",他既有承袭苏格兰启蒙的社会进化的文明史方面,将人类历史分为渔猎、游牧、农耕和商业社会,又有接近于经验科学的实证研究,比如科学归纳法和联结律的应用。正如布劳格所说,"亚当·斯密是一个特别使人震惊的例子,因为在他的著作中,不同部分的论证采用了极不相同的模式。在《国富论》的第一、二册,斯密无拘无束地运用了比较静态的方法,这种方法后来和李嘉图的著作连在一起。而在《国富论》的第三、四、五册以及在《道德情感论》中的大部分,斯密举例运用了所谓的苏格兰历史学派的极不相同的方法"。①

然而正是由于归纳方法的不确定性导致斯密在论述政治经济学原理时常限于经验主义的前后不一致中,比如在价值问题上,斯密至少包含了其中比较重要的几种:

第一,劳动价值论。"劳动是衡量一切商品交换价值的真实尺度。任何一个物品的真实价格,即要取得这物品实际上所付出的代价,乃是获得它的辛苦和麻烦……它们含有一定劳动量的价值,我们用以交换其他当时被认为有同量劳动价值的物品。劳动是第一性价格,是最初用以购买一切货物的代价。世间一切财富,原来都是用劳动购买而不是用金银购买的。所以,对于占有财富并愿用以交换一些新产品的人来说,它的价值,恰恰等于它使他们能够购买或支配的劳动量。"②

第二,劳动支配权价值论。"财产对他直接提供的权力,是购买力,是对于当时市场上各种劳动或各种劳动生产物的支配权。他的财产的大小与这种支配权的大小恰成比例,换言之,财产的大小,与他所能购买或所能支配的他人劳动量或他人劳动生产物数量的大小恰成比例。一种物品的交换价值,必然恰等于这物品对其所有者所提供的劳动支配权。"③

---

① [英]马克·布劳格:《经济学方法论》,商务印书馆1992年版,第74页。
② [英]亚当·斯密:《国民财富的性质和原因的研究》(上卷),商务印书馆1983年版,第26页。
③ 同上书,第27页。

第三,收入价值论。"一种商品价格,如果不多不少恰恰等于生产、制造这商品乃至运送这商品到市场所使用的按自然率支付的地租、工资和利润,这商品就可以说是按它的自然价格出售。"①

因此,就像恩格斯所说"我们在亚当·斯密的书中不但看到关于价值概念的各种'对立见解的痕迹',不但看到两种,而且看到三种,更确切地说,甚至四种尖锐对立的关于价值的看法,这些看法在他的书中相安无事地并存和交错着"。② 价值论上的摇摆也体现在阶级冲突问题上。"劳动价值论的支持者认为阶级冲突对于理解资本主义具有根本重要性,而效用价值论者认为社会和谐是最根本的,并必然得出某种形式的斯密'看不见的手'的说法。"③一方面,斯密强调以自由主义和功利主义的立场通过个人的利己主义本性和社会"看不见的手"使得社会阶级利益协调并实现社会的普遍富裕。"在一个政治修明的社会里,造成普及到最下层人民的那种普遍富裕的情况的,是各行各业的产量由于分工而大增。各劳动者,除自身所需要的以外,还有大量产物可以出卖;同时,因为一切其他劳动者的处境相同,各个人都能以自身生产的大量产物,换得其他劳动者生产的大量产物,换言之,都能换得其他劳动者大量产物的价格。别人所需的物品,他能与以充分供给;他自身所需的,别人亦能与以充分供给。于是,社会各阶级普遍富裕。"④另一方面,斯密似乎同样意识到社会阶级之间的利益不一致,斯密认为雇主阶级"通常为自己特殊事业的利益打算,而不为社会一般利益打算,而且,他们的判断,即使在最为公平(不总是如此)的场合,也是取决于关于前者的考虑,而很少取决于关于后者的考虑"。⑤因而其余市民总是为了雇主阶级的利益承受不合理的负担。

李嘉图将斯密在价值问题上的混乱理解为一种表面的混乱,相较于斯密的经验立场,李嘉图试图以演绎方法取而代之,即通过少数原理推演出整个政治经济学的科学体系。李嘉图认为斯密的不彻底性在于没有彻底贯彻劳动价值论。"亚当·斯密如此精确地说明了交换价值的原始源泉,他要使自己的说

---

① [英] 亚当·斯密:《国民财富的性质和原因的研究》(上卷),商务印书馆1983年版,第49页。
② 《马克思恩格斯选集》(第3卷),人民出版社1995年版,第579页。
③ [美] E. K. 亨特:《经济思想史:一种批判性视角》,上海财经大学出版社2007年版,第48页。
④ [英] 亚当·斯密:《国民财富的性质和原因的研究》(上卷),商务印书馆1983年版,第11页。
⑤ 同上书,第242页。

法前后一贯，就应该认为一切物品价值的大小和它们的生产过程中所投下的劳动量成比例；但他自己却又树立了另一种价值标准尺度，并说各种物品价值的大小和它们所能交换的这种标准尺度的量成比例。他又是把谷物当作标准尺度，有时又把劳动当作标准尺度。"①李嘉图认为就像黄金的产量不会影响商品的价值一样，无论是谷物还是劳动性质、工资都不是商品价值的衡量形式。商品的实际价值仅仅在于其所包含的劳动量。因此，斯密的错误在于他没有坚持一以贯之的劳动价值论，而在其经验主义的立场上不断摇摆。李嘉图认为经验主义归纳法的缺陷需要通过理性推理的方法来克服。"在政治经济学中有许许多多错综复杂的情形和发生作用的原因，要以经验来证明某一学说是有很大危险的，除非我们确知变动的一切原因都已明确，并适当地估计到它们的影响。"②因此在李嘉图看来，经济事实作为表象，其研究必须依赖于它的本质，即劳动价值论的关系。马克思认为，"李嘉图的方法是这样的：李嘉图从商品的价值量决定于劳动时间这个规定出发，然后研究其他经济关系是否同这个价值规定相矛盾，或者说，它们在多大的程度上使这个价值规定发生变形。"③李嘉图以一个一以贯之的劳动价值论为基础建构起政治经济学的体系，而其他一切经济范畴都需要在劳动价值论的基础上获得解释。李嘉图由此建立起了具有逻辑一致性的政治经济学科学体系，通过少数基本原理推演出一切经济范畴。"他锻造了一般分析体系的能力，这种分析体系基于相对少的原理而获得广泛的结论，他的'体系'是演绎推理过程的一个纪念碑。"④这种抽象的演绎方法一方面奠定了政治经济学方法论的科学基础，另一方面又由于其形式性造成了形式和内容的偏差。"人们一眼就可以看出这种方法的历史合理性，它在经济学史上的科学必然性，同时也可以看出它在科学上的不完备性，这种不完备性不仅表现在叙述的方式上（形式方面），而且导致错误的结论，因为这种方法跳过必要的中间环节，企图直接证明各种经济范畴相互一致。"⑤

---

① 《大卫·李嘉图全集》（第 1 卷），商务印书馆 2014 年版，第 7 页。
② 《大卫·李嘉图全集》（第 6 卷），商务印书馆 2014 年版，第 328 页。
③⑤ 《马克思恩格斯全集》（第 34 卷），人民出版社 2008 年版，第 182 页。
④ [美] 小罗伯特·B. 埃克伦德、罗伯特·F. 赫伯特：《经济理论和方法史》，人民大学出版社 2000 年版，第 120 页。

李嘉图方法的非科学性同样源自抽象演绎法。一方面，演绎法经常将不同经济现象不加批判地强塞进同一的经济学体系之中。熊彼特称之为"李嘉图恶习"："他的兴趣在于具有直接实际意义的明确的结果。为了获得这种结果，他把那个总的体系切成一片一片的，尽可能把它的大部分包捆起来，放进冷藏室里，以便使尽可能多的东西冻结起来，成为'既定的'。然后他把使事情简单化的假设一个个堆砌起来，直到通过这些假设实际上使一切都安排妥当以后只剩下几个集合的变数，在它们之间，根据这些假设，他建立起简单的单向关系，以便所希望的结果在最后显露出来，几乎就像同义异语反复那样。"① 李嘉图这样省略中间环节的方法，将一种高度抽象的原理强加在复杂的经济事实之上。这一方法在李嘉图之后被广泛应用。这里涉及一个理论假设和真实世界之间的关系。正如马尔萨斯所质疑的，"诚然，一个作者可以做出自己喜欢的任何假设；但是如果他所假设的东西实际上完全不真实，他就不可能根据自己的假设做出任何切合实际的推理"。② 如果假设本身不能在现实世界中印证，那么它的推论显然不可能是真实的。但是如果将这种理论假设当作真实世界的把握，那么又必然将真实的世界抽象化和简单化。正如老汤因比总结的，"一种合乎逻辑的诡计成了现实世界的公认图景。如果他问自己，他的著作的世界是否实际上就是他生活的世界，甚至仁慈善良的李嘉图自己也不会这样希望或设想；但是他不自觉地养成了一种习惯：认为只有在他为了分析研究而创造的社会中才有真实的法则，这同样适用于他身边真实存在的复杂社会。并且这种混乱被一些他的继承者所夸大，又被他的教条的无知流行版本所加强。"③另一方面，抽象演绎的方法否定了斯密的历史方法，进而政治经济学被当作一门超历史的一般学科。在李嘉图看来，政治经济学的方法像自然规律一样是恒久不变的。"依我看，财富的增长鼓励积累，同时又有产生这种影响的自然趋势，这同万有引力的原理同样确凿无疑。"④因此李嘉图抛弃了斯密对于社会阶段的划分，将资本和过往历史的一切生产资料混同。

---

① ［美］约瑟夫·熊彼特：《经济分析史》（第2卷），商务印书馆1992年版，第146—147页。
② 《大卫·李嘉图全集》（第7卷），商务印书馆2014年版，第130页。
③ Toynbee A., *Lectures on Industrial Revolution in England*, 1896, p.7.
④ 《大卫·李嘉图全集》（第6卷），商务印书馆2014年版，第239页。

"李嘉图始终一贯地认为资本和生产资料是一件东西……斯密的实际感觉胜过逻辑,因而他做出妥协的结论来;斯密认为只有现代社会里才有资本,而原始社会里没有资本。李嘉图则是逻辑胜过实际感觉;他认为资本既然与生产资料等同,那么凡有生产资料的地方自然就有资本。"①所以在李嘉图这里,鲁滨逊和渔夫猎人的故事发生在一切历史时期之中。"假定在社会的早期阶段中,猎人的弓箭和渔人的独木舟与工具价值相等,耐久性也相等,两者都是等量劳动的产品——鹿的价值——就会恰好等于渔人一天劳动的产品——鱼的价值。不问产量多少,也不问一般工资或利润的高度,鱼和这种猎物的相对价值都完全由实现在两者之中的劳动量决定。"②

四、古典经济学中的实证方法

在古典经济学领域,政治经济学所接受的实证主义基本抛弃了孔德实证主义的本体论部分。正如孔德自己所说,政治经济学的最大缺陷在于其孤立性,政治经济学个人主义方法破坏了科学的统一性。"因为在社会科学中,就像在生物科学中一样,这是一个普遍的事实,这一学科的所有各方面在科学上都是一个整体,从理性上讲是不可分割的,所以它们只能相互说明。因此,经济或工业的社会分析的实证方法,不能离开它关于过去和现在的智力的、道德的、政治的分析。因此,政治经济学所夸耀的孤立性证明了它是建立在形而上学的基础上的。"③

老凯恩斯在《政治经济学的范围与方法》中对政治经济学实证方法进行了界定:"政治经济学之所以是一门科学,是因为它在方法上是抽象的和演绎的;在范围上是实证的,而不是伦理的或应用性的。"④由此提出了经济学实证方法的主要原则:(1) 政治经济学观察事实发现真相而不是描述规则,即价值中立原则;(2) 政治经济学的对象即财富问题在一定程度上能够区分于其他社会问题,以此建立政治经济学的学科独立性;(3) 政治经济学起点不在于具

---

① [苏联]卢森贝:《政治经济学史》(上卷),生活·读书·新知三联书店1962年版,第196页。
② 《大卫·李嘉图全集》(第1卷),商务印书馆2014年版,第18页。
③ Comte A., *The Positive Philosophy of Auguste Comte*, Volume II, New York: Cambridge University Press, 2009, pp.62-63.
④ [英]约翰·内维尔·凯恩斯:《政治经济学的范围与方法》,商务印书馆2017年版,第10页。

体的经济现象,其正确的方法在于演绎;(4) 经济现象中(通过观察获得的)占优势的事物构成人类本质简单的无可辩驳的事实,比如"经济人"是政治经济学的第一范畴;(5) 政治经济学只是一种揭示趋势的科学,而不是说明实际事物,即政治经济学是一门关于一般规律的假设科学;(6) 经验观察具有确立假设规律和调整干扰因素的双重作用。①

古典经济学中运用实证方法的目的在于树立其科学性,即运用自然科学的方法将经济学和政治、伦理、道德等内容区分开来以成为一门独立学科。但是在政治经济学的科学性问题上,显然,马克思和所谓的庸俗经济学家有明显的差别,马克思并不认为经济学的科学性在于其实证性,马克思认为经济学的科学性在于把握经济事实背后的社会现实。

1. 萨伊与经济事实的理论出发点

萨伊和西尼尔是最初公开倡导实证方法的经济学家。② 尽管萨伊声称自己是斯密的继承人,并认为其著作的目的在于对斯密的思想系统化并纠正其错误。"但是,正是他所谓的那些被修正的小错误,最终导致了对斯密某些最重要思想的抛弃,并为一个与传统迥异的经济理论创建了基础。"③(比如在萨伊看来,斯密的劳动价值论显然就属于这一类错误。)但是其理论仅仅停留在表层,将斯密的经济学庸俗化。

在方法论上,首先将政治经济学的对象界定为社会财富,因此与政治学相分离。后者以政府与人民的关系以及国家关系为对象。"严格地局限于研究社会秩序所根据的原则的政治学,在长久时间内,和阐明财富是怎样生产、分配与消费的政治经济学混为一谈。然而,财富本来不依存于政治组织。"④萨伊反对法国的重农主义者将国家置于经济之先。萨伊将政治、法律等因素排除出政治经济学乃是需要确立经济学的价值中立的原则。财富在这里是纯粹的、无关政治的、可量化的事实性对象。而政治经济学考虑的是财富的增长与减少的问题,而不是其使用方法和使用目的,政治经济学是一种对财富规律的

---

① [英] 约翰·内维尔·凯恩斯:《政治经济学的范围与方法》,商务印书馆2017年版,第10—13页。
② 陈岱孙:《陈岱孙学术论著自选集》,首都师范大学出版社1994年版,第386页。
③ [美] E. K. 亨特:《经济思想史:一种批判性视角》,上海财经大学出版社2007年版,第110页。
④ [法] 萨伊:《政治经济学概论:财富的生产、分配和消费》,商务印书馆1997年版,第15页。

描述性科学。

其次，萨伊确立了政治经济学研究中可观察的经济事实的首要地位，政治经济学是一门关于事实的知识。① 政治经济学的实证出发点"只承认经过仔细观察的事实，以及根据这些事实所作的精确推论，从而有效地排斥在文学上和科学上往往阻碍人们获得真理的偏见和先入之见"。② 事实在内容上分为事物与事件，对应于叙述科学和实验科学，前者描述事物的性质，后者描述事物的因果。政治经济学属于实验科学，即描述社会财富是如何发生的。而事实在层次上则分为一般事实和特殊事实，前者表示本质，后者表示现象。因此，政治经济学以财富的因果性规律区别于统计学的事实罗列，统计学则是详尽地描述国家的生产和消费以及人口、军队、财富等各方面的可以估价的东西。③ 而政治经济学则要揭示关于财富的一般事实，即一般规律。"但是，只知道事实，而不知道事实的相互关系，即不能指出为什么这个是原因那个是结果，这样的认识，实际上和政府或机关办事员的浅薄知识并无二致。"④

萨伊认为政治经济学的地基在于确立经济的"一般事实"。"相反的，如果构成政治经济学基础的原则是从无可否认的一般事实正确地推断出来，那么政治经济学就建立在不可动摇的基础上。无疑地，一般事实是以个别事实的观察为根据，但必须根据那些从最仔细观察、最确定并由我们自己目击的个别事实中选择出来的个别事实。"⑤ 而"一般事实"的建构首先在于对个别事实的观察。"事物怎样存在或怎样发生，构成所谓事物本质，而对于事物本质的仔细观察，则构成一切真理的唯一根据。"⑥ 而只有在对个别事实"最仔细""最确定"的观察之上排除干扰因素进而得出经济学最直接影响其因果的"一般事实"，进而得出事实所遵循的一般规律。这些一般规律的应用构成政治经济学的基本原则。"正如严正科学一样，政治经济学是由几个基本原则，和由这几

---

① Jacoud G. ed., *Jean-Baptiste Say and Political Economy*, London & New York: Routledge, 2017, p.164.
② [法]萨伊:《政治经济学概论:财富的生产、分配和消费》，商务印书馆1997年版，第17页。
③ 同上书，第19页。
④ 同上书，第21页。
⑤ 同上书，第20页。
⑥ 同上书，第17页。

个基本原则所演绎出来的许多系论或结论组成的。"①所以在萨伊这里,经济学关涉的是经济事实之间的层次。

萨伊认为财富不可能完全和社会制度脱钩,财富的应用是财富规律的补充:"社会财富的基础是交换与财产权受到承认,而这二者产生自社会制度。"②在《实用政治经济学教程》中,萨伊通过将政治还原为社会的过程也将政治经济学视作"社会的经济学",进而将经济学与社会组织联系起来:"政治经济学不过是社会的经济学。政治社会,即我们所说的国家,是有生命的身体,正如人的身体一样。它们只能靠组成它们的各个部分的相互作用而生存,就像一个人的身体只能靠器官的作用而存在一样。对人体的性质和功能的研究创造了一系列的概念,这是一门科学,被命名为生理学。对社会身体不同部分的性质和功能的研究同样创造了一系列的概念,这是一门科学,被命名为政治经济学,而这门科学可能更应该被命名为社会经济学。"③但是财富的增长或减少始终是政治经济学最重要的研究方面,而社会组织和政治组织对其影响处于次要地位。"当财富本质的明确概念还没有形成的时候,怎能理解什么是国家繁荣的原因呢?"④所以萨伊将科学的应用置于科学的描述之后,当我们对一般规律知道的更多的时候,我们必然能够在实践中获得更多的福利。"的确,如果政治经济学揭示财富的由来,如果它指出充实财富的方法,并教导我们如何可逐日取用更多的财富而财富不至枯竭,如果它证明,一个国家的人口可增多,而同时又能有更好的生活必需品的供应,如果它满意地证明,富人和穷人的利益,以及各个国家的利益,不是相对立,而所有对抗全是愚蠢,如果可从这些论证推断,许多被认为无可救治的弊病,不但可以救治,甚至容易救治,而我们可无须在遭受我们所不愿意遭受的痛苦,那么我们就必须承认,没有什么研究比政治经济学研究更为重要,更值得有高尚思想和仁慈思想的人的研究。"⑤

---

① [法]萨伊:《政治经济学概论:财富的生产、分配和消费》,商务印书馆1997年版,第26页。
② 同上书,第16页。
③ Jacoud G. ed., *Jean-Baptiste Say and Political Economy*, London & New York: Routledge, 2017, p.163.
④ [法]萨伊:《政治经济学概论:财富的生产、分配和消费》,商务印书馆1997年版,第36页。
⑤ 同上书,第55页。

萨伊的方法论基本符合实证方法一系列立场。遵循观察个别事实到排除干扰因素得出理论假设和一般事实，并将一般理论应用到经验中以解释现象。但是，萨伊的立场不再能够触及斯密和李嘉图所触及的资本主义生产方式的内在矛盾，对象化劳动的现实来源问题被遮蔽了。萨伊甚至抛开了劳动问题，而从更为直接的效用入手分析价值。"物品的效用就是物品价值的基础，而物品的价值就是财富所由构成的。"①因此，价值的构成性因素包含了劳动、自然力与资本。在斯密这里充满矛盾的政治经济学体系，到了萨伊这里则成了和谐的资本"三位一体"公式。萨伊以事实之间的合理化推演取代了现象与本质的根本性区分，进一步遮蔽了经济事实背后的社会基础。"正如一个经院哲学家在'圣父、圣子和圣灵'这一公式中感到十分自在一样，庸俗经济学家在'土地—地租、资本—利息、劳动—工资'这一公式中也感到十分自在。因为这正是这样一种形式，在这种形式中，这些关系在现象上似乎直接相互联系着，因而也在受资本主义生产束缚的该生产的当事人的观点和意识中存活着。"②

2. 西尼尔与演绎法的核心地位

西尼尔1827年的《政治经济学导论》是第一本自觉讨论经济学方法论的著作，1836年的《政治经济学大纲》进一步深化了这一问题。③ 相较于萨伊的归纳方法，西尼尔更为强调演绎法的重要性。他认为政治经济学应当"证明基本原理，按照明晰的线索把它们组织成真正的科学结构"。④

西尼尔严格区分规范和实证的方法，并将规范排除出经济学方法。"对于纯粹和严格地实证的科学和不纯的、继承下来的经济学的规范艺术之间的区分，我们是很熟悉的，但第一个宣称这种区分的是西尼尔。"⑤所以这种排除了道德、伦理、政治等规范性内容的"纯粹"经济学，其主题是财富而非福利。"就我们所使用的狭义下的政治经济学这个词来说，它所讨论的主题却不是福利，而是财富。"⑥因此与萨伊强调对规律和知识正确的认识能够导致更好的实践

---

① [法] 萨伊：《政治经济学概论：财富的生产、分配和消费》，商务印书馆1997年版，第59页。
② 《马克思恩格斯全集》（第35卷），人民出版社2013年版，第362页。
③ [英] 马克·布劳格：《经济学方法论》，商务印书馆1992年版，第73页。
④ [美] 小罗伯特·B. 埃克伦德、罗伯特·F. 赫伯特：《经济理论和方法史》，人民大学出版社2000年版，第134页。
⑤ [英] 马克·布劳格：《经济学方法论》，商务印书馆1992年版，第77页。
⑥ [英] 西尼尔：《政治经济学大纲》，商务印书馆1986年版，第11页。

不同,西尼尔将经济学家的任务仅仅限定于说明原理。而至于原理的应用目的则不在政治经济学的考虑范围之内,"他们所考虑的只是那些因素中的一个,尽管是其中最重要的一个。作为一个政治经济学家的职责,既不是有所推荐,也不是有所告诫,而只是说明不容忽视的一般原理。"①在这里,显然政治经济学被当作一门纯粹描述性的科学,其任务仅仅在于价值中立地描述经济事实及其之间的关联。因而政治经济学是关于财富的性质、生产和分配的科学。②

在方法论上,首先相较于归纳方法,西尼尔认为政治经济学主要依靠的是推理而非观测。对于政治经济学而言,"构成它的前提是很少的几个一般命题,这是观测的或意识的结果,简直不需要证明,甚至不需要详细表述。"③也就是说,政治经济学的整个体系是由若干公设出发,推演出的知识体系。这一类公设包含了理性经济人、人口限制原理、工业积累、土地收益递减原理。与公设的简单明确性不同,推理本身并不是显而易见的。由于经验的不确定性始终干扰着理论得出正确的结论,因此经济学推论的一个重要条件在于将经验因素排除出去。"然而政治经济学的一般原理所依据的事实,却可以用几句话甚至几个字说清楚。但是根据事实进行推理从而得出正确结论,却不是件轻而易举的事。"④

政治经济学正确推论的前提在于排除干扰性因素。"作为一个经济学家,他的推断如果是正确的,推断就会和他的前提具有几乎一样的普遍意义,一样地确定。有关财富的性质和生产的那些推定是可以普遍适用的;至少有关财富分配的那些推断,虽然不免要受到各个国家的特有制度——例如奴隶制、法定专营、救贫法等等——的影响,但是仍然可以把自然事态当作通则,对于由特殊的干扰因素所引起的变态则可以随后再作出解释。"⑤因此,政治经济学只有在无偏见状态下才能获得正确的知识。而这些常见的偏见包括:一是群众偏见。认为政治经济学不仅应当说明事实而且需要提出对策和措施;二是

---

① [英]西尼尔:《政治经济学大纲》,商务印书馆1986年版,第12页。
② 同上书,第10页。
③ 同上书,第11页。
④ 同上书,第14页。
⑤ 同上书,第11—12页。

强调科学的目的和手段使得政治经济学混淆了科学与技术。传统政治经济学的研究缺乏科学性,过度罗列事实而忽视推论和术语的概括。

总的来说,西尼尔是最早鲜明地将实证方法作为政治经济学根本方法的经济学家。熊彼特将西尼尔视作他这个时代第一个纯粹的理论家。"他试图根据假设法的要求去统一和表述经济理论,也就是说,试图把经济理论表述为四个归纳性或经验性假设得出来的一系列的推论……这虽然远远不是完善的,却的确使得他成为那个时期的第一个'纯粹'理论家。"① 在西尼尔这里,经济学开始成为一门抽象科学,它寻求从特定经验假设出发通过理性推演建构完整的科学体系。

3. 约翰·穆勒与作为完美抽象科学的政治经济学

从西尼尔开始将政治经济学当作抽象科学的方法在约翰·穆勒这里获得了完全的发展。约翰·穆勒将孔德的静力学和动力学引入经济理论,② 他将政治经济学视作一门完美的抽象科学。他也是明确论述经济学应用的主流方法的第一个经济学家。③ 穆勒吸收了之前政治经济学的成果,真正定义了政治经济学的标准方法,即"具体演绎法"(先验法)辅之以"反演绎法"或者说"历史法"(后验法)。④

和所有实证方法的政治经济学家一样,穆勒将描述性的科学与应用性的技术区分开来。科学意味着中立客观的知识,而技术则包含具体的用途、手段和目的。"科学是事实的集合;技术则是大量的规则,或者是行动的指引。科学的语言是'这是'或'这不是','这件事发生'或'这件事没有发生'。技术的语言是'做这件事'和'避免那件事'。科学认识到某种现象,并努力发现其中的规律;技术对自身设定目标,并找出影响目标的各种手段。"⑤ 政治经济学显然是科学而非技术。而作为一门科学的政治经济学,它既是道德科学(社会科学),又是自然科学。它既包含一种物质生产的自然规律,又包含着人对物质

---

① [美]约瑟夫·熊彼特:《经济分析史》(第 2 卷),商务印书馆 1992 年版,第 164 页。
② 同上书,第 60 页。
③ [美]小罗伯特·B. 埃克伦德、罗伯特·F. 赫伯特:《经济理论和方法史》,人民大学出版社 2000 年版,第 158 页。
④ [美]约瑟夫·熊彼特:《经济分析史》(第 2 卷),商务印书馆 1992 年版,第 113 页。
⑤ [英]约翰·穆勒:《论政治经济学的若干未定问题》,商务印书馆 2012 年版,第 92 页。

财富的欲求或者分配过程中产生的道德或心理规律。这种动机可以概括为利己主义本性逐利的欲望。

而在道德科学的部分,政治经济学不是研究所有人性,而是研究人性逐利的部分,所以它是社会经济学(或投机政治学)的一部分。"政治经济学不研究经社会状态修正后的整体人性,也不研究社会中人的整体行为。政治经济学只是关注渴望拥有财富的个人,并且此人能够判断达到该目的各种方法的相对效果。它只是预测追求财富可能产生的社会现象。"①经济学只是研究人类本质规律中关于"社会形态中的财富的生产与消费"②的部分。

在方法论上,一方面,由于道德科学无法获得实验准则的开放性,因而只能通过观察获得普遍规律。"既然在政治经济学和社会科学的任何其他分支中指望通过实验获知真相是徒劳的,那么我们可以观察一些具体事实,拨开围绕在本质周围的复杂掩饰,努力通过细节的对比探寻普遍规律;这只能依靠先验法,或'抽象思辨法',而没有其他任何方法。"③另一方面,抽象科学需要尽可能检验事实。"这些假设应该体现在所有例子共有的全部条件中,同样,也体现在任何重要级别的例子共有的条件中。"④具体经验是推论的干扰因素,在政治经济学的应用中,具体事例的庞杂性干扰着理论的精确实证。"可能存在的其他条件,尽管这些条件并非该案例和任何大的、典型案例所常见,并且尚未进入学科的研究范围。"⑤这种干扰因素使政治经济学具有不确定性。排除这种不确定性正是经验方法的用处。"先验法是唯一确定或科学的研究方法,而后验法或特定经验法,作为发现事实的方法对这些学科是不适用的,然而,我们仍能够证明后验法在道德科学中的巨大价值;即后验法不是发现事实的手段而是证明事实的手段,在间接提到每种特定情形下的复杂性以及可以确定先验法难以(并非不可能)分析所有重要事实之前,后验法可以最大限度地降低不确定性。"⑥所以,约翰·穆勒认为,干扰因素也可以科学化,也可以

---

① [英]约翰·穆勒:《论政治经济学的若干未定问题》,商务印书馆2012年版,第102页。
② 同上书,第99页。
③ 同上书,第110—111页。
④ 同上书,第111页。
⑤ 同上书,第112页。
⑥ 同上书,第114页。

具有规律并且被准确预测,因而它可以被纳入科学理论之中。比如物理学中的"摩擦力"。因此抽象科学的过程是一个提出假设然后进行检验并不断修正理论的过程。"政治经济学的经济推理,并且肯定是必要的推理,来自假设而非事实。政治经济学以定义的名义建立在与其他抽象科学基础严格相似的假设上。几何学为直线假设了一个武断的定义,即'直线只有长度而没有宽度'。政治经济学同样给人一个武断的定义,即人在现有知识状态下,总是以最少的劳动和自我牺牲获得最多的生活必需品、便利和奢侈品,这是始终不变的。"①

总的来说,在约翰·穆勒看来,政治经济学作为一门完美的"抽象科学",它是归纳和推理的结合。其中先验法是政治经济学唯一的正确方法,而后验法的作用则是作为先验法的补充,用以检验事实并排除干扰因素以保证预测的正确性。"除了证实先验法是道德科学中正宗的哲学研究方法之外,我们还要走得更远;我们认为它是唯一的方法。我们坚信后验法,或者具体的经验方法在这些学科中通通是无用的,作为方法只能获得一些值得思考的、有价值的事实;不过后验法承认在先验法的辅助下它才是有用的,它甚至成为先验法不可缺少的补充。"②

约翰·穆勒的抽象科学方法在约翰·埃利奥特·凯尔恩斯(John Elliott Cairnes)那里得到进一步的推进,他对政治经济学的实证方法做了重要总结。如布劳格所说:"如果说在穆勒和凯尔恩斯之间有任何区别的话——这仅是一丝毛发之差——这个差别就是凯尔恩斯比穆勒更加刺耳和教条地否认可以通过把经济理论的含义和事实做简单的比较来对经济理论进行反驳。"③

凯尔恩斯全面总结了政治经济学的实证方法,并将道德、宗教、心理的因素排除出政治经济学,进而,凯尔恩斯彻底将政治经济学的方法完全等同于自然科学的方法。"政治经济学在某种意义上而言,与天文学、力学、化学、生理学同样都是科学。然而,其研究主题是不同的:政治经济学关注的是那些关于财富的现象,而其他科学关注的是物质世界的现象。但是政治经济学的方

---

① [英]约翰·穆勒:《论政治经济学的若干未定问题》,商务印书馆2012年版,第107页。
② 同上书,第109页。
③ [英]马克·布劳格:《经济学方法论》,商务印书馆1992年版,第101页。

法、目标以及结论的特征与其他科学都是一致的。"①

而凯尔恩斯认为作为一门彻底的抽象科学的政治经济学,其前提在于理论假设的形式性。一方面,政治经济学的规律是假设性的真理而不是事实性的真理,它代表的是一种趋向而并非当下实际发生的事实(一般规律只有在排除干扰因素的前提下才能实际发生)。所以另一方面,经验事实的证伪不能驳倒假设。"经济理论并不是关于经济现象次序的探讨,我们不能仅凭对这些现象的记录就对其加以确立或反驳,也就是说,不能仅凭相关工业或商业活动的统计或文献资料就对其加以确立或反驳。但是,由于经济理论反映了从在一定物质条件下运行的人类天性的原理中所归纳出来的一种趋势,因此它只有在证明这些原理和条件存在这一趋势是从这些论据中得到的必然结果时,才能够被确立。"②不像自然科学的原理是通过不断解释"残留现象"建立起来的。由于经济学的原理来自对人性原理的直接把握,因而当一般原理在其应用中出现意外事实时,它并不是要求理论解释意外现象,也不能推翻理论,而是将意外现象视作干扰因素的结果。"当我们在研究过程中发现理论能够解释意外出现的事实时,这些物质科学中的理论的正确性总被认为是毋庸置疑的。但是政治经济学中的基本原理并不是依据这种情境式的论据建立起来的,而是对我们的意识或感觉的直接反映,它们不应该受到我们后续研究本身呈现出来的任何现象的影响……而且如果假设推理过程是正确的,以这些意识和感觉为依据的理论也不能受到后来研究中的那些现象的影响。此时,我们没有其他的选择,而只能假设存在干扰因素。"③因此理论假设具有科学的前提,具有一种"绝对"的地位。正如布劳格所说"在思诺、穆勒、凯尔恩斯、甚至在杰文斯那里,我们一次又一次地发现一个观点,即认为'证实'并不是对经济理论的检验以看看它们是对的还是错的,而不过是建立对被认为是明显地对的理论的运用边界的方法:人们进行证实以便发现'干扰因素'是否能解释在顽固的事实和在理论上站得住脚的原因之间的不一致;如果能解释,那么理

---

① [英]约翰·埃利奥特·凯尔恩斯:《政治经济学的特征和逻辑方法》,商务印书馆2016年版,第15页。
② 同上书,第68页。
③ 同上书,第180页。

论是被错误地运用了,但是理论本身还是对的。人们甚至连想都没有想过是否存在证明一个理论是错误的什么方法这个问题。"①

我们看到,经济学实证方法的发展和其他社会学类似经历了从经验归纳转向假设演绎的过程。在穆勒学派这里,政治经济学的一般原理成为彻底抽象性的,假设不是应当说明和证实的东西,反而变成了理论不容置疑的前提。在这里,实证主义开始逐渐走向了自己的对立面,实证方法最初的出发点在于通过观察实证批判不可置疑的神学、形而上学预设,但最终的后果却造成了其理论假设重新成为独断论的出发点。这一点同样蕴含在马克思对实证经济学方法之超历史性的批判之中。

五、马克思对实证经济学方法的批判:"自然的"与"社会的"

国内外学术界将马克思的历史唯物主义或政治经济学理论当作一种实证科学的观点并不多见。比如段忠桥将历史唯物主义当作考察人类发展一般规律的实证科学。"历史唯物主义是一种实证性的科学理论,说得具体一点就是,一种从人的物质生产这一经验事实出发,通过对社会结构和历史发展的考察以揭示人类社会发展一般规律的理论。"②而新实证主义马克思主义的代表人物德拉·沃尔佩(Galvano Della-Volpe)同样将马克思当作一种"道德伽利略主义",即以自然科学的方法来研究道德问题。"正是在历史—科学或关于历史的唯物主义科学这个特定意义上,我们在 1857 年《〈政治经济学批判〉导言》中发现了马克思第一次概括阐述的作为科学的经济学的认识论—科学的基础。这完全可以说是马克思主义特有的道德的伽利略主义;也就是说,传统的'道德科学'实际上而且无一例外地是最严格意义上的科学。我们有意谈到伽利略主义,在历史唯物主义及其方法之间作出区分,既是就唯心主义及其实在而言,而且同样重要的是,也是对实证主义及其对'事实'的盲目崇拜以及与此相关的对于前提(假设)和观念的培根式厌恶而言。我们对 1843 年至 1857 年这一时期马克思思想的探索,事实上已经使我们对黑格尔思辨哲学的本质的批判在那个时期证明的《资本论》的前提(假设)的实证的理论知识,或者像

---

① [英]马克·布劳格:《经济学方法论》,商务印书馆 1992 年版,第 106 页。
② 段忠桥:《历史唯物主义与马克思的正义观念》,《哲学研究》2015 年第 7 期。

列宁在《唯物主义和经验批判主义》（1908）中正确认识到的，转向经济的和社会的规律。"①

但是将马克思《资本论》所揭示的现代社会的"经济运动规律"理解为实证方法又明显窄化了马克思的方法论。沃克（Walker D. A. Marx）区分了马克思与实证主义不同的三种信念：关于不可观察的实体、过程和关系的理论；真正的因果因素往往是隐藏在表象之下的不可观察的本质；观察是依赖理论的（theory-dependent），②所以马克思强调了表象和隐蔽的内部联系的区分，而庸俗经济学的实证方法正是表象遮蔽本质的体现。"如果事物的表现形式和事物的本质会直接合而为一，一切科学就都成为多余的了——感到很自在，而且各种经济关系的内部联系越是隐蔽，这些关系对普通人的观念来说越是习以为常，它们对庸俗经济学来说就越显得是不言自明的。"③

另外，由于马克思意义上或者说德语意义上的科学（Wissenschaft）与自然科学（science）的含义不能等同，德语意义上的"科学"更类似广义上的知识、智慧。因而当马克思应用"真正的科学"这一类词汇时，他说的不是实证主义或者科学主义，而是包含一种关于真理的知识。因而界定马克思的政治经济学批判时，我们必须首先将马克思的社会科学方法与实证经济学的方法区分开来。在方法论上，政治经济学之为科学不是由于它的实证性，而是由于它揭示的社会现实。正如马克思在《〈政治经济学批判〉序言》中所说："法的关系正像国家的形式一样，既不能从它们本身来理解，也不能从所谓人类精神的一般发展来理解，相反，它们根源于物质的生活关系，这种物质的生活关系的总和，黑格尔按照18世纪的英国人和法国人的先例，概括为'市民社会'，而对市民社会的解剖应该到政治经济学中去寻求。"④由此马克思将政治经济学批判当作揭示现代社会本质结构的钥匙。

1. 马克思对实证主义形而上学的批判

马克思对实证主义形而上学的批判主要集中于对实证主义的非历史性和

---

① ［意］加尔维诺·德拉·沃尔佩：《卢梭与马克思》，重庆出版社1993年版，第199页。
② Walker D.A. Marx, *Methodology and Science: Marx's Science of Politics*, London & New York: Routledge, 2001, p.140.
③ 《马克思恩格斯全集》（第46卷），人民出版社2003年版，第925页。
④ 《马克思恩格斯选集》（第2卷），人民出版社1995年版，第32页。

非批判性。马克思认为孔德的实证主义在政治和经济上是现存旧势力的代表。"孔德在政治方面是帝国制度(个人独裁)的代言人;在政治经济学方面是资本家统治的代言人;在人类活动的所有范围内,甚至在科学范围内是等级制度的代言人……他是一部新的教义问答的作者,这部新的教义问答用新的教皇和新的圣徒代替了旧教皇和旧圣徒。"①所谓实证主义的立场在整体上是对现存社会前提的无条件接受,其对历史阶段的论述也无非是论证当下社会的"永恒性"。实证主义对社会的理解所做到的仅仅是将事实之现存性的"合理"关系当作永恒的关系,因此实证主义是无法理解革命的。"正像他们(孔德派——引者注)现在为资本统治的'恩德'和雇佣劳动制度进行辩护一样,如果他们生在封建时代或奴隶制度时代,他们会同样地把封建制度和奴隶制度当做建立在事物本性基础上的制度、当做自发地成长起来的自然产物而加以保卫;他们也会猛烈抨击这些制度的种种'弊端',但同时他们会由于自己极端无知而用什么这些制度是'永恒的',是有'道德节制'('限制')加以纠正的说教,来反驳预言这些制度将被消灭的主张。"②

进而,马克思针对古典实证主义从归纳(发现规律)到演绎(推演体系)再到归纳(预测)的过程,批判了实证主义方法的理论前提。在实证科学方法不加批判当作公设的地方,马克思则开始寻求其历史来源。

一方面,针对归纳法,马克思首先批判了实证主义方法的基本出发点:社会事实。作为精确观察的对象,社会事实通常被当作价值中立的、无前提的、直接呈现给我们的客观对象。但是社会事实是不是价值无涉的,或者说直接给予我们的事实是不是无前提的?马克思在《德意志意识形态》对费尔巴哈"感性确定性"的批判中强调了看似孤立的事实背后有一整套社会历史的机制。"他没有看到,他周围的感性世界绝不是某种开天辟地以来就直接存在的、始终如一的东西,而是工业和社会状况的产物,是历史的产物,是世世代代活动的结果,其中每一代都立足于前一代所达到的基础上,继续发展前一代的工业和交往,并随着需要的改变而改变它的社会制度。甚至连最简单的'感性确定性'的对象也只是由于社会发展、由于工业和商业交往才提供给他的。大

---

① 《马克思恩格斯选集》(第3卷),人民出版社1995年版,第106页。
② 《马克思恩格斯全集》(第17卷),人民出版社1963年版,第610页。

家知道,樱桃树和几乎所有的果树一样,只是在数世纪以前由于商业才移植到我们这个地区。由此可见,樱桃树只是由于一定的社会在一定时期的这种活动才为费尔巴哈的'感性确定性'所感知。"① 在感性直观中直接给予的对象,在现实历史中则是现代工商业的产物。换句话说,当我们直观樱桃树这个中立事实的时候,其中早已蕴含了我们的社会形式,即现代工业社会。如果没有工业社会的发展,一方面,樱桃树不会被移植到欧洲;另一方面,传统社会对待自然的态度亦不是抽象直观的态度。

在马克思看来,从事实出发和说明事实显然是两个不同的过程。前者是现象之间的关联,后者是现象和本质的关系。"国民经济学从私有财产的事实出发,但是,它没有给我们说这个事实。它把私有财产在现实中所经历的物质过程,放进一般的、抽象的公式,然后又把这些公式当作规律。它不理解这些规律,也就是说,它没有指明这些规律是怎样从私有财产的本质中产生出来的。"② 这一问题涉及现象之间的恒常性联结是否等于现象的本质?还是说本质属于一个截然不同的层面上?而在马克思看来,经济事实从来不是孤立的东西,它不能离开背后一整套的社会生产方式。所以,马克思在《1844年经济学哲学手稿》谈到国民经济学的二律背反时说道:"让我们从当前的经济事实出发吧。"这里的"经济事实"指的是作为社会生产方式之体现的事实。

进而在另一方面针对"假说—演绎"的方法,马克思对政治经济学的各类理论公设进行了批判:政治经济学赖以建立学科体系的各类假说本身是不是真实的?还是仅仅是理论建构?换句话说,政治经济学的理论假设是否切中了资产阶级社会的社会现实?正如熊彼特所说孔德的实证主义,"它解释了这样一种学说:我们的全部知识都是关于一定现象之间的不变关系的知识,对于这种现象的性质或因果关系去加以思辨是没有意义的"。③ 实证主义方法所寻求的知识,声称是从人性的普遍规律出发,但是所谓的人性规律同样不能撇开一定的社会形式。马克思对政治经济学的各类理论公设的批判在于指出其只有在特定资产阶级社会的条件下才是可能的,并且资产阶级社会的社会

---

① 《马克思恩格斯选集》(第1卷),人民出版社1995年版,第76页。
② 《马克思恩格斯全集》(第3卷),人民出版社1998年版,第266页。
③ [美]约瑟夫·熊彼特:《经济分析史》(第2卷),商务印书馆1992年版,第58页。

现实并不是如这一类脱离社会形式的经济范畴所叙述的那样"均衡"和"和谐"。政治经济学的经济范畴毋宁说表达了一种与现实"颠倒"的"意识形态"。它将现实中的矛盾视作和谐,将对抗视作一致。所以马克思说"经济范畴只不过是生产的社会关系的理论表现,即其抽象"。① 马克思政治经济学批判中所运用的各类经济范畴不是事实的反映和联结,而是资本主义生产关系的体现,这也正是马克思政治经济学批判中术语革命的意义所在。

无论是政治经济学的经济事实还是理论假设,既非价值中立,也不是没有前提的。在马克思看来,无论政治经济学家们是否出于主观意愿,他们都是为现代资产阶级代言。这种代言并非偶然或者出于任性,因为在客观意义上,资本是现代社会占统治地位的社会权力。这是现代社会之为社会的现实性因素。正如马克思在《1844年经济学哲学手稿》中所说:"国民经济学没有给我们提供一把理解劳动和资本分离以及资本和土地分离的根源的钥匙。例如,当它确定工资和资本利润之间的关系时,它把资本家的利益当作最后的根据;也就是说,它把应当加以论证的东西当作前提。"②

2. 政治经济学的科学性问题:斯密和李嘉图的重新定位

马克思和现代经济学在对斯密和李嘉图方法论的科学性问题上有着不同的认识。马克思意义上的科学性和一般经济学意义上的科学性存在明显的分歧。传统经济学方法论中,李嘉图和斯密的奠基作用在于他们是实证方法的先驱,斯密和李嘉图是政治经济学中归纳和演绎方法的奠基者。他们在方法上的缺陷乃是由于他们的方法不够"实证"。然而在马克思这里,李嘉图和斯密方法的科学性不在于他们的实证性,而是在于对社会本质的洞察,因而他们的非科学性也不在于实证的程度不够,而是在于没有真正把握这种本质。

在马克思看来,尽管斯密的价值理论存在诸多模糊和摇摆,但是其方法论依然具备科学性,因为他在某种程度上触及了资产阶级社会的根本。斯密对于古典政治经济学方法具有决定性的意义在于其劳动价值论,亦即对财富的本质、衡量尺度和内在联系的研究。斯密通过劳动价值论真正区分了财富的内部关系和外部关系(尽管还是十分模糊的)。进而他发现了资本主义生产下

---

① 《马克思恩格斯选集》(第1卷),人民出版社1995年版,第141页。
② 《马克思恩格斯全集》(第3卷),人民出版社1998年版,第266页。

商品交换和生产领域之间价值规律的矛盾。"随着资本积累和土地所有权的产生,因而随着同劳动本身相对立的劳动条件的独立化,发生了一个新的转变,价值规律似乎变成了(从结果来看,也确实变成了)它的对立面",①并坚持了价值决定于各种商品中包含的已耗费的劳动时间这一本质规定。

首先,斯密价值理论的矛盾在更深层次上考察对象由交换向生产领域的转换,或者说其对资产阶级社会的认识从商业社会向工业社会的过渡。斯密起初的出发点在于交换价值领域,他以商业社会为前提,即社会上的一切人都是商人,通过市场关系在利己的同时利他。他既是劳动者也是交换者。"分工一经完全确立,一个人自己劳动的生产物,便只能满足自己欲望的极小部分。他的大部分欲望,须用自己消费不了的剩余劳动生产物,交换自己所需要的别人劳动生产物的剩余部分来满足。于是,一切人都要依赖交换而生活,或者说,在一定程度上,一切人都成为商人,而社会本身,严格地说,也成为商业社会。"②在此前提下,劳动的价值等同于劳动产品的价值。在等量的活劳动与对象化劳动以及凝结对象化劳动的商品之间的交换两个方面都是等同的。然而在工业社会,阶级之间的对立构成社会的基本条件。劳动者生产的产品不属于他自己,工人必须和资本家、土地主分享劳动的产品。因而在生产领域的对象化劳动和活劳动的交换中,不再有等量交换。工人劳动的耗费和这一劳动能够购买的商品量不再等同,商品的价值也不再能够由相对的劳动量来衡量,而是由一定商品所能购买的劳动量来衡量,也就是由收入来衡量。"在资本家用商品同货币或商品交换的时候,他的利润所以产生,是因为他出售的劳动量多于他支付过代价的劳动量,就是说,资本家没有用等量的对象化劳动去交换等量的活劳动。"③在这里,社会关系不是商品买卖者的关系,而是劳动条件所有者和劳动能力拥有者之间的关系,这是商业社会所遮蔽的而为大工业社会进一步揭示出来的社会现实。因而斯密认为劳动价值论不再是商品价值的内在尺度。"但是,在劳动的物的条件属于一个阶级或几个阶级,而只有劳动能力属于另一个阶级即劳动者阶级的一切生产方式下——特别是在资本主

---

① 《马克思恩格斯全集》(第 33 卷),人民出版社 2004 年版,第 64 页。
② [英] 亚当·斯密:《国民财富的性质和原因的研究》(上卷),商务印书馆 1983 年版,第 20 页。
③ 《马克思恩格斯全集》(第 33 卷),人民出版社 2004 年版,第 56 页。

义生产方式下——情况正好相反。劳动产品或劳动产品的价值不属于劳动者。一定量活劳动支配的不是同它等量的对象化劳动;换句话说,一定量对象化在商品中的劳动所支配的活劳动量,大于该商品本身包含的活劳动量。"①

其次,在马克思看来,这种价值论在形式上的分歧并不意味着否定了劳动价值论。"商品所包含的价值的增殖以及这种增殖的程度,取决于对象化劳动所推动的活劳动量的大小。只有这样理解,这才是正确的,但斯密在这里仍然没有弄清楚。"②马克思认为尽管斯密在生产者的劳动量、收入以及对他人劳动的支配权这三种主要的价值论表面上的分歧中依然体现了一贯的劳动价值论。斯密之所以在价值论上产生混乱乃是由于他无法区分等量对象化劳动之间的交换和对象化劳动与活劳动的交换这两个不同的层面。

最后,在利润的讨论中,斯密将剩余价值理解为工人超出工资部分的劳动量。"可见,利润不是别的,正是工人加到劳动材料上的价值中的扣除部分。但工人加到材料上的无非是新的劳动量。所以,工人的劳动时间分为两部分,其中一部分,工人用来向资本家换得一个等价物,即自己的工资;另一部分,由工人无偿地交给资本家,从而构成利润。"③因此交换领域的等价交换隐藏了生产中的无偿劳动,是对象化劳动占有活劳动的过程。而在地租的讨论中,斯密将地租理解为"工人加到材料上的劳动",进而地租和利润一样是剩余价值一般的两种表现。利润是工人让渡给资本家的劳动,地租是让渡给土地所有者的劳动。两者都是工人劳动的扣除部分。最后,利息和税收也不是剩余价值的独立源泉,而是来自地租和利润。在此基础上,斯密将一般社会劳动当作剩余价值的唯一来源。"剩余价值,无论它表现为利润、地租的形式,还是表现为派生的利息形式,都不过是劳动的物的条件的所有者在同活劳动的交换中占有的这种劳动的一部分。"④

斯密的混乱不是一种表面的混乱,它固然是恩格斯所说的政治经济学初期摸索试验的必然结果。⑤但更为重要的是,斯密发现了政治经济学中本质

---

① 《马克思恩格斯全集》(第33卷),人民出版社2004年版,第48页。
② 同上书,第53页。
③ 同上书,第57页。
④ 同上书,第62页。
⑤ 《马克思恩格斯选集》(第3卷),人民出版社1995年版,第579页。

和现象的不同层次，发现了资本形成与实际交换过程的根本矛盾，这也是斯密优于李嘉图的地方。马克思认为，在斯密的方法中已经隐含内在生理学和外在表现的区分，这是斯密政治经济学之科学性的体现。"一方面，他试图深入研究资产阶级社会的内部生理学，另一方面，他试图既要部分地第一次描写这个社会外部表现出来的生活形式，推述它外部表现出来的联系，又要部分地为这些现象寻找术语和相应的理性概念，也就是说，部分地第一次在语言和思维过程中把它们再现出来。"①但是斯密没有找出这种矛盾的现实来源，这才是斯密的根本缺陷。"那么，他的理论的短处在于，这个矛盾甚至在他考察一般规律如何运用于简单商品交换的时候也把他弄糊涂了；他不懂得，这个矛盾之所以产生，是由于劳动能力本身成了商品，作为这种特殊的商品，它的使用价值本身（因而同它的交换价值毫无关系）是一种创造交换价值的能力。"②

在方法论上，斯密的问题在于将劳动和劳动的产品混淆起来，进而对经济学理论层次的混淆。一方面，斯密进入了对于资本形成和来源的本质性维度探讨，"大体上说，他找到了剩余价值及其特殊形式的源泉，也就是他从商品价值推出工资和利润"。③ 但是另一方面，斯密没有真正把握这一领域，而是停留在区分本身不断将内在和外在领域相混淆，也就是将资本的现实来源和资本的外部运行过程相混淆，进而走向了相反的道路。正如马克思所说，"斯密本人非常天真地活动于不断的矛盾之中。一方面，他探索各种经济范畴的内在联系，或者说，资产阶级经济制度的隐蔽结构。另一方面，他又把在竞争现象中表面上所表现的那种联系，也就是在非科学的观察者眼中，同样在那些被实际卷入资产阶级生产过程并同这一过程有实际利害关系的人们眼中所表现的那种联系，与上述内在联系并列地提出来"。④

总而言之，斯密的方法在触及政治经济学本质矛盾时，并没有真正把握它，而是在现象关系中摇摆。"亚当虽然实质上是说明剩余价值，但是他没有明确地用一个特定的、不同于其各个特殊形式的范畴来阐明剩余价值，因此，

---

① 《马克思恩格斯全集》(第 34 卷)，人民出版社 2008 年版，第 183 页。
② 《马克思恩格斯全集》(第 33 卷)，人民出版社 2004 年版，第 64—65 页。
③ 同上书，第 75 页。
④ 《马克思恩格斯全集》(第 34 卷)，人民出版社 2008 年版，第 182 页。

后来他直接就把剩余价值同更发展的形式即利润混淆起来了。"①在这里,马克思说的是,斯密尽管将利润、地租的本质归结为剩余劳动,但是他没有将剩余劳动的生产当成和利润、地租不同的东西。换句话说,劳动价值论被还原为一种现象的一般抽象规律,而不是一个独立的本质性领域。所以,斯密方法的科学性同时也体现了他的庸俗性。在他将利润和地租的来源归结为剩余劳动时,由于未区分出理论的层次,他也将剩余价值的"新发现"扁平化,也就是重新又从利润和地租的方面理解剩余价值,将政治经济学的对象理解为三种不同阶级的三种收入。这一思路为李嘉图继承。"李嘉图在任何地方都没有离开剩余价值的特殊形式——利润(利息)和地租——来单独考察剩余价值。因此,他对具有如此重要意义的资本有机构成的考察,只限于从亚当·斯密(其实是从重农学派)那里传下来的,由流通过程产生的资本有机构成的差别(固定资本和流动资本);而生产过程本身内部的资本有机构成的差别,李嘉图在任何地方都没有涉及,或者说不知道。"②李嘉图尽管确立了劳动价值论一以贯之的中心地位而真正建立起政治经济学的科学体系,但是他和斯密一样依然没有将剩余价值和它的特殊形式做区分,进而同样继承了斯密的利润与剩余价值的混淆。

对于马克思来说,李嘉图和斯密一样没有把剩余价值和它的表现形式区分开来(甚至李嘉图都没有提出这一问题)。李嘉图不明白斯密的混乱乃是由于其不明白斯密所触及的活劳动与对象化劳动之间的非对称性关系。李嘉图将劳动价值论抽象化,还原为不同种类和不同量的劳动形式。"他完全不是从形式方面,从劳动作为价值实体所采取的一定形式方面来研究价值,而只是研究价值量,就是说,研究造成商品价值量差别的这种抽象一般的、并在这种形式上是社会的劳动的量。"③因而马克思说:"李嘉图这些话丝毫没有解决构成亚当·斯密的矛盾的内在基础的那个问题。只要我们谈的是对象化劳动,劳动的价值和劳动量就依然是'意思相同的说法'!"④换句话说,李嘉图所确立

---

① 《马克思恩格斯全集》(第33卷),人民出版社2004年版,第66页。
② 《马克思恩格斯全集》(第34卷),人民出版社2008年版,第419页。
③ 同上书,第190—191页。
④ 同上书,第448页。

的"本质"指的是商品交换过程的劳动价值论,它涉及的是等量对象化劳动之间的商品交换。他没有涉及斯密发现的活劳动与对象化劳动之间的交换。所以李嘉图只是满足于"花费在某种商品上的劳动量和这种商品所能购买的劳动量"是不相等的这一事实,而同样没有说明这一事实。在他看来,直接投在商品上的劳动和投在劳动器具、工具和工场建筑上的劳动消解了活劳动的过程,它们的区别仅仅在于"现在的"和"过去的"劳动。它们只是不同劳动形式的区别,而不是质的差别。在此基础上,李嘉图只是从经济关系来理解活劳动和对象化劳动的非对称性关系,进而自然而然地得出"工资铁律"。"劳动的自然价格是让劳动者大体上能够生活下去并不增不减地延续其后裔所必需的价格。"①在这里,李嘉图重蹈了斯密的覆辙。如果说斯密在方法上的混乱是由于触及了资本主义生产方式的内在矛盾但无法把握它,那李嘉图的矛盾则是试图将这种内在矛盾化约为资本的自我运动过程。所以马克思说"应该责备李嘉图的,倒是他经常忘记了这种'实际价值',或者说,'绝对价值',而只是念念不忘'相对价值',或者说,'比较价值'"。②他在斯密发现活劳动与对象化劳动的非对称关系的地方又重新回到了供需关系上,即以收入工资来衡量劳动的价值。马克思认为"李嘉图犯了双重的错误,因为第一,他不懂得导致斯密犯错误的问题,第二,他自己完全忘记了商品的价值规律,而求助于供求规律,因而不是用花费在生产劳动力上的劳动量来决定劳动的价值,却用花费在生产付给工人的工资上的劳动量来决定劳动的价值,从而他实际上是说:劳动的价值决定于支付劳动的货币的价值!而后者由什么决定呢?支付的货币量由什么决定呢?由支配一定量劳动的使用价值量决定,或者说,由一定量劳动支配的使用价值量决定。结果,李嘉图就一字不差地重犯了他指责亚当·斯密犯过的那种前后矛盾的错误"。③

我们看到,李嘉图的前提是资本主义生产现有的事实,其对生产的理解也仅限于资本内部的经济过程,进而其理论体系的目的在于经济范畴之间的普遍联系。"李嘉图是从资本主义生产的现有事实出发的。劳动的价值小于劳

---

① 《大卫·李嘉图全集》(第1卷),商务印书馆2014年版,第75页。
② 《马克思恩格斯全集》(第34卷),人民出版社2008年版,第191页。
③ 同上书,第456页。

动所创造的产品的价值。"①换句话说,斯密发现矛盾的地方,李嘉图则将其当作理论的出发点,并将其纳入经济关系之中。如果说斯密在活劳动与对象化劳动之间摇摆,李嘉图则通过彻底区分两者,并将活劳动理解为对象化劳动的工具。李嘉图"第一个以彻底的方式把这些被买卖的个人的力量、辛劳和时间与作为物品价值之源头的活动区分开来了"。② 他将利润、地租等同于剩余价值,进而将三大阶级之间的矛盾理解为三种收入在量上的对立,也就是一种资本和另一种资本的对立而非资本与劳动的对立。所以,李嘉图的抽象演绎法为纯粹经济学提供条件,也为之后经济学的实证化和"庸俗化"开辟道路:将历史产生的资产阶级生产方式当作自然发生的东西。"李嘉图从来没有考虑到剩余价值的起源。他把剩余价值看作资本主义生产方式固有的东西,而资本主义生产方式在他看来是社会生产的自然形式。他在谈到劳动生产率的时候,不是在其中寻找剩余价值存在的原因,而只是寻找决定剩余价值量的原因。"③

在马克思看来,古典经济学价值理论的根本问题在于没有对价值形式进行分析,没有深入价值形成的社会基础。这一基础,一是历史特殊性,二是社会形式的本质维度,三是价值形式的社会支配。"古典政治经济学的根本缺点之一,就是它从来没有从商品的分析,特别是商品价值的分析中,发现那种正是使价值成为交换价值的价值形式。恰恰是古典政治经济学的最优秀的代表人物,像亚当·斯密和李嘉图,把价值形式看成一种完全无关紧要的东西或在商品本性之外存在的东西。这不仅仅因为价值量的分析把他们的注意力完全吸引住了。还有更深刻的原因。劳动产品的价值形式是资产阶级生产方式的最抽象的、但也是最一般的形式,这就使资产阶级生产方式成为一种特殊的社会生产类型,因而同时具有历史的特征。因此,如果把资产阶级生产方式误认为是社会生产的永恒的自然形式,那就必然会忽略价值形式的特殊性,从而忽略商品形式及其进一步发展——货币形式、资本形式等等的特殊性。"④由此

---

① 《马克思恩格斯全集》(第34卷),人民出版社2008年版,第459页。
② [法]福柯:《词与物:人文知识的考古学》,上海三联书店2001年版,第330页。
③ 《马克思恩格斯全集》(第44卷),人民出版社2001年版,第590页。
④ 同上书,第99—100页。

价值问题的探讨不仅在于古典经济学意义上的劳动量决定商品价值的规定，而且在于作为人类历史特殊的资产阶级社会本身。价值问题只有在特殊的社会关系下才具有本质意义。"资本只有作为一种关系，——从资本作为对雇佣劳动的强制力量，迫使雇佣劳动提供剩余劳动，或者促使劳动生产力去创造相对剩余价值这一点来说，——才生产价值。在这两种情况下，资本都只是作为劳动本身的物的条件所具有的同劳动相异化的支配劳动的力量，总之，只是作为雇佣劳动本身的一种形式，作为雇佣劳动的条件，才生产价值。"①

李嘉图学说的科学性在于：一方面，他确立了资产阶级社会的内部生理学的根本出发点，即价值决定于劳动时间，并摒弃了斯密在现象和本质之间的摇摆，而是要厘清资产阶级社会的经济现象与其价值本质的关系。"李嘉图从这一点出发，迫使科学抛弃原来的陈规旧套，要科学讲清楚：它所阐明和提出的其余范畴——生产关系和交往关系——和形态同这个基础、这个出发点适合或矛盾到什么程度；"②在此基础上使得分散的现象服从于统一的本质规律。通过劳动价值论、工资铁律和土地报酬递减这三条基本命题推出整个经济学体系。另一方面，李嘉图在经济体系中科学地揭示了阶级的对立（尽管这种对立仅限于经济范围）。"李嘉图揭示并说明了阶级之间的经济对立——正如内在联系所表明的那样——这样一来，在经济学中，历史斗争和历史发展过程的根源被抓住了，并且被揭示出来了。"③李嘉图在生产要素的分配层面上将政治经济学的主题视作三个阶级及其三种收入的分配，④因而他看到了工人、地主和资本家在经济关系上的对立。此三者彼此对立并此消彼长，因而经济发展并不是像斯密所认为的，随着工业的发展社会的各个阶层会自然而然地实现"共同富裕"，而是各个阶层处于彼此对立和竞争关系中。

古典政治经济学经由斯密和李嘉图触及了活劳动和对象化劳动的不可化约性，但是他们又从这种本质领域返回到经济过程和经济范畴之中。在马克思看来，斯密和李嘉图这里构成了政治经济学的科学因素，但是另一方面又由

---

① 《马克思恩格斯全集》（第33卷），人民出版社2004年版，第71页。
② 《马克思恩格斯全集》（第44卷），人民出版社2001年版，第183页。
③ 同上书，第184页。
④ 《马克思恩格斯全集》（第30卷），人民出版社1995年版，第38页。

于其打开了庸俗经济学的大门,他们将资本关系的内在矛盾归结为外在关系,开辟了经济学实证化的道路。"庸俗经济学的情况就完全不同了,正当经济学本身由于它的分析而使它自己的前提瓦解、动摇的时候,正当经济学的反对派也已经因此而多少以经济的、空想的、批判的和革命的形式存在的时候,庸俗经济学才开始流行开来。因为政治经济学和由它自身产生的反对派的发展,是同资本主义生产中所包含的社会对立以及阶级斗争的现实发展齐头并进的。只是在政治经济学达到一定的发展程度(即在亚当·斯密以后)和形成稳固的形式时,政治经济学中的一个把单纯的现象复制当作现象的观念的因素,即它的庸俗因素,才作为经济学的特殊表现形式从中分离出来。例如萨伊就把渗透在亚当·斯密著作中的庸俗观念分离出来,并作为特殊的结晶确定下来,与斯密的理论相提并论。随着李嘉图的出现和由他奠定基础的经济学的进一步发展,庸俗经济学家也得到了新的营养(因为他自己什么也不生产),经济学越是接近它的完成,也就是说它越是走向深入和发展成为对立的体系,它自身的庸俗因素,由于用它按照自己的方法准备的材料把自己充实起来,就越是独立地和它相对立,直到最后在学术上的混合主义和无原则的折中主义的编纂中找到了自己至上的表现。"①

马克思主义的一系列基本原理所揭示的"科学",其基本指向在于区分出若干相对独立的现象与本质层面并且将现象当作本质的凸显。也就是说,当我们讨论一定社会生产关系的时候不能脱离生产力的发展状况,同样,当我们讨论政治、宗教、文化等上层建筑时也需要强调这一类上层建筑是建立在一定经济基础上的活动。"以一定的方式进行生产活动的一定的个人,发生一定的社会关系和政治关系。经验的观察在任何情况下都应当根据经验来揭示社会结构和政治结构同生产的联系,而不应当带有任何神秘和思辨的色彩。"②马克思主义的"整体性"也正是在这一层面凸显出来。

3. "社会"反对"自然":政治经济学理论假设的社会历史前提

在经济思想史上,经济学实证方法的提出源自李嘉图之后的萨伊、西尼尔、约翰·穆勒等经济学家。马克思将这些经济学家冠以"庸俗经济学"之名。

---

① 《马克思恩格斯全集》(第35卷),人民出版社2013年版,第360—361页。
② 《马克思恩格斯选集》(第1卷),人民出版社1995年版,第71页。

马克思将实证主义方法理解为一种单纯从经济事实出发的抽象方法。庸俗经济学之庸俗性在于一种现象主义的观点"把单纯的现象复制当做现象的观念",一方面是经济学研究层次的扁平化,它将社会现实还原为经济事实,抛弃对于本质维度的探讨,以经济事实之间的普遍联系取代经济事实与其社会本质的关系。另一方面,其实证性在于事实为出发点带来的自我矛盾。实证方法的产生是以神学和形而上学的"绝对"假设为前提的,但是在实证方法着重点从归纳向演绎的发展中,它重新使得社会科学的一系列理论假设成为"绝对"的。因此马克思认为庸俗经济学以"粗俗的经验主义变成了虚伪的形而上学,变成了烦琐哲学,它绞尽脑汁,想用简单的形式抽象,直接从一般规律中得出不可否认的经验现象,或者巧妙地论证它们是同一般规律相一致的"。① 接下来,我们来探讨马克思对古典经济学理论假设的批判。

(1) 理性经济人

理性经济人假设是用以揭示财富增殖的人类学动机和行为基础。正如斯密所说:"别的动物,一达到壮年期,几乎全都能够独立,自然状态下,不需要其他动物的援助。但人类几乎随时随地都需要同胞的协助,要想仅仅依赖他人的恩惠,那是一定不行的。他如果能够刺激他们的利己心,使有利于他,并告诉他们,给他做事,是对他们自己有利的,他要达到目的就容易得多了。"②进而人的利己心通过"看不见的手"联系起来,为社会利益最大化服务。"各个人都不断地努力为他自己所能支配的资本找到最有利的用途。固然,他所考虑的不是社会的利益,而是他自身的利益,但他对自身利益的研究自然会或者毋宁说必然会引导他选定最有利于社会的用途。"③在此基础上,利己主义不是一种道德滑坡而是现代社会的团结方式。在普遍分工的前提下,无论提倡节俭还是奢侈,每个人越是注重自己的利益越是能够促进社会利益。因此由于政治经济学不仅是研究财富的自然科学,而且是研究人的道德科学。理性经济人假设正是自然和道德的联结点。古典政治经济学和现代经济学强调理性

---

① 《马克思恩格斯全集》(第33卷),人民出版社2004年版,第66页。
② [英] 亚当·斯密:《国民财富的性质和原因的研究》(上卷),商务印书馆1983年版,第13页。
③ [英] 亚当·斯密:《国民财富的性质和原因的研究》(下卷),商务印书馆1983年版,第25页。

的工具性不同,"经济人"同时也是"道德人"。①"每个人生来首先和主要关心自己;而且,因为他比任何其他人都更适合关心自己,所以他如果这样做的话是恰当和正确的。"②而约翰·穆勒同样也将政治经济学视作研究整体人性中逐利部分的科学。"政治经济学认为人类的全部活动知识获取和消费财富;它的目的在于阐述,除了两者长期存在的反向动机在一定程度上表现出来以外……生活在某一社会状态中的人类的行为过程是受其驱使的……随后政治经济学继续探究支配这些行为的规律,假设认识这样一种生物,他出于其本性,在任何情况下都偏好更多的财富而非更少的财富……"③正如布劳格所说,理性经济人的利己主义假设既是对经济动机的抽象,又是对经济行动中其他动机的抽象。"从这个程度上说,政治经济学做了两次抽象:第一次是对真正受到货币收入推动的行为所做的抽象,第二次是对与'其他方面的冲动'有关的行为所做的抽象。"④

在古典经济学中,理性经济人和它的利己主义假设一方面揭示了经济增长的道德正当性,另一方面解释了经济发展的动力问题。正如马克思在《1844年经济学哲学手稿》中所说:"贪欲以及贪欲者之间的战争即竞争,是国民经济学家所推动的仅有的车轮。"⑤这一预设声称自己来自人无条件的本性,但是这种出于利己心的竞争不是自然的过程,而是一定社会形式下的产物。换句话说,不是某种人的特殊本性建构起人的社会生活,而是一定的客观社会形式在某种程度上塑造了人的主观能动性,人的利己主义本性来自他的社会生活条件。

在马克思看来,现代社会人的贪欲或者说利己主义本质是货币拜物教和商品拜物教的结果。金钱成为人的客观生活的本质,进而个人生活在整体上为"金钱"所塑造。"金钱是以色列人的妒忌之神,在他面前,一切神都要退位。金钱贬低了人所崇奉的一切神,并把一切神都变成商品。金钱是一切事物的

---

① [美]小罗伯特·B.埃克伦德、罗伯特·F.赫伯特:《经济理论和方法史》,人民大学出版社2000年版,第85页。
② 《亚当·斯密全集》(第1卷),商务印书馆2014年版,第102—103页。
③ [英]约翰·穆勒:《论政治经济学的若干未定问题》,商务印书馆2012年版,第103页。
④ [英]马克·布劳格:《经济学方法论》,商务印书馆1992年版,第81页。
⑤ 《马克思恩格斯全集》(第3卷),人民出版社1998年版,第266—267页。

普遍的、独立自在的价值。因此它剥夺了整个世界——人的世界和自然界——固有的价值。金钱是人的劳动和人的存在的同人相异化的本质,这种异己的本质统治了人,而人则向它顶礼膜拜。"①因此在现代社会,个人在其现实性上依附于资本,或是作为资本的人格化体现,即资本家或是作为资本的"工具",即劳动者。在这里,无论是生物上的人性还是伦理上的人性都屈从于这种社会生活条件。如果不是在资产阶级社会的社会形式下,"贪欲""利己主义"只是一种私人行为,而不是社会的普遍前提。"资本家只是作为资本的人格化才受到尊敬。作为这样一种人,他同货币贮藏者一样,具有绝对的致富欲。但是,在货币贮藏者那里,这表现为个人的狂热,在资本家那里,这却表现为社会机构的作用,而资本家不过是这个社会机构中的一个主动轮罢了。此外,资本主义生产的发展,使投入工业企业的资本有不断增长的必要,而竞争使资本主义生产方式的内在规律作为外在的强制规律支配着每一个资本家。竞争迫使资本家不断扩大自己的资本来维持自己的资本,而他扩大资本只能靠累进的积累。"②

国民经济学家将贪欲或者利己心理解为资本增殖或者社会发展的动力只是对经济现象进行外部说明,他们没有意识到人之所以欲求金钱乃是由于作为资本的货币是人的社会生活的前提这一现代社会的本质规定。所以理性经济人的规定是资产阶级社会形式下现实个人在其外部关系上的表述,而在其内部关系上理性经济人乃是意味着受资本支配的个人。

国民经济学家关于鲁滨逊和渔夫、猎人的故事只是非历史的虚构。"在社会中进行生产的个人,——因而,这些个人的一定社会性质的生产,当然是出发点。被斯密和李嘉图当作出发点的单个的孤立的猎人和渔夫属于18世纪的缺乏想象力的虚构。这是鲁滨逊一类的故事,这类故事绝不像文化史家想象的那样,仅仅表示对过度文明的反动和要回到被误解了的自然生活中去。"③古代社会的个人之间从来就不是理性经济人之间的关系,也不可能按照18世纪英国的贸易表进行交换。但是另一方面,这种虚构的合理性在于

---

① 《马克思恩格斯全集》(第3卷),人民出版社1998年版,第194页。
② 《马克思恩格斯全集》(第44卷),人民出版社2001年版,第683页。
③ 《马克思恩格斯全集》(第30卷),人民出版社1995年版,第22页。

"一方面是封建社会形式解体的产物,另一方面是 16 世纪以来新兴生产力的产物"。① 这种关于自然状态的想象揭示了社会过渡的背景。在传统封建社会像现代资产阶级社会的过渡中,新兴生产力通过这样一种"意识形态"的方式表达自身。

(2) 人口假设

马尔萨斯作为最早建立人口问题系统科学的政治经济学家,他从人的生物性本质出发论证了财富的增殖受到人口的限制。与理性经济人的假设不同,马尔萨斯的人口理论以人的非理性本性为出发点(马尔萨斯的预设在其实质上与理性经济人的预设并不冲突)。由于马尔萨斯对人口的道德抑制显然出自人的理性约束。人口原理不仅是从个人而且是从人类整体出发强调人口过剩的自然结果。

马尔萨斯从工业社会的贫困人口这一事实出发探讨人口与财富的关系。"人口必然总是被压低至生活资料的水平,这是一条显而易见的真理,已被许多作家注意到了;但据我所知,迄今还没有哪位作家仔细研究过这种水平究竟是如何形成的,而据我看,若不考察这一问题,便会极大地妨碍社会未来的改善。"② 马尔萨斯观察到了工业社会中必然存在着一定量贫困人口的事实,进而探讨这一事实形成的原因及其改善方式。正如米克所说:"这个不配成为具有深刻的科学性并全部贯穿着错误的马尔萨斯理论,怎样产生如此巨大的影响呢? 主要原因之一是,马尔萨斯所描述并试图说明的现实现象——劳动人民普遍贫穷与大量贫民的存在——是一个不能忽视,并且迫切等待解释的真实现象。"③

马尔萨斯将人的非理性的生物性,即"食色"当作人口理论的基本预设:"我认为,我可以正当地提出两条公理。第一,食物为人类生存所必需。第二,两性间的情欲是必然的,且几乎会保持现状。这两条法则,自从我们对人类有所了解以来,似乎一直是有关人类本性的固定法则。"④ 因而人口的增殖似乎

---

① 《马克思恩格斯全集》(第 30 卷),人民出版社 1995 年版,第 25 页。
② [英] 马尔萨斯:《人口原理》,商务印书馆 1996 年版,第 1 页。
③ [英] 罗纳德·米克:《马克思恩格斯论马尔萨斯》,生活·读书·新知三联书店 1957 年版,第 18 页。
④ [英] 马尔萨斯:《人口原理》,商务印书馆 1996 年版,第 6—7 页。

遵循着这一种永恒的自然规律,换句话说,如果不加以人为干预,人口必然会无限增长下去。但是另一方面,土地的肥力在自然过程中总是递减的。因此,马尔萨斯得出"人口增殖力和土地生产力天然地不相等"的预设。在此基础上,马尔萨斯总结了对人口过剩的两种抑制:预防性抑制和积极抑制。积极的抑制指的是出自自然的生活资料匮乏的抑制,比如贫困与罪恶,现代社会尤其发生在下层人口中。预防性抑制指的是道德的抑制,通过精确计算节制"食色"以获得更幸福的生活。"所谓预防性的抑制,是指人们对养家糊口的忧虑,所谓积极的抑制,是指一些下层阶级实际所处的困难境地,使他们不能给予子女以应有的食物和照料。"[1]所以解决贫困的唯一方法在于通过道德节制,将生活成本控制在生活资料范围,在此基础上,生活资料的相对增长就能迅速提高劳动力的价值,使得贫困者过上幸福生活。"在这个社会里,凡只求快乐一时而结果得不偿失的行为,一概被认为不守本分。因此,一个人纵使受着情欲驱使,他的收入若仅是养育两个孩子,必然不会自寻烦恼,来养育四五个孩子。这种克己的节制,为人们普遍采用之后,由于市场上劳动力供给紧缩,自然而然可以迅速提高劳动力价值。"[2]

在马尔萨斯这里,人口过剩被当作自然的结果,把对人口过剩的抑制理解为社会的道德进步。人之所以贫困乃是由于使自己的欲望超过了自己的收入,换句话说,在马尔萨斯这里,生活资料的范围是贫困者的社会生活所不可逾越的客观界限,而这种界限是生活资料和人口增殖规律的自然结果。

然而在马克思看来,现代社会的人口数量不是自然或者人的生物性的体现,而是由于受到资本规律的调节。一方面,在资本主义生产方式下,人口规律与资本的增殖保持着一种动态关系。资本主义生产人口需求的下降是一个周期性过程。在资本积累的大趋势下,由于劳动力需求由可变资本的比例所决定,而随着资本主义生产技术层级的提高,在相对剩余价值生产趋势下,不变资本比例提高,而可变资本比例下降。因此资本主义生产对人口需求随总资本的增长而下降。"作为所谓'自然人口规律'的基础的资本主义生产规律,可以简单地归结如下:资本、积累同工资率之间的关系,不外是转化为资本的

---

[1] [英]马尔萨斯:《人口原理》,商务印书馆1996年版,第26页。
[2] 同上书,第460页。

无酬劳动和为推动追加资本所必需的追加劳动之间的关系。"①另一方面,人口需求是一个成比例下降的过程。由于社会总资本的增长趋势在一定技术部门内产生新的增长点,进而一开始这一部门的劳动力需求增加。但是随着部门技术构成的不断提高,对劳动力需求又相对下降。进而随着资本之间的竞争又重新在别的部门形成新的增长,于是又再一次重复了这一过程。而随着资本积累的不断加速,劳动力需求增加的比例总是越来越小。"诚然,随着总资本的增长,总资本的可变组成部分即并入总资本的劳动力也会增加,但是增加的比例越来越小。积累作为生产在一定技术基础上的单纯扩大而发生作用的那种间歇时间缩短了。为了吸收一定数目的追加工人,甚至为了在旧资本不断发生形态变化的情况下继续雇用已经在职的工人,就不仅要求总资本以不断递增的速度加快积累。而且,这种不断增长的积累和集中本身,又成为使资本构成发生新的变化的一个源泉,也就是成为使资本的可变组成部分和不变组成部分相比再次迅速减少的一个源泉。总资本的可变组成部分的相对减少随着总资本的增长而加快,而且比总资本本身的增长还要快这一事实,在另一方面却相反地表现为,好像工人人口的绝对增长总是比可变资本即工人人口的就业手段增长得快……在一切部门中,资本可变部分的增长,从而就业工人人数的增长,总是同过剩人口的激烈波动,同过剩人口的暂时产生结合在一起,而不管这种产生采取排斥就业工人这个较明显的形式,还是采取使追加的工人人口难于被吸入它的通常水道这个不大明显但作用相同的形式。"②在马克思看来,资本主义生产方式总是成比例地生产出相对剩余人口。相对过剩人口符合了资本主义生产对劳动力的弹性需求,它是资本主义生产应对增长波动的重要功能:"过剩的工人人口是积累或资本主义基础上的财富发展的必然产物,但是这种过剩人口反过来又成为资本主义积累的杠杆,甚至成为资本主义生产方式存在的一个条件。过剩的工人人口形成一支可供支配的产业后备军,它绝对地从属于资本,就好像它是由资本出钱养大的一样。过剩的工人人口不受人口实际增长的限制,为不断变化的资本增殖需要创造出随时可供

---

① 《马克思恩格斯全集》(第44卷),人民出版社2001年版,第716页。
② 同上书,第726—727页。

剥削的人身材料。"①

人口过剩不是什么自然规律或者人性规律,而是一定社会形式下的生产条件。马尔萨斯所谓的人口的绝对剩余的自然规律只存在于动物界。"随着已经执行职能的社会资本量的增长及其增长程度的提高,随着生产规模和所使用的工人人数的扩大,随着他们劳动的生产力的发展,随着财富的一切源流的更加广阔和更加充足,资本对工人的更大的吸引力和更大的排斥力互相结合的规模也不断扩大,资本有机构成和资本技术形式的变化速度也不断加快,那些时而同时地时而交替地被卷入这些变化的生产部门的范围也不断增大。因此,工人人口本身在生产出资本积累的同时,也以日益扩大的规模生产出使他们自身成为相对过剩人口的手段。这就是资本主义生产方式所特有的人口规律,事实上,每一种特殊的、历史的生产方式都有其特殊的、历史地发生作用的人口规律。抽象的人口规律只存在于历史上还没有受过人干涉的动植物界。"②现代社会人口过剩以及人口过剩带来的贫困问题则是生产方式和社会制度的产物,它来自现代社会的生产方式对人口的支配。正如福柯所说,现代社会对人口问题的关注来自18世纪生命政治的兴起。"而这个新建立起来的技术也针对人的群体,但不是使他们归结为肉体,而是相反,是人群组成整体的大众,这个大众受到生命特有的整体过程,如出生、死亡、生产、疾病等等的影响。因此,在第一种对肉体的权力形式(以个人化的模式)以后,有了第二种权力形式,不是个人化,而是大众化,如果你们同意,它不是在人—肉体的方向上,而是在人—类别的方向上完成的。在18世纪进行的肉体人的解剖政治学以后,在同一个世纪末,出现了某种东西,它不再是肉体人的解剖政治学,而是我所说的人类的'生命政治学'(biopolitique)。"③它不仅通过规训个体,而且通过控制整体人口的方式,生产出符合特定社会增益方式所需要的"人力",进而形成微观和宏观上"肉体—有机体—惩罚—制度"和"人口—生物学过程—调节机制—国家"两套不同模式。

马尔萨斯将人口问题还原到自然和生物性上,是为了确立劳动者社会生

---

① 《马克思恩格斯全集》(第44卷),人民出版社2001年版,第728—729页。
② 同上书,第727页。
③ [法]米歇尔·福柯:《必须保卫社会》,上海人民出版社2010年版,第229页。

活资料范围的不可逾越性。劳动者一旦要求超出自己生活资料的物质需求必然会产生贫困,而要根本消除这种贫困,节欲是必须的。但是马尔萨斯没有看到,这个生活资料的范围本身是资本主义生产方式规定的。正如马克思所说:"用永恒的自然规律去解释这种'人口过剩',当然比用资本主义生产的纯粹历史的自然规律去解释更便利,更符合马尔萨斯真正牧师般地崇拜的统治阶级的利益。"①

(3) 土地所有权和地租

地租一般被理解为在经营权和所有权分离的前提下,由土地所有权而来的自然报酬,而土地所有权则来自土地垄断,两者在资本主义生产方式之前早已存在。"不论地租的特殊形式是怎样的,它的一切类型有一个共同点:地租的占有是土地所有权借以实现的经济形式,而地租又是以土地所有权,以某些个人对某些地块的所有权为前提。"②而在资本主义生产方式下地租则是"土地所有权在经济上借以实现即增殖价值的形式"。③

古典经济学家对土地所有权的态度比较复杂,一方面,早期的古典经济学家对土地所有权持肯定的态度,土地所有权在某种程度上体现了现代私有制,作为财产权的体现,它也是一种自然权利,为农业的资本化奠定基础。洛克最初公开将(土地)所有权纳入自然权利中。"土地和一切低等动物为一切人所共有,但是每人对他自己的人身享有一种所有权,除他以外任何人都没有这种权利。他的身体所从事的劳动和他的双手所进行的工作,我们可以说,是正当地属于他的。"④土地所有权作为一种自然权利首先是抽象人格与外的"物"的关系。因此,借由土地所有权而来的地租似乎是自然获得的无偿报酬,土地所有者本人则无须劳动。这种由土地所有权自然形成的地租称为绝对地租。

但是另一方面,土地所有权在大工业阶段又明显和工业资本相冲突,土地主成为工业资本家财富积累的阻碍。李嘉图就明确否认由土地所有权而来的绝对地租。这一类地租明显与李嘉图的劳动价值论相对立。李嘉图取而代之

---

① 《马克思恩格斯全集》(第44卷),人民出版社2001年版,第604页。
② 《马克思恩格斯全集》(第46卷),人民出版社2003年版,第714页。
③ 同上书,第698页。
④ [英]约翰·洛克:《政府论(下篇)》,商务印书馆1997年版,第19页。

以与工业社会相符合的级差地租。李嘉图从人口增长快于土地产物增长的马尔萨斯式的假设开始,认为地租起源于人口增长导致的越来越差的土地被耕种,进而较为优质的土地获得级差地租的自然过程。"由此看来,使用土地支付地租,只是因为土地的数量并非无限,质量也不是相同的,并且因为在人口的增长过程中,质量和位置较差的土地也投入耕种了。在社会发展过程中,当次等肥力的土地投入耕种时,头等的土地马上就开始有了地租,而地租额取决于两份土地在质量上的差别。"① 李嘉图认为,地租首先来自农业生产率下降的自然规律而非土地所有权的自然权利。因而在纯粹的工业社会,土地所有权是不需要存在的。

马克思说,工业化的发展"一方面使农业合理化,从而才使农业有可能按社会化的方式经营,另一方面,把土地所有权变成荒谬的东西,——这是资本主义生产方式的巨大功绩"。② 在马克思看来,无论绝对地租还是级差地租,两者都是和一定生产方式联系在一起的。在工业社会,地租和资本主义生产方式紧密结合。一方面,绝对地租不是自然的,它不是直接通过所有权本身确立的。相反,它意味着土地所有权在资本主义生产中的特殊地位。

首先,农业资本中暂时无法消除土地所有权。"这个生产方式的前提一方面是直接生产者从土地的单纯附属物(在依附农、农奴、奴隶等形式上)的地位中解放出来,另一方面是人民群众的土地被剥夺。在这个意义上,土地所有权的垄断是资本主义生产方式的一个历史前提,并且始终是它的基础,正像这种垄断曾是所有以前的、建立在对群众的这一或那一剥削形式上的生产方式的历史前提和基础一样。"③换句话说,对土地的垄断是资本主义产生的主要前提。"资本所能做的一切,就是使农业服从资本主义生产的条件。但是,资本主义生产不能剥夺土地所有权对一部分农产品的占有,而这部分农产品,资本靠它自己的活动是不可能占有的,而只有在没有土地所有权存在这个前提下才能占有。在土地所有权存在的条件下,资本就不得不把价值超过费用价格

---

① 《大卫·李嘉图全集》(第1卷),商务印书馆2014年版,第55页。
② 《马克思恩格斯全集》(第46卷),人民出版社2003年版,第697页。
③ 同上书,第696页。

的余额让给土地所有者。"①这一过程尤其体现在英国的资本原始积累的圈地运动。由于土地所有权的存在,农产品不可能像工业产品一样进行竞争,参与到利润一般化过程中。

其次,就地租的来源来看,马克思认为,地租来自资本的有机构成。地租的来源不是单纯的土地所有,甚至并不直接和土地本身的好坏或者是否改良相关,而是土地所有在资本主义生产中的位置。由于农产品的资本有机构成比工业产品低的部门特征,农产品价值总是高于平均利润。"资本中投在工资上的部分大于投在不变资本上的部分,直接劳动大于'过去'劳动(其成果用做生产资料)。因此,如果商品在这里按照它的价值出卖,这个价值就高于它的费用价格,就是说高于工具的磨损、工资和平均利润。所以,余额可以作为地租付给森林、采石场或煤矿的所有者。"②地租直接和农产品的资本有机构成相关,而不是和自然条件相关。在此基础上,由土地所有权而来的地租构成绝对地租,而由土地条件的差异而来的地租构成级差地租。李嘉图的错误在于将工业和农业的资本有机构成相混淆。"李嘉图否定绝对地租,因为他以工业和农业的资本有机构成相同为前提,从而他也就否定了农业劳动生产力同制造业相比处于只是历史地存在的较低发展阶段。因此他犯了双重历史错误:一方面,把农业和工业中的劳动生产率看成绝对相等,因而否定它们在一定发展阶段上的仅仅是历史的差别;另一方面,认为农业生产率绝对降低,并把这种降低说成是农业的发展规律。他这样做一方面是为了把最坏土地的费用价格同价值等同起来;另一方面是为了说明较好等级土地的产品的(费用)价格同价值之间存在差额。全部错误的产生都是由于混淆了费用价格和价值。"③但是李嘉图的错误具有一定的合理性。他至少说明了这样一种趋势,即在农业彻底实现工业化,农业和工业的资本有机构成相一致。在这一基础上,竞争将打破对土地的垄断,农业产品和工业产品的价值一样趋于平均利润。因此,土地所有权和绝对地租将成为多余的对象。正如马克思所说:"正是那个证明绝对地租可能存在的论据也证明,绝对地租的现实性、绝对地租的存在仅仅是

---

① 《马克思恩格斯全集》(第34卷),人民出版社2008年版,第269页。
② 同上书,第276页。
③ 同上书,第270页。

一个历史事实,是农业的一定发展阶段所特有的、到了更高阶段就会消失的历史事实。"①

在马克思看来,尽管在资本主义生产方式下,表面上无论是绝对地租还是级差地租看起来都是一个不合理的因素,因为其似乎不需要通过劳动就获得价值,因而它们应当属于前现代的社会。但在实际上,地租的产生体现了现实的经济关系。马克思对于现代地租的定义包含了一个社会形式的维度。"在经济上借以实现即增殖价值"体现的是现代资本主义生产方式中价值增殖和劳动过程的统一。所以,马克思认为重要的不是土地垄断的自然权利,而是"这种垄断在资本主义生产基础上的经济价值,即这种垄断在资本主义生产基础上的实现"。②

(4)"三位一体"公式

古典经济学各种假设的自然性还包括对资本主义生产方式永恒性的论证,它体现在萨伊的"三位一体"公式中。萨伊的"三位一体"公式揭示了资本主义生产的社会形式如何变成永恒超历史的东西,而这一生产方式中阶级对抗如何成为一种预定和谐。

萨伊认为,一切社会生产过程的秘密在于:

"一个勤勉的人可把他的劳动力借给另一个拥有资本和土地的人。

资本所有者可把资本借给只拥有土地和劳动的人。

地主可把地产借给只拥有资本和劳动的人。

不论借出的是劳动力、资本或土地,由于它们协同创造价值,因此它们的使用是有价值的,而且通常得有报酬。

对借用劳动力所付出的代价叫做工资。

对借用资本所付的代价叫做利息。

对借用土地所付的代价叫做地租。"③

---

① 《马克思恩格斯全集》(第34卷),人民出版社2008年版,第269—270页。
② 《马克思恩格斯全集》(第46卷),人民出版社2003年版,第695页。
③ [法]萨伊:《政治经济学概论》,商务印书馆1997年版,第77页。

在这样一种叙述中,萨伊将资本主义的经济过程理解为:(1)资本家、工人和地主三者之间都是平等的个体之间的关系。(2)三者都拥有其他两类人没有的能力。资本家拥有资本,土地主拥有地产,工人拥有劳动。(3)三者进行等价交换,各取所需,协同创造价值。资本家获得利息,工人获得工资,地主获得地租。因此在资本主义的生产方式中不存在对抗,而只有和谐一致的共同生产。所以价值的增殖是一个三大阶级各取所需的自然过程。

但是在马克思看来,所谓和谐一致的"资本—利息、土地—地租、劳动—工资"的"三位一体"公式实则是充满了矛盾的神秘体。首先是抽象形式和具体表现的矛盾。一方面,具体的有形的资本、土地与劳动彼此之间没有可化约性。"每年可供支配的财富的各种所谓源泉,属于完全不同的领域,彼此之间毫无相同之处。它们互相之间的关系,就像公证人的手续费、甜菜和音乐之间的关系一样。"①另一方面,毫不相干的三者的产物却同样是价值。利息、地租、工资是产品价值的三个部分。"第一,我们考察的是这三个源泉的不一致,那么,第二,现在我们看到,它们的产物,它们的幼仔,即各种收入,反而全都属于同一个范围,即价值的范围。但是,这种不一致的情况(这不仅是不能通约的量之间的关系,而且是完全不均等的、彼此毫无关系的、不能互相比较的物之间的关系)会因下述缘故而一致起来,事实上,资本也像土地和劳动一样,只是就它的物质实体来看的,因而是单纯作为生产出来的生产资料来看的;这时,它作为同工人的关系以及作为价值的性质都被抽象掉了。"②而实质上,价值是这一公式的中介。因为具体的劳动是推不出工资的,就像土地上的产物本身不直接等于地租。它们只有在一种特殊的社会形式下通过"价值"才能够等同,这种社会形式以产品价值的生产为目的,在此基础上具体的劳动以及土地的产物都是为了产品的价值,也就是为了资本服务。所以,在马克思看来,"三位一体"公式是特殊的资本主义社会形式下的产物。在"三位一体"公式中资本是唯一的目的,土地和劳动作为资本的要素,在资本之旁,它意味着在资本的范围内看待交换的价值(资本)、自然的产物(土地)和人的劳动的相互关系,或者说资本对劳动和土地的吸纳。

---

① 《马克思恩格斯全集》(第46卷),人民出版社2003年版,第922页。
② 同上书,第933页。

因此,"三位一体"公式是对资产阶级社会的社会现象的单纯描述,即描述劳动和土地被化约为资本的事实,但是对于这种事实的原因和本质却毫无说明。其结果就在于:(1)生产被理解为资本自我增殖。"随着相对剩余价值在真正的特定的资本主义生产方式下的发展,与此同时劳动的社会生产力也发展了,这些生产力以及劳动在直接劳动过程中的社会联系,都好像由劳动转移到资本身上了。因此,资本已经变成了一种非常神秘的东西,因为劳动的一切社会生产力,都好像不为劳动本身所有,而为资本所有,都好像是从资本自身生长出来的力量。"① 劳动的社会联系被转嫁到资本身上,资本对劳动的吸纳被理解为资本内在的自我运动。(2)商品的价值仿佛来自流通,这种"重商主义"的假象同样是将价值的增殖归结到资本本性之中。"但是,不管资本在直接生产过程中所吸取的并且体现在商品中的剩余价值究竟如何,商品中包含的价值和剩余价值都必须在流通过程中才能得到实现。于是,生产上预付的价值的收回,特别是商品中包含的剩余价值,似乎不是单纯在流通中实现,而是从流通中产生出来的;这个假象特别由于以下两个情况而更加强化:首先是让渡的利润,这种利润取决于欺骗、狡诈、知情、机灵以及市场行情的千变万化;其次是这样一个情况,即除了劳动时间以外,在这里又出现了第二个决定的要素,即流通时间。流通时间虽然只是对价值和剩余价值的形成起消极限制的作用,但是它具有一种假象,好像它和劳动本身一样是一个积极的原因,好像它会带来一个从资本的本性中产生的、不以劳动为转移的规定。"② 进而(3)资本的总过程和资本对劳动的剥削分离开来。市场价格、平均利润也不以剥削为转移,而是成为资本固有的东西、内在的规律。"在这里,一个复杂的社会过程插进来了。这就是资本的平均化过程。这个过程使商品的相对平均价格同它们的价值相分离,使不同生产部门(完全撇开每个特殊生产部门内的单个投资不说)的平均利润同特殊资本对劳动的实际剥削相分离,在这里,不仅看起来是这样,而且事实上商品的平均价格不同于商品的价值,因而不同于实现在商品中的劳动,并且特殊资本的平均利润不同于这个资本从它所雇用的工人身上榨取出来的剩余价值。"③

---

①② 《马克思恩格斯全集》(第46卷),人民出版社2003年版,第937页。
③ 同上书,第938页。

在这样一种"三位一体"公式中,剩余价值脱离它的现实来源,完成了独立化和硬化的过程。这一过程在"利息"的概念中体现。利息概念完全割裂了资本与劳动的关系,而将资本的增殖理解为"自我生息"。因此庸俗经济学完全局限在表层现象上,将资本的运动理解为一种"无中生有"的自我增殖运动。"正常的平均利润本身好像是资本所固有的,不以剥削为转移的;过度的剥削,或者,甚至十分有利的例外条件下的平均剥削,好像只决定对平均利润的偏离,并不决定平均利润本身,利润分割为企业主收入和利息(更不用说这中间还要插进商业利润和货币经营业利润了,这两种利润都是以流通为基础,好像完全是从流通中产生的,而不是从生产过程本身中产生的),就完成了剩余价值形式的独立化,完成了它的形式对于它的实体,对于它的本质的硬化。利润的一部分与它的另一部分相反,完全从资本关系本身中分离出来,并且表现为不是来自剥削雇佣劳动的职能,而是来自资本家本身从事的雇佣劳动。与此相反,利息则好像和工人的雇佣劳动无关,也和资本家自己的劳动无关,而是来自作为其本身的独立源泉的资本。如果说资本起初在流通的表面上表现为资本物神,表现为创造价值的价值,那么,现在它又在生息资本的形式上,取得了它的最异化最特别的形式。"①在此基础上,利息、地租、工资也就脱离了本质的社会联系而彼此独立开来,成为剩余价值的三个组成部分,其现实的对立关系也变成了价值内在的和谐关系。"在资本—利润(或者,更恰当地说是资本—利息),土地—地租,劳动—工资中,在这个表示价值和财富一般的各个组成部分同其各种源泉的联系的经济三位一体中,资本主义生产方式的神秘化,社会关系的物化,物质的生产关系和它们的历史社会规定性的直接融合已经完成:这是一个着了魔的、颠倒的、倒立着的世界。在这个世界里,资本先生和土地太太,作为社会的人物,同时又直接作为单纯的物,在兴妖作怪。古典经济学把利息归结为利润的一部分,把地租归结为超过平均利润的余额,使这二者以剩余价值的形式一致起来;此外,把流通过程当作单纯的形式变化来说明;最后,在直接生产过程中把商品的价值和剩余价值归结为劳动;这样,它就把上面那些虚伪的假象和错觉,把财富的不同社会要素互相间的这种独立化

---

① 《马克思恩格斯全集》(第46卷),人民出版社2003年版,第939页。

和硬化,把这种物的人格化和生产关系的物化,把日常生活中的这个宗教揭穿了。"①

因此资本成为一个无来源、无前提的又无限自我运动着的神秘实体。庸俗经济学揭示的不是资产阶级社会的现实关系,而仅仅限于一个现象层面生产当事人的描述,并把这种描述当作自然的和永恒的。"庸俗经济学所做的事情,实际上不过是对于局限在资产阶级生产关系中的生产当事人的观念,当作教义来加以解释、系统化和辩护。"②而在生产当事人和描述性现象背后的是特定社会形态的客观的社会生活条件,这种条件作为一种强制性的社会权力支配并塑造着人的社会生活。"在叙述生产关系的物化和生产关系对生产当事人的独立化时,我们没有谈到,这些联系由于世界市场,世界市场行情,市场价格的变动,信用的期限,工商业的周期,繁荣和危机的交替,会以怎样的方式对生产当事人表现为压倒的、不可抗拒地统治他们的自然规律,并且在他们面前作为盲目的必然性发生作用。"③

在马克思看来,"三位一体"公式所遮蔽的恰恰是资产阶级社会的社会形式,资产阶级社会的社会形式是"三位一体"公式的真正前提。它使得人的具体劳动和土地的肥力、产品适应于与资本相适应的社会形式。但是很显然,与表象形式不同的是事物的内部关系与其说呈现出一种和谐一致的关系,不如说是一种强制性的权力关系,即价值形式的社会统治。劳动、土地和资本的不可化约性恰恰构成了资本主义生产方式的结构性矛盾。所以,在萨伊看到范畴和谐一致的地方,马克思看到的处处是现实关系的对立和矛盾:"土地—地租"是"让两个不能通约的量互相保持一种比例":"资本—利息"是"说一个价值是比它的所值更大的价值";而"劳动—工资"则是"和价值的概念相矛盾的"。因此,将"土地—地租"、"资本—利息"以及"劳动—工资"合而为一的过程仅仅是现象之间的联结而省略了社会的本质性层面,进而将现实的矛盾视作理论的和谐。"因此,庸俗经济学丝毫没有想到,被它当作出发点的这个三位一体:土地—地租,资本—利息,劳动—工资或劳动价格,是三个显然不可

---

① 《马克思恩格斯全集》(第 46 卷),人民出版社 2003 年版,第 940 页。
② 同上书,第 925 页。
③ 同上书,第 941 页。

能组合在一起的部分。"①

事实上,资本主义的生产方式恰恰以劳动、土地和资本的分离为前提。"资本关系以劳动者和劳动实现条件的所有权之间的分离为前提。资本主义生产一旦站稳脚跟,它就不仅保持这种分离,而且以不断扩大的规模再生产这种分离。因此,创造资本关系的过程,只能是劳动者和他的劳动条件的所有权分离的过程,这个过程一方面使社会的生活资料和生产资料转化为资本,另一方面使直接生产者转化为雇佣工人。因此,所谓原始积累只不过是生产者和生产资料分离的历史过程。这个过程所以表现为'原始的',因为它形成资本及与之相适应的生产方式的前史。"②资本的原始积累来自大量劳动者被强制与土地、劳动工具等生产生活资料相分离,成为劳动力的自由出卖者被抛入劳动力市场。而被掠夺的土地等生产生活资料和土地上被驱逐的劳动力共同为资本主义生产积累了原始的生产力。在这一前提下,萨伊所谓的"三位一体"只是对已经转化为资本的土地和劳动的描述,或者说对资本权力的默认。但是这种转化的背后则是使用价值和交换价值以及具体劳动和抽象劳动的矛盾。事实上,这种转化过程和条件才是政治经济学真正应当说明的东西。一旦忽略了资本转化为生产力的条件必然会产生资本自行增殖的假象。"当资本家把货币转化为商品,使商品充当新产品的物质形成要素或劳动过程的因素时,当他把活的劳动力同这些商品的死的对象性合并在一起时,他就把价值,把过去的、对象化的、死的劳动转化为资本,转化为自行增殖的价值,转化为一个有灵性的怪物,它用'好像害了相思病'的劲头开始去'劳动'。"③

第二节 政治经济学批判与"规范—历史性"的经济学方法

古典经济学的方法论中始终存在着规范和实证的方法对立。规范—历史

---

① 《马克思恩格斯全集》(第46卷),人民出版社2003年版,第925页。
② 《马克思恩格斯全集》(第44卷),人民出版社2001年版,第821—822页。
③ 同上书,第227页。

性的经济学方法主要指的是,经济学不仅是研究客观中立的社会财富的规律,而且需要讨论这些规律对社会、国家以及伦理道德方面的作用和影响。这种方法更为强调历史主义的归纳方法,以区别于超历史的演绎法。它强调经济学的特殊背景以及经济学中"应然"的因素以反对实证方法中的价值中立。所以与实证经济学方法探讨客观中立的财富不同,规范性的经济学方法探讨的是福利。这一方法认为财富的增长与一系列价值结合在一起,财富的增长以国家的繁荣、社会的发展、国民的幸福为宗旨。

"应然"和"实然"的方法论区分来自"休谟铡刀"。休谟认为规范不能从事实中推论出来,"是"的问题不能与"应该"相混淆。"道德并不成立于作为科学的对象的任何关系,而且在经过仔细观察以后还将同样确实地证明,道德也不在于知性所能发现的任何事实。这是我们论证的第二个部分;这一部分如果阐述明白,我们就可以断言,道德并不是理性的一个对象……在我所遇到的每一个道德学体系中,我一向注意到,作者在一个时期中是照平常的推理方式进行的,确定了上帝的存在,或是对人事作了一番议论;可是突然之间,我却大吃一惊地发现,我所遇到的不再是命题中通常的'是'与'不是'等连系词,而是没有一个命题不是由一个'应该'或一个'不应该'联系起来的。这个变化虽是不知不觉的,却是有极其重大的关系的。因为这个应该或不应该既然表示一种新的关系或肯定,所以就必须加以论述和说明;同时对于这种似乎完全不可思议的事情,即这个新关系如何能由完全不同的另外一些关系推出来的,也应当举出理由加以说明。"①因此,规范性和事实性研究的彼此区分成为近代以来社会科学方法的重要特征。在政治经济学上主要体现为财富和国家、道德、伦理的区分。因而马克思将威廉·配第和重农学派当作古典政治经济学的开端是正确的,威廉·配第和重农学派最初阐述了一种相对独立的政治经济学。尽管经济活动并不可能完完全全摆脱政治的印记,但是作为一门独立的学科,经济学的发展却要求和政治学划清界限。

一、古典政治经济学政治与经济的关系

"政治经济学"一词最初的应用来自作为政治经济学前身的重商主义,它

---

① [英]休谟:《人性论》,商务印书馆1996年版,第508页。

将财富的问题当作一种为君主和国家的政策,其对经济问题的研究服从于实践目的。早期古典政治经济学中财富增长始终包含着一个政治目的。比如尽管威廉·配第是将科学方法引入政治经济学并使政治经济学成为政治算术,但是政治算术是一种"凡关于统治的事项,以及同君主的荣耀、人民的幸福和繁盛有极大关系的事项,都可以用算术的一般法则加以论证"。① 魁奈将财富的增长和国家的成功联系在一起。"因为财富的增加能保证人口的增加,有了人和财富,就能使农业繁荣,商业扩大,工业活跃,财富永久持续地增加。国家行政所有部门的成功,都依靠这个丰富的源泉,"②并要求一种"合法的专制"。"主权者的任务是给自由的、不受限制的经济行为扫清目前的障碍,然而又要像自然神论观念中的上帝那样,随时准备干预国内新近赋权的各个追求自身利益的派别之间必然会出现的争端。"③亚当·斯密对政治经济学的经典定义中,政治经济学的目的被当作"富国裕民"。西斯蒙第同样将政治经济学视作政治学的一部分,将财富与国家福利结合在一起。"从政府的事业来看,人们的物质福利是政治经济学的对象。人的一切物质需要都要依靠人们通过财富得到满足。财富支配着劳动,购买他人的服务,以及供给为了人的使用和享受而积累的一切。人们通过财富来保持健康,维持生活,使老幼都能得到他们的必需品,使每个人都能得到衣、食、住。因此,我们可以把财富看作是人们为了彼此的物质福利而能创造的一切的表征;使政府学会管理全国财富的真正方法的科学,就是研究全国福利的科学的一个重要部门。"④

早期的古典政治经济学研究和政策息息相关。不仅因为诸多政治经济学家本身具有政治身份,其中最为著名的是曾担任路易十六财政大臣的重农主义者杜尔哥。由于当时处于政治学和经济学尚未完全区分的时期,经济问题本身就是一个政治问题。"但是,无论什么才是18世纪60年代法国的最优选择,很明显,对当时的人来说(这与后来研究经济思想和政治思想历史的学者不同),法国的理论家必须像关注纯粹的经济一样,从根本上关注国家的角色,

---

① [英]威廉·配第:《政治算术》,商务印书馆1978年版,第3—4页。
② [法]魁奈:《魁奈经济著作选集》,商务印书馆1997年版,第333页。
③ [英]马克·戈尔迪、[英]罗伯特·沃克勒:《剑桥十八世纪政治思想史》,商务印书馆2017年版,第416页。
④ [法]西斯蒙第:《政治经济学新原理》,商务印书馆1998年版,第11页。

以创立一种平衡二者的政治经济学。"①在这一时期,财富的增长和国家的治理、人民的幸福联系在一起。一方面,财富和幸福的增长通过合理的管理来实现;另一方面,随着主权国家的兴起,促进经济发展的主要因素和国家结合在一起。② 所以正如福柯所说,政治经济学的诞生于国家治理的自我限制和新的真理机制的产生相结合。"总之,通过政治经济学,以下两者同时进入治理技艺中:首先,是自我限制的可能性,治理行为依据所做之事的自然和所针对之物的自然来限制自己,(其次,是真理问题)。限制的可能性与真理问题,这两者借助于政治经济学而被导入治理理由之中。"③与其说政治经济学的"自由主义"趋向是反国家的,不如说它是另一种国家治理的方式。政治经济学是作为"确保治理做出自我限制的东西"。它将一种"自然"的机制置于治理实践的底层,作为经济理论的自然规律的"永久相关面"。换句话说,"自然"意味着尽可能少受干预的实践,因而政治经济学意味着一种"较少"的治理。在此基础上,效用性(是否成功)成为政治实践的真理机制。

二、旧历史学派的历史主义方法与国民经济学

与英法等先发型现代化国家不同,德国历史学派立足于德国后发型现代化道路。它反对英法政治经济学的普遍主义方法,并强调历史和国家原则先于经济学的实证分析原则。这种方法论上的分歧后来发展为新历史学派与奥地利学派的经济学方法论之争。马克思的批判主要涉及的是李斯特和罗雪尔的"国家—历史主义"方法。

与英国经济学实证方法的价值中立不同,德国历史学派的经济学方法强调伦理和国家的优先性,经济学不是纯粹事实性的科学,它同样需要讨论价值。"应该"与"是"不是对立的。"它不仅谈论'应该是什么',也谈论'是什么'。在这两种研究方法之间划出一条明显的界限来,实际上是不可能的。"④

---

① [英] 马克·戈尔迪、[英] 罗伯特·沃克勒:《剑桥十八世纪政治思想史》,商务印书馆2017年版,第409页。
② [美] 西奥多·M. 波特、[美] 多萝西·罗斯:《剑桥科学史第七卷:现代社会科学》,大象出版社2008年版,第132页。
③ [法] 米歇尔·福柯:《生命政治的诞生》,上海人民出版社2011年版,第11页。
④ [英] 约翰·内维尔·凯恩斯:《政治经济学的范围与方法》,商务印书馆2017年版,第17页。

在方法论上,历史学派对古典学派的批判大致包括:"(1) 指出他们对自己学说的普遍性的信念很难证明是有道理的;(2) 据说他们的心理学过于粗浅,实际上它仅以利己主义为基础;(3) 他们使用演绎法或更确切地说滥用演绎法,是完全不正当的。"①相对于古典学派更为注重将自然科学的方法运用到经济学,历史学派更强调经济规律的特殊性和相对性。

老凯恩斯将"规范—历史主义"的方法理解为将经济学与伦理学的结合,其特征包括:(1) 经济学有一种很高的伦理目标。不存在作为纯粹抽象科学的经济学。"政治经济学不能仅仅分析产生经济行为的各种动机,也应该评价它们的伦理价值的高低。政治经济学应该确定一种好的财富生产和分配的标准,使得公正与道德的需要被满足。它还必须提出一种经济发展的理想,这种理想包括了物质的生活,但更重要的是精神的和道德的生活。政治经济学还应该讨论实现理想的方法和手段,诸如端正思想动机、普及经济生活中的良好规范和健康习惯,以及政府的直接介入等。"②(2) 强调政治经济学的社会关联。历史主义以"现实人",即处于特定民族、社会条件和历史条件下的个人反对古典政治经济学抽象的以追逐利益为唯一目的的经济人假设。(3) 在方法上历史主义强调经验归纳,反对抽象演绎法。历史主义尤其注重对具体历史资料的分析,强调不同民族不同社会条件下的特殊规律。

一般而言,德国历史学派的范围从罗雪尔开始,到桑巴特为止。其中又包含两个阶段:以罗雪尔和施穆勒为标志。前者称为旧历史学派,后者则是新历史学派。也有学者将李斯特1841年出版的《政治经济学的国民体系》视作历史学派的开端。③ 这是有一定道理的,尽管李斯特不属于学院派人士,但是他对国民经济学及其历史特性的关注和历史学派是一致的。

1. 李斯特的国家中心范式

一般说来,李斯特被认为是历史学派的先驱,尽管事实上他的国民经济学并不否认英国古典政治经济学的前提,他的国家范式与其说反对世界主义经

---

① [法] 夏尔·季德、[法] 夏尔·利斯特:《经济学说史》(下册),商务印书馆1986年版,第452页。
② [英] 约翰·内维尔·凯恩斯:《政治经济学的范围与方法》,商务印书馆2017年版,第17页。
③ 参见[美] 杰弗里·M. 霍奇逊:《经济学是如何忘记历史的:社会科学中的历史特性问题》,中国人民大学出版社2007年版,第68页。

济学,不如说对这一理论进行范式转换,即将普遍经济学建立在国家立场上。英法的世界主义经济学更像一个国民经济学的特例或一种特定均衡状态下的国民经济学。

李斯特首先将国家当作个人和世界的中介。他认为世界主义经济学的流行学派"没有考虑到各个国家的性质以及它们各自的特有利益和情况,没有把这些方面同世界联盟和持久和平的观念统一起来。流行学派把那些还没有出现的情况假定为已经实际存在的情况"。[1] 斯密等英国经济学家的世界主义经济学是建立在国与国之间均衡、和平的理想关系上,即"世界上一切国家所组成的只是一个社会,而且是生存在持久和平局势下的"。[2] 但是在现实中不均衡的世界形势下,自由贸易只会造成国家之间的强弱分化。

在方法上,李斯特更接近于将斯密普遍主义的经济学纳入特殊的国家范式。他认为流行的世界主义经济学观点是以资本主义最发达的英国为基准的,因而它只是一种英国式的国民经济学在世界的扩展。"如果包括一切国家在内的那样一个世界联盟的确存在,那时各国所处的地位将同北美合众国的各州一样,过剩的人口、才能、技术和物质资本将从英国流向欧洲大陆各国,情况就同相类的过剩人口、才能等从美国东部各州流向西部各州一样——假定大陆各国具有与英国同样的人身与财产安全,同样的宪法与一般法律,并且假定英国政府能够服从这个世界联盟的统一意志的话,在这样的假定情况下,要使所有这些国家在财富和文化上提高到与英国同样的程度,那就没有比自由贸易更好的方法了。"[3] 流行观点只是表达了这样一种立场,即英国试图将自己工业体系扩展到全世界,以自己的方式建立世界市场,其结果是将其他国家作为其统治的对象。这里政治经济学的普遍性以英国特殊性为基础,以英国的一国统治为前提。

世界主义经济学并不是真正的普遍性,只是当下占统治地位的英国政治经济学的表达。尽管李斯特将普遍的政治经济学范式理解为特殊的英国道路,他并不是真正反对英国的现代工业化模式。恰恰相反,李斯特试图真正完

---

[1] [德] 弗里德里希·李斯特:《政治经济学的国民体系》,商务印书馆1997年版,第112页。
[2] 同上书,第109页。
[3] 同上书,第115—116页。

成现代工业化的世界体系,并修正这种英国道路,即将英国模式上升到它的理想状态。使得所有国家都达到英国的工业程度,真正实现自由贸易。"国家经济学似乎是这样一种科学,它正确地了解各国的当前利益和特有环境,它所教导的是怎样使各个国家上升到上述那样的工业发展阶段,怎样使它同其他发展的国家结成联盟,从而使实行自由贸易成为可能,并从中获得利益。"①李斯特所面对的问题就在于如何在不平等的国际竞争环境下实现后发型现代化的发展道路,而这种道路的根本要求在于实行人为的保护制度。"有些国家在文化上同那占优势的国家比起来还差得很远,但是那个国家绝没有从上帝手里取得垄断工业的永久权利,不过在时间上它比别的国家占先了一步而已。保护制度是使落后国家在文化上取得与那个优势国家同等地位的唯一方法。"②这一制度主要将外国工业品排除出本国市场以及保护制度下吸收国外工人、资本的方法。

基于国家范式,李斯特以生产力概念取代古典政治经济学价值概念的核心地位。在李斯特看来,价值适用于财富的交换领域,但是在其来源上财富来自生产力。生产力包含了劳动、精神、社会状况、天然资源等方面,"我们说财富的起因是劳动,说得与事实更近一些,也就是起因于人的头脑和四肢;接着就发生了这样一个问题,促使头脑和手足从事生产、从事于这类活动的是什么?我们说,这是对个人有激励、激发作用的那种精神力量,是使个人在这方面的努力可以获得成果的社会状况,是使个人在这方面的奴隶可以获得成果的社会状况,是个人在努力中能够利用的天然资源;除了这些还有什么呢?"③这一概念更接近于现在所谓的"综合国力"概念,类似于一个国家赖以进行国际竞争的国家能力。

我们看到,李斯特的经济学方法试图将纯粹的普遍主义经济学置于特殊的国家前提下,因此李斯特在财富规律之外为其设置了一个增进国家能力的目的,使得经济学的研究还原为一种国家能力的学说。

2. 罗雪尔的历史主义方法

作为德国历史学派的创始人,罗雪尔的方法继承了德国历史主义的传统。

---

①② [德]弗里德里希·李斯特:《政治经济学的国民体系》,商务印书馆1997年版,第113页。
③ 同上书,第120页。

他声称自己遵循的是萨维尼法的历史学派的基本方法。萨维尼将一种民族的文化、共同信念置于法的原则之前。所以,罗雪尔认为经济学应该将一种伦理、文化的应然性研究与抽象演绎的方法区分开来。"在一切以研究国民或社会生活为对象的科学中有两个重要问题存在:(一)是什么?(至今一直是什么?它怎样变成这样的?等等。)(二)应该是什么?大部分政治经济学者们把这两个问题纠缠起来,搞不清楚,不过其纠缠程度有所不同而已。两者间的区别一旦仔细搞清楚(唯实的)历史方法和理性主义方法的对照就突现出来了。"①

在方法论问题上,第一,和李斯特一样,罗雪尔同样认为经济学的实证方法不是自洽的,而是有国家前提的,国家构成了罗雪尔经济学的起点。而由于经济具有国家主体性,"一个国家的公共经济和这个国家一起成长起来。它和该国家一起繁荣和成熟。它的繁荣和成熟季节就是该国力量最大,并且同时是它的一切比较重要的机关发展得最完善的时期"。② 所以经济学的目的在于国民生活的欲望和需求。"它研究一国人民的各种欲望,特别是食、衣、燃料、居住以及两性间的天性等欲望如何得到满足;这些欲望的满足如何影响总体的国民生活,并反过来,它们如何为国民生活所影响。"③

第二,和古典学派"经济人"的假设不同,历史学派总是强调人的特殊民族、文化背景。他们认为经济学不是一门孤立的学科,它的研究必须要和国家的文化、政治等各个方面的科学结合起来。"这样的记述只有同有关国家生活的其他科学,特别是同法制史、政治史以及文化史紧密地结合起来,才能做到。"④罗雪尔将政治、文化等精神性因素纳入经济学的科学研究中,因而在国家主体性的基础上,不存在普遍的经济学规律,只有适合一个民族的经验性规律。

第三,在方法上,罗雪尔通过强调"观察—类比"以获得特殊的经济规律。和古典学派抽象的探讨普遍规律不同,历史学派的目的在于描述具体的经验。

---

① 季陶达:《庸俗资产阶级经济学选辑》,商务印书馆1978年版,第326页。
② 同上书,第322页。
③ 同上书,第323页。
④ [德]威廉·罗雪尔:《历史方法的国民经济学讲义大纲》,商务印书馆1986年版,第8页。

这种经验以整体的形式出现。"哲学家尽量抽象地、脱离一切时间和地点的偶然性去寻找概念或判断的体系;历史学家则尽量忠实地描绘现实生活,寻求人类的发展及其关系的记述。前者对于一种事物下了定义,就算是明确了这一事情,而在他下定义时,决不使用不是在他的体系的以前部分所已研究过的概念,后者则承认任何事件都是在人类相互之间发生的,记述了这样的人类,这件事就算剖明了。"①事实上,罗雪尔并不是反对古典经济学的实证法则,而是反对这种法则的抽象性,罗雪尔要求把握的是具体生动的法则。正如熊彼特所说,"而就他的分析器械而论,他应当列为英国'古典'经济学的一个非常有功绩的信徒,虽然是一个对历史的例证碰巧具有强烈嗜好的信徒"。②

第四,罗雪尔的方法以"历史—生理学"的方法来剖析历时性现象。"在他看来,科学不但要去发现共时性现象法则,而且要去发现历时性现象法则。科学研究必须在共时性现象之间的关系中建立起法则性规律。但它的首要任务是建立历史变迁的进化法则。"③罗雪尔强调归纳,强调历史不能被抽象概念所把握并以特殊的民族心理为出发点。他通过观察和比较对历史进行整体的剖析,从国民的欲望和需求等心理(生理)因素出发得出适用于具体民族的特殊经济规律。"我们的目的是单纯描述人的经济本性和他的经济欲望,考察适于满足这些欲望的各种制度的规律和限制,以及他们所达到的大一些或小一些的成功程度。因此,我们的课题可以说是社会经济或国民经济的及剖析和生理学",④并通过对历史材料的把握认为真理蕴含在每一个历史阶段之中。所以历史构成了经验的总体性。"只要一个人能把人类的历史作为一个整体来考虑,而各个国家的历史则是它的构成部分,那么,关于各国人民相互之间永久各异的一切问题,就自然会由人类进化中的连续各阶段给他提供出相似的客观法则。"⑤

罗雪尔认为,我们只有通过对各种特殊的历史阶段下各个国家、民族具体

---

① [德]威廉·罗雪尔:《历史方法的国民经济学讲义大纲》,商务印书馆1986年版,第11页。
② [美]约瑟夫·熊彼特:《经济分析史》(第2卷),商务印书馆1992年版,第201页。
③ [德]马克斯·韦伯:《罗雪尔与克尼斯:历史经济学的逻辑问题》,上海人民出版社2009年版,第42页。
④ 季陶达:《庸俗资产阶级经济学选辑》,商务印书馆1978年版,第327—328页。
⑤ 同上书,第330页。

经验的描述才能还原经济生活的实在。因此,在"真理的具体性"这一点上,罗雪尔和黑格尔有类似之处。正如韦伯所说,罗雪尔更像是一个没有绝对者的流溢,或者经验主义的黑格尔。他从经验总体而非绝对者出发,黑格尔诉诸形而上学思辨的地方,罗雪尔诉诸日常宗教。"罗雪尔的著作更多地包含了黑格尔而非构成其反题。黑格尔的形而上学以及历史思辨的支配地位在罗雪尔的著作中消失了。黑格尔的朴素形上构造已经被一种相当原始的日常宗教信仰所取代。"①

无论李斯特还是罗雪尔,都是以"民族—国家"为出发点试图重构政治经济学。但是国家是不是一个比经济更为本质的层面?这是一个值得探讨的问题,另外,就历史的比较方法而言,如何来理解历史过程这又成了历史学派另一个值得探讨的方面。

第三节　通往自身经济学方法论的道路

无论是实证性的方法还是规范性的方法,在方法论上它们都具有共同点,即从孤立的事实出发,其区别仅仅在于对于事实性质的认定。古典学派试图抽离开规范性内容,寻求价值中立的事实,进而演绎出纯粹的经济学体系。而德国历史学派则试图为经济事实补充一个文化、精神、国家的历史来源,以归纳出一种相对主义的经济规律。但是问题不在于价值和事实何者优先,而在于理论的出发点是否切中社会现实。马克思的历史唯物主义不是历史主义,它要求是一种本质的尺度。在马克思看来,资本作为一种现代社会起支配作用的客观力量是不能为民族性和国家性所消解的。

一、工业与世界历史民族

马克思不是将历史作为经验,而是将历史作为根据。当李斯特强调特殊民族国家的基础作用时,他将民族和经济都抽象化了。马克思与李斯特的分

---

① ［德］马克斯·韦伯:《罗雪尔与克尼斯:历史经济学的逻辑问题》,上海人民出版社2009年版,第62页。

歧在于,民族国家和资本何者才是现代历史更为本质的层次。

一方面,针对李斯特民族性优先的国民经济学,马克思认为,民族性不能凌驾于资本原则之上。事实上,马克思并不是不知道国家权力在世界市场形成中的重要作用。比如英国原始积累的殖民掠夺大量运用国家权力,[①]甚至资本主义生产方式的确立在很大程度上也是通过国家权力推动的。马克思所批判的是李斯特将"民族—国家"的关系凌驾于资本关系之上的立场。马克思认为,资本主义的世界市场存在的客观条件不以特定国际关系或者政治状况为前提。换句话说,无论英国与德国之间国际竞争如何并不会改变世界市场本身。在马克思看来,确定资本关系无须以国家之间的政治状况为前提。尤其当资本主义生产方式在欧洲大陆确立后,对于资本的承认无须政治和国家。"如果无须考虑国家的'政治状况'就可以'确定'资本、地租等的关系,那么这不过是证明:工业资本家和地租所得者在他们的活动中,在他们的实际生活中,是受利润、受交换价值所支配,而不是受对'政治状况'和'生产力'的考虑所支配;他们关于文明和生产力的空谈,只不过是对狭隘的利己主义倾向的粉饰。"[②]相反,国家只是资产者剥削工人阶级的工具。因此,给自己加上一个国家背景并不能改变资产阶级的本质,国家之间的竞争只是资本内部的竞争。所以李斯特的立场仅仅在于"有国家"(德国)的资产阶级反对古典学派"无国家"的资产阶级,但是德国资产阶级依然是资产阶级,它和英国资产阶级一样受到资本的支配。现代社会占支配地位的不是民族之间的竞争,民族之间的竞争实质上是资本之间的竞争。因而李斯特和古典经济学家分享同样的基础,即工业化。他们立场的区别只是不同国家资本家之间的竞争策略,事实上李斯特自己也承认这一点。"他想在国内成为资产者,剥削者,而又不想在国外被剥削。他在国外自我吹嘘为'国家'并且说:'我不屈服于竞争的规律,这有损于我的民族尊严;我作为国家,是一个超越买卖之上的存在物。'"[③]因而保护关税不过是不同资产阶级国家之间的竞争策略,不可能凌驾于资本之上。"我们德国资产者不愿意由英国资产者采用我们剥削你们德国无产者以及我

---

① 《马克思恩格斯全集》(第44卷),人民出版社2001年版,第861页。
② 《马克思恩格斯全集》(第42卷),人民出版社1979年版,第255页。
③ 同上书,第256页。

们之间相互剥削的方式来剥削我们。我们自己不愿意牺牲于我们要你们为之牺牲的交换价值的规律。我们在国外不愿意再承认我们在国内所承认的那些经济规律。"①

另一方面,马克思认为真正的民族性在于以特殊民族承担普遍的世界历史使命,即成为世界历史民族。资本原则就是现代社会各民族之间的共性。"不管单个资产者同其他资产者进行多么激烈的斗争,资产者作为阶级是有共同利益的;这种共同性,正像它在国内是针对无产阶级的一样,在国外是针对其他国家的资产者的。这就是资产者所谓的他的民族性。"②李斯特仅仅把世界主义归结为特殊国家之间的关系,没看到特殊国家所具有的世界历史意义。李斯特否认古典学派的经济学的绝对普遍性并将其视为对英国现代化道路的表述,这一点具有一定的合理性。但是他仅仅停留在特殊性中,在现代化过程中英国之为英国不是出自它的民族特性,而恰恰是由于它承担了世界历史发展的必然性,它是作为"世界历史民族"完成历史的使命,即"凡是民族作为民族所做的事情,都是他们为人类社会而做的事情,他们的全部价值仅仅在于:每个民族都为其他民族完成了人类从中经历了自己发展的一个主要的使命(主要的方面)③"。李斯特的民族性没有超出这种立场依然归属于普遍的"世界主义"。只是这种世界主义不是李斯特理解的抽象普遍性的世界主义,而是作为世界历史民族的英国。换句话说,以英国为代表的资本主义工业化是现代社会不可避免的客观趋势。这一点也是李斯特承认的。因此,马克思说:"英国工业对世界的专制,就是工业对世界的统治。英国所以能统治我们,是因为工业统治了我们。我们自己只有在国内摆脱了工业的统治,才能在外部事务中摆脱英国的统治。我们只有在国内克服了竞争,才能结束英国在竞争领域里的统治。英国之所以控制我们,是因为我们使工业成为控制我们的力量。"④换句话说,英国是"替工业统治人类"。

在此基础上,李斯特的生产力理论也没有独立性。第一,交换价值和生产力并没有本质性的区别。生产力和交换价值都是资本力量的体现。"因此,李

---

① 《马克思恩格斯全集》(第42卷),人民出版社1979年版,第256页。
②③ 同上书,第257页。
④ 同上书,第260页。

斯特先生应该看到，把物质财富变为交换价值是现存社会制度的结果，是发达的私有制社会的结果。废除交换价值就是废除私有制和私有财产。"①所以，生产力理论和关税保护强调的是不参与世界交换的国内财富的积累。第二，无论是生产力理论还是交换价值理论，都遵循资本主义生产方式，都是对劳动的剥削。"把人贬低为一种创造财富的'力量'，这就是对人的绝妙的赞扬！资产者把无产者不是看作人，而是看作创造财富的力量。资产者还可以把这种力量同其他的生产力——牲畜、机器——进行比较。如果经过比较，说明人是不适宜的，那么以人为承担者的力量必然被以牲畜或机器为承担者的力量所代替，尽管在这种情况下人仍然享有（具有）'生产力'这一角色的荣誉。"②第三，在地租上曲解李嘉图将地租当作土地自然生产力的证明。进而保护土地资产阶级和贵族的利益。第四，在国家问题上，马克思认为李斯特不过是费里埃回归重商主义的翻版。"费里埃同李斯特的区别在于：前者是为一项具有世界历史意义的事业（大陆体系）而写作，后者是为渺小的、愚蠢的资产阶级而写作。读者将会同意：李斯特先生的一切都概括地包含在摘自费里埃的引文中。如果再加上李斯特先生从费里埃以来的国民经济学发展中借来的词句，那么属于他所有的东西就只剩下空谈生产力的空洞的理想——以及追求统治权的德国资产者的……伪善。"③

总之，马克思所强调的是，国家主义立场无法真正消解资本原则。所以，马克思既不是站在国家主义的经济学立场为特殊国家辩护，也不是站在英法古典政治经济学的普遍主义立场为资本辩护。马克思的批判是建立在资本对现代社会的支配这一本质性维度上。正如马克思在《资本论》第二版跋中所说"如果德国读者看到英国工农业工人所处的境况而伪善地耸耸肩膀，或者以德国的情况远不是那样坏而乐观地自我安慰，那我就要大声地对他说：这正是说的阁下的事情"。④ 马克思显然是从历史必然性的角度理解资本主义生产方式。因而，马克思和李斯特在完全不同的社会层次上讨论问题。在马克思

---

① 《马克思恩格斯全集》(第42卷)，人民出版社1979年版，第254页。
② 同上书，第262页。
③ 同上书，第271页。
④ 《马克思恩格斯全集》(第44卷)，人民出版社2001年版，第8页。

眼里是普遍的资本主义生产方式,而李斯特的立足点更像是特定的德意志民族国家,进而李斯特的国民经济学在作为一门社会科学的同时具有"官房学"的色彩。

二、历史主义与辩证法

在历史主义问题上,尽管历史学派对实证经济学的批判主要集中于强调历史的特殊性和多样性以反对经济学的普遍主义。但是事实上,历史的多样性并不构成对抽象原理的反驳,实证方法也并非不可容纳历史性(问题在于以实证的方法来理解历史是否会带来对历史的歪曲),历史主义在本质上和实证主义的方法并没有太大的差别,经济学方法论的发展也证实了这一点。

历史学派在历史问题上的缺陷和实证主义类似。由于历史和实证方法所共同指向的是表层现象层面,因而它们无法把握社会深层的、本质性的因果关系。"经验主义和演绎主义的一个共同局限在于它们的方法无论是单独或者它们的联合——都不能为现象设置因果机制。"①因而,基于民族心理的"现实人"假设不过是自然状态的另一种变体。国家本身的来源不可能到自然界中寻找,而历史本身的尺度同样需要解释。"解释一致性的真正限制是本体论的,而且涉及对根本不同的结构和因果关系类型的识别。但是,归纳的认识论本身没有说明如何预见这些隐藏的结构和因果力量。"②后来的学者,如理论经济学和解释学立场的学者,对于历史学派的因果机制进行了深刻的批判。一是以门格尔为代表的理论经济学的批判。门格尔将经济学区分历史科学、理论经济学和应用经济学三个不同的领域。分别研究"探究和描述经济现象的个别性质和个别联系""探究和描述经济现象的一般性质和一般联系(即经济现象的规律)"和"探究和描述在国民经济领域中据以采取恰当行动(根据条件的不同)的基本原则(经济政策和财政科学)"。③门格尔与德国历史学派著名的经济学方法论争论中,门格尔旗帜鲜明地反对将理论经济学作为一门历史科学。针对历史学派的历史主义方法论,门格尔提出了四个命题:(1)反

---

①② [美]杰弗里·M.霍奇逊:《经济学是如何忘记历史的:社会科学中的历史特性问题》,中国人民大学出版社 2007 年版,第 89 页。
③ [奥地利]卡尔·门格尔:《经济学方法探究》,新星出版社 2007 年版,第 18—19 页。

归纳主义,(2) 方法论个人主义,(3) 经济原理的普遍性,(4) 驱逐历史特定性问题。①

首先,演绎方法优先,门格尔认为如果没有一般假设,仅靠特殊经验是不可能形成理论的。因此理论经济学和历史科学不能相互混淆,历史学派恰恰是"将借助经济史或借助于经济理论理解具体经济现象的行为,与经济史或经济理论的科学研究本身混为一谈,大多数人尤其是将具体的理解行为与理论经济学领域的研究本身混为一谈"。②

其次,在方法论上将整体性还原为个人行动的非意图性后果。因而门格尔将原子个人视作社会的本质。"至于社会现象的起源,也同样与自然有机体的起源有类似之处。如果仔细观察,就会发现,自然有机体几乎无一例外地展示了,各个部分对于整体真正具有某种令人尊敬的功用,而这种功用不是人为设计计算的结果,而是某种自然的过程的产物。我们在大量的社会制度中,也同样能够观察到对于整体的某种令人惊异的明显的功用。而如果更深入地考察,我们就会发现,它们并不是刻意追求此一目的的那种意图的产物,也就是说,不是社会成员协定或实证立法的结果。它们也向我们展示了,它们毋宁说也是'自然的'结果(从某种意义上来说),是历史发展的非意图的后果。"③无论是法律、语言、市场,还是国家,都是如此。

再次,经济学规律的普遍性,门格尔称之为"经验形态"的知识,它展示的是经济现象之间的典型关系。和个别的具体现象不同,它是不断重复的和规律性的。比如买卖、货币、供需、价格、资本、利率等现象以及市场随供需波动等。"如果没有关于经验形态的知识,我们就不可能全面地理解我们周围的大量现象,也无法在我们的头脑中厘清它们;它是我们更全面地认识现实世界的前提条件。如果不能把握典型关系,我们就不仅不可能深入地理解现实世界——我们下面将深入讨论这一点——我们对世界的认识也无法超出眼前观察之范围,即不可能对事态做出预测、进行控制。这一点是显而易见的。"④

---

① [美] 杰弗里·M. 霍奇逊:《经济学是如何忘记历史的:社会科学中的历史特性问题》,中国人民大学出版社2007年版,第107—108页。
② [奥地利] 卡尔·门格尔:《经济学方法探究》,新星出版社2007年版,第26页。
③ 同上书,第116页。
④ 同上书,第16页。

最后，门格尔区分了经验性规律和精确规律的不同。前者是经验归纳的产物，后者则类似于自然规律，是理性演绎的。对经济学而言，历史主义的归纳方法需要服从于理论的演绎方法，它只有在一般规律下研究经济现象的发展时才是正当的。

门格尔和历史学派的方法论之争是对古典经济学诞生以来的方法论讨论的一个总结，实际上双方的共识比他们的分歧具有更大的意义。归纳法和演绎法原本就蕴含在社会科学研究之中。门格尔与新历史学派的争论焦点在于两者何者优先，两种方法的应用范围和界限是怎样的，因此双方都在一定程度上接受着对方的观点，两者的结合成为经济学方法论发展的条件。甚至熊彼特认为："尽管在澄清逻辑背景方面多少也有点贡献，然而这么一大堆文献的历史实质上是浪费精力的历史，大好光阴，本来是应该更好地加以利用的……只要承认各种类型的工作都自有其份所应有的位置，这个问题本来是早就可以解决的。"①

二是马克斯·韦伯的解释学方法。尽管马克斯·韦伯也被认为是新历史学派的代表人物，但是韦伯对历史和方法论的看法与历史学派的观点并不完全一致。韦伯认为，历史不可能有任何整体化的理解，无论是超验的还是经验的。历史、文化、精神不能用"归纳—演绎"的科学方法来解释。"归纳—演绎"的方法试图将特殊的事物还原到普遍规律上，但是特殊性不是普遍性的"流溢"，对于无限分化的感性世界不可能用任何一般理论来还原。所以罗雪尔的方法带有明显的矛盾性，他试图调和一般规范和特殊规则这两个根本不可调和的方面。"从纯理论角度来看，罗雪尔的'历史方法'是自相矛盾的。对一切既定历史现象的总体实在进行把握，以及把这些现象归结为'自然法则'，两者之间是不一致的。为了把概念的外延与这些概念所指涉的丛结之普遍性等同起来，罗雪尔诉诸一种接近黑格尔式流溢论的'有机'思维模式……因此也就导致了如下结果：在研究个别现象时，罗雪尔有时会抛弃有机论而追随古典经济学的方式，对共时性现象进行概念系统化。他有时认为统计学解释具有实际有效性，有时又认为它仅仅具有按照此一方式建立起来的命题所具有的

---

① ［美］约瑟夫·熊彼特：《经济分析史》（第3卷），商务印书馆1992年版，第96页。

相对意义。从有机构成的角度把现象系统化为发展阶段,这种做法仅仅在罗雪尔对经济政策体系进行阐释时才取得了优势地位。就确立实践性经济价值判断而言,罗雪尔历史取向的相对主义所导致的结果本质上是消极的。因为他必然会假定,存在着客观规范,但这些规范既不是系统地发展出来的,更不是用公式得出来的。"① 韦伯认为,历史、文化、精神的研究只能通过对行动者主观意义的探寻来研究。"在韦伯的眼中,毋宁的,人的观念与感情世界始终是无限分化,且呈现着高度矛盾的混沌状态。在这样的前提下,社会学家的任务即在于:如何从混沌之中寻找到人们行动的可能'秩序'。这个秩序不只是对他自己(指社会学家),也是对历史进程中的实际行动者存在着,且相当程度地影响了历史运作轨迹。"② 进而他认为应该用一种解释学的方法,即通过对个人社会行动之意义的解释来研究社会之因果性。"只有当这样一种阐释的理论宗旨不是为了发现法则,比如细菌学法则,而是为了对文化—历史'事实'进行因果说明时,才能成其为合格的'历史'。基于'文化'这一概念的内涵,也就必然意味着,只有当我们具备了关于某种关系丛结的知识时,这种阐释才算完成。这种关系丛结被视为我们行为的决定性要素之一,可被理解的人类行动,或者更一般的'行为',就嵌于其中。"③

而在马克思看来,历史学派的缺陷不在于归纳/演绎或者总体性/个体性之间的分歧,而在于历史尺度的问题。马克思对于社会本质的理解和门格尔、韦伯不同:一方面,历史本身具有本质意义;另一方面,社会的本质不可还原到个人行为,社会有独立于个体的"结构",即"生产方式之历史性变动的结构"。

作为国民经济学历史学派的先驱,德国法的历史学派从民族和历史的角度出发论证历史主义所谓"现实人"的基本前提。一方面强调个人的民族性前提,另一方面强调历史的连续性总体。"因此,每个单个的人必须同时被思考成一个家庭,一个民族,一个国家的成员:一个民族的每一个时代是所有过去

---

① [德]马克斯·韦伯:《罗雪尔与克尼斯:历史经济学的逻辑问题》,上海人民出版社2009年版,第62页。
② 叶启政:《重估韦伯的"理念型"——后设理论的启示》,《清华社会科学》第1卷第1辑,第167页。
③ [德]马克斯·韦伯:《罗雪尔与克尼斯:历史经济学的逻辑问题》,上海人民出版社2009年版,第95—96页。

时代的继续和发展;与这个见解不同的观点同样是片面的,且当这种观点企图独立地发挥影响时,同时也是错误的和有害的。然而,如果果真如此,那么,每一个时代不是为了自己和任意地创造其世界,而是密不可分地关联着整个过去创造。"①马克思认为法的历史学派完全没有区分实证和理性,而是将两者混为一谈。在马克思这里,实证意味着非批判的,意味着为现存制度辩护的历史工具主义。历史学派是"否认事物的必然本质的怀疑主义者",它是以德国的旧制度出发来虚构德国的历史。"有个学派以昨天的卑鄙行为来说明今天的卑鄙行为是合法的,有个学派把奴隶反抗鞭子——只要鞭子是陈旧的、祖传的、历史的鞭子——的每一声呐喊都宣布为叛乱;正像以色列上帝对他的奴仆摩西一样,历史对这一学派也只是显示了自己的后背。因此,这个历史法学派本身如果不是德国历史的杜撰,那就是它杜撰了德国历史。"②

在本体论上,历史学派明显曲解了康德,康德认识论上对理性的限制是为本体论开辟道路,为信仰留下地盘,但是历史学派将这一原则当作本体论上怀疑主义。"因为我们不能认识真实的事物,所以只要不真实的事物存在着,我们就合乎逻辑地承认它完全有效。"③康德是将历史界定在经验世界中,并将经验之外的作为本质的理念世界当作一种范导性原则,历史的发展不断以理念为导向,但是始终无法消弭经验和理念之间的鸿沟。而法的历史学派不仅否认历史的真实性和本质维度,而且否认一切真实性和本质性的维度,而使历史成为为现存旧制度而任意组合的工具。因此,"以这种方式构建起来的'历史',其理论关注点只可能是对作为表现形式的社会生活各因素之间的相互组合关系约一种描述,而不可能面对这些社会因素之间的内在矛盾的理论层面"。④

继承这一方法的经济学的历史学派被马克思当作庸俗经济学的最后阶段,历史学派的教授是比较高明的资产阶级意识形态家。他们用私有财产的合法性来解释历史,不光要求资本的预定和谐,而且将这种预定和谐贯穿在一切历史过程中。一切从前的经济学形态都是这种最终和谐的未完成形态,而

---

① [德]弗里德里希·卡尔·冯·萨维尼,[德]艾里克·沃尔夫:《历史法学派的基本思想(1814—1840年)》,法律出版社 2009 年版,第 18 页。
② 《马克思恩格斯全集》(第 1 卷),人民出版社 2001 年版,第 201 页。
③ 同上书,第 230 页。
④ 唐正东:《从斯密到马克思》,南京大学出版社 2002 年版,第 229 页。

资本的和谐一致是历史起点,也是历史的终点。"最后的形式是教授形式,这种形式是'从历史的角度'进行工作的,并且以狡猾的中庸态度到处搜集'最好的东西',而在这样做时,不是要发现矛盾,而是要寻求完备。这就是扼杀一切体系的精神,到处抹去它们的棱角,使它们在一本摘录集里和平相处。在这里,辩护论的热忱被渊博的学问所缓和,这种渊博的学问宽厚地俯视着经济思想家的夸张的议论,而只是让这些议论作为稀罕的奇物在它的普通的稀粥里漂荡。(至于它们完全以同样的方式超然耸立于社会主义者的空想之上,那就不用说了。)因为这类著作只有在政治经济学作为科学已走完了它的道路的时候才会出现,所以它们同时也就是这门科学的坟墓:甚至斯密、李嘉图和其他人的真正的思想(不仅是他们本身的庸俗因素)在这里也好像是毫无内容,变成了庸俗的东西。罗雪尔教授先生就是这种大师,他曾谦虚地宣称自己是政治经济学的修昔的底斯。他把自己比作修昔的底斯,可能是因为他对修昔的底斯有这样一种看法,即修昔的底斯经常把原因和结果相混淆。"①

因此,在马克思这里,历史不仅是经验事物的前后相继。历史本身具有"合理的"尺度,这一尺度就是辩证法。"辩证法,在其合理形态上,引起资产阶级及其空论主义的代言人的恼怒和恐怖,因为辩证法在对现存事物的肯定的理解中同时包含对现存事物的否定的理解,即对现存事物的必然灭亡的理解;辩证法对每一种既成的形式都是从不断的运动中,因而也是从它的暂时性方面去理解;辩证法不崇拜任何东西,按其本质来说,它是批判的和革命的。"②与历史主义为历史寻求和谐的解释不同,辩证法强调历史发展的变革和创造,历史不是描述社会事实的历时性过程,而是厘清社会本质的发展及其变革的"关节点"。人类历史的发展既没有超验的一般规律,也不是纯粹经验的流变。历史发展具有结构性变动的方面,社会发展在特定阶段产生变革的条件,人类活动在继承以往社会条件和生产条件的同时发展和改变这种条件。因此,重要的在于进入历史的现实层面,厘清变革的历史节点而不是将历史还原到一般规律,这正是辩证法与历史主义的根本区别。

---

① 《马克思恩格斯全集》(第35卷),人民出版社2013年版,第361—362页。
② 《马克思恩格斯全集》(第44卷),人民出版社2001年版,第22页。

第三章　马克思政治经济学批判的方法论起点

马克思历史唯物主义方法论的创生来自对"社会现实"(social reality)概念的创造性把握，以此区分于古典经济学的实证主义、历史主义和德国古典哲学的观念论等路径，并体现了一种新的方法论范式。

第一节　社会现实领域的基本界定

马克思将"社会现实"理解为(社会)实在主体的自我运动领域。马克思在《〈政治经济学批判〉导言》中指出人类活动的"现实领域"在于独立于头脑的社会主体。"实在主体仍然是在头脑之外保持着它的独立性；只要这个头脑还仅仅是思辨地、理论地活动着。因此，就是在理论方法上，主体，即社会，也必须始终作为前提浮现在表象面前。"①

马克思对于社会现实的规定在于：首先，实存与本质的统一。马克思一方面继承了黑格尔实存和本质统一的立场，反对康德将事实和本质分别置于经验和理念彼此分裂的两个领域。在康德这里，历史从属于经验领域，而作为本质的理念则是外在于经验世界的范导性原则。而在黑格尔这里，现实是"本质和实存或内部和外部所直接形成的统一。现实事物的表现就是现实事物本

---

① 《马克思恩格斯全集》(第30卷)，人民出版社1995年版，第43页。

身,所以现实事物在表现中同样还是本质的东西,而且只有在具有直接的、外部的实存时,才是本质的东西"。① 因此现实性领域同时也是历史展开的必然性领域。但是另一方面,马克思又反对黑格尔将实存与本质统一于绝对理念,进而将现实性的历史实现过程归结为超历史的绝对精神之必然性逻辑的自我展开。因此在《1844年经济学哲学手稿》中马克思认为黑格尔的历史哲学和逻辑学只是"为历史的运动找到抽象的、逻辑的、思辨的表达",而不是"作为一个当作前提的主体的人的现实历史",②所以"马克思和黑格尔是实在'现实'本身这个主题上分道扬镳的"。③

在此基础上,其次,现实性是历史与本质的统一。在马克思看来,"历史不外是各个世代的依次交替。每一代都利用以前各代遗留下来的材料、资金和生产力;出于这个缘故,每一代一方面在完全改变了的环境下继续从事所继承的活动,另一方面又通过完全改变了的活动来变更旧的环境"。④ 但是这种历史的运动并不是基于偶然性的活动,也不能被简单理解为个体行动的偶然性结果。历史本身是本质的领域。但是这种"本质"在马克思看来"不是作为'产生于精神的精神'消融在'自我意识'中而告终的,而是历史的每一阶段都遇到一定的物质结果,一定的生产力总和,人对自然以及个人之间历史地形成的关系,都遇到前一代传给后一代的大量生产力、资金和环境,尽管一方面这些生产力、资金和环境为新的一代所改变,但另一方面,它们也预先规定新的一代本身的生活条件,使它得到一定的发展和具有特殊的性质"。⑤ 历史的本质不在历史之外。一定社会阶段或社会形态下,具有特定的社会生活条件,它"作为生产力、资金、环境"等尺度和界限是历史发展的前提,而这种对特定前提条件的继承和发展则是历史辩证法的主要内涵。

因此,再次,在具体历史进程中,现实性同样是社会结构和主体能动性的统一。它立足于感性对象性活动对社会的创造和变革,即基于社会存在以及

---

① [德]黑格尔:《逻辑学》,人民出版社2002年版,第264页。
② 《马克思恩格斯全集》(第3卷),人民出版社1998年版,第316页。
③ 吴晓明:《〈资本论〉方法的当代意义》,《教学与研究》2018年第7期。
④ 《马克思恩格斯选集》(第1卷),人民出版社1995年版,第88页。
⑤ 同上书,第92页。

物质生活关系领域揭示"生产方式之历史性变动的结构"。① 这种结构包含着社会内部的结构性矛盾以及社会变革和转型的可能性。

最后,现实性意味着知识(范畴)和实在的统一。首先,它指向马克思的"意识形态批判",其旨在揭示范畴体系不是独立的实在领域。在《德意志意识形态》中马克思区分了意识形态意义上的个人和现实的个人。"前一种考察方法从意识出发,把意识看作有生命的个人。后一种符合现实生活的考察方法则从现实的、有生命的个人本身出发,把意识仅仅看作他们的意识。"②德意志意识形态将观念作为实在,而将个人作为观念的应用,现实的个人,亦即"处在一定条件下进行的、现实的、可以通过经验观察到的发展过程中的人"则在其原初历史的四重活动中,表明了人的物质实践和社会实践活动本身就是有意识的活动。进而马克思在现实性基础上提出了意识与实在的统一的历史唯物主义命题,即"意识在任何时候都只能是被意识到了的存在,而人们的存在就是他们的现实生活过程"。③ 在此基础上,马克思通过"术语革命"体现了话语与其实在的统一性。恩格斯在《资本论》英文版序中说:"某些术语的应用,不仅同它们在日常生活中的含义不同,而且和它们在普通政治经济学中的含义也不同。但这是不可避免的。一门科学提出的每一种新见解都包含这门科学的术语的革命。"④因此在方法论意义上,"社会现实"的层面揭示了一个本体论基础,它使得古典政治经济学、德国古典哲学以及法国空想社会主义的话语在新的层次上获得重构,作为一种话语外在的"深度"⑤同时构成对传统话语的批判和创新。"这些概念(虽新颖,但其形成规则却不新颖)的出现——在马克思自己的学说中——似同时属于另外一种话语实践……因为这种新的实证性不是李嘉图的分析的转换,也不是一种新的政治经济学;它是一个话语,这个话语的建立渊源于某些经济概念的派生,但是它反过来又确定着经济学家

---

① 吴晓明:《论马克思政治哲学的唯物史观基础》,《马克思主义与现实》2020 年第 1 期。
② 《马克思恩格斯选集》(第 1 卷),人民出版社 1995 年版,第 73 页。
③ 同上书,第 72 页。
④ 《马克思恩格斯全集》(第 44 卷),人民出版社 2001 年版,第 32 页。
⑤ Focault M., *Essential Works of Foucault*, 1954-1984, volume 2, New York: The New Press, 1998, p.273.

话语的实施条件;因此,它可以具有政治经济学的理论和批评的价值。"①换言之,意识或者知识始终是一个与实际活动相结合的"整体",正如马克思在《1844年经济学哲学手稿》中所说,历史运动既是"经验存在的诞生过程",又是"被理解到和被认识到的生成运动"。②

因而,马克思的方法论超出了"绝对—相对主义"的框架。正如海德格尔所说:"马克思在经验异化之际深入历史的一个本质性维度中,所以,马克思主义的历史观就比其他历史学优越。"③一方面,马克思反对历史主义和经验主义,它们从抽象孤立的社会事实出发,反对经验、历史领域具有普遍本质;另一方面,马克思又反对理性主义,反对超历史的本质。在马克思看来,(1) 历史具有本质性维度;(2) 历史的本质始终意味着一定历史条件下生产方式的结构;(3) 历史的本质及其变动以辩证法的形式表现。

第二节 马克思对"社会现实"的发现过程

马克思对于"社会现实"的思考贯穿于马克思整个思想历程之中。从"物质利益难题"开始,到对黑格尔法哲学的批判重新发现市民社会领域,再到"感性活动""对象性活动"所引发的存在论革命。马克思逐渐形成了自身把握社会现实的方法。

一、《莱茵报》工作时期:不为法哲学原理容纳的物质利益

《莱茵报》工作时期,青年马克思对于社会现实的最初把握来自黑格尔法哲学应用过程中所产生的物质利益难题。

这一时期马克思所持有的立场依然是黑格尔法哲学的立场,即将现实性理解为合理性。一方面,和黑格尔一样,马克思将法、普遍理性作为事物的本质;另一方面,在法的现实性问题上,马克思和黑格尔一样认为合理性的法本

---

① [法]米歇尔·福柯:《知识考古学》,生活·读书·新知三联书店1998年版,第228—229页。
② 《马克思恩格斯全集》(第3卷),人民出版社1998年版,第297页。
③ [德]马丁·海德格尔:《路标》,商务印书馆2001年版,第400—401页。

身就是现实的。所以,当普鲁士的社会状况和法哲学的原则发生冲突时,马克思就试图通过依靠黑格尔的法哲学原理来修正现成的法律,使社会规范符合应然的法的本质。"法律负有双重的义务这样做,因为它是事物的法理本质的普遍和真正的表达者。因此,事物的法理本质不能按法律行事,而法律倒必须按事物的法理本质行事。"①

同样,马克思的黑格尔法哲学立场也表现在其对于国家和市民社会的看法上。马克思从整体国家的概念出发,将市民社会中的现实对立仅仅当作国家不符合其概念的表现。因此,这一时期马克思的局限性就在于,他没有完全脱离开法哲学的框架,面对现实的困惑他依然对立法者抱有幻想,寄希望于立法者"伟大的人道主义精神"来修正现成的法律。但同时物质利益的难题迫使马克思的思考超出黑格尔法哲学的范围。在一种康德式的"应然—实然"的对立中,马克思思考了"法的本质"和它无法容纳的"物质利益",进而对"合理性=现实性"的信念进行质疑。作为世界应然法则的法的原则是全然合理的,但是在现实世界中寸步难行,它不断被歪曲和挪移。无论是"人民理性"还是其代表"出版自由"在普鲁士社会只能是"空中楼阁"。而现实世界中畅行无阻的物质利益原则是私人的、明显不合理的,却是在现实生活中产生力量的东西。"人们在研究国家状况时很容易走入歧途,即忽视各种关系的客观本性,而用当事人的意志来解释一切。但是存在着这样一些关系,这些关系既决定私人的行动,也决定个别行政当局的行动,而且就像呼吸的方式一样不以他们为转移。只要人们一开始就站在这种客观立场上,人们就不会违反常规地以这一方或那一方的善意或恶意为前提,而会在初看起来似乎只有人在起作用的地方看到这些关系在起作用。一旦证明这些关系必然会产生某个事物,那就不难确定,这一事物在何种外在条件下必定会现实地产生,在何种外在条件下即使已经有了需要,它也不可能产生。人们在确定这种情况时,几乎可以像化学家确定某些具有亲和力的物质在何种外在条件下必定会合成化合物那样,做到准确无误。"②正是这种客观关系构成了个人和国家的分裂及其不可跨越的鸿沟,在此基础上,私人利益和公共利益无法调和直接导致了社会贫困

---

① 《马克思恩格斯全集》(第 1 卷),人民出版社 2001 年版,第 244 页。
② 同上书,第 363—364 页。

的根源。

我们看到马克思在《莱茵报》工作时期所说的"非理性"的"物质利益"客观关系即是现代私有财产原则。而资本主义原始积累时期的普鲁士私有财产原则开始确立起社会统治地位,贵族资产阶级以非法的方式掠夺原本共有的社会财富已完成自身的原始积累。尽管这一时期马克思对于物质利益问题的解答依然在于证明自由报刊的必要性,但是在法哲学原理实存与本质的分离中,马克思逐渐认识到私有财产原则在现代社会的主导地位。因此,他已经是一个"从虚幻世界走向现实世界的激进黑格尔主义者"。①

二、《黑格尔法哲学批判》与《德法年鉴》工作时期:重新发现市民社会

在《黑格尔法哲学批判》和《德法年鉴》工作时期,马克思通过对黑格尔法哲学的批判重新发现市民社会,以"物质生活关系"(而不是法的关系、国家的关系)来重新对现实性问题进行界定,换句话说,市民社会的实质不在于法(权利)而是基于更为本质的物质利益。

首先,马克思将市民社会当作法和国家之外的与之不可调和的社会生活领域。在黑格尔法哲学中,"国家是绝对自在自为的理性东西,因为它是实体性意志的现实,它在被提升到普遍性的特殊自我意识中具有这种现实性"。②而作为"外部的国家"的市民社会就其本质来说必然归属于完成了的、实现了的政治国家。与此相反,马克思在1843年的《黑格尔法哲学批判》中强调了这种结合的非现实性。马克思从国家和市民社会的二律背反入手:一方面,国家作为最高的权力是市民社会的外在必然性。国家把市民社会当作一种特殊利益的对象,与国家的普遍利益相对立,因而这种力量是一种"违反事物内在本质的必然性关系"。另一方面,国家又是市民社会的内在目的,国家是市民社会的内在本质。在这里,市民社会又成了某种与国家的普遍观念同质的东西,也就是一种有限的观念。换句话说,在这里市民社会分裂为两个对立的部分,它既是属于观念存在的、有限的普遍物,又是非观念的、特殊的、经验性的

---

① [德]弗·梅林:《德国社会民主党史:现代科学共产主义(1830—1848)》,生活·读书·新知三联书店1963年版,第145页。
② [德]黑格尔:《法哲学原理》,商务印书馆1979年版,第253页。

存在。前者是市民社会符合国家理念的部分,后者是市民社会不符合国家理念的经验成分。因而国家对市民社会的扬弃,不是整体的过渡,而是市民社会的一部分消灭另一部分,所以在法哲学的具体运用中存在着"社会"和"政治"两套并行且相互矛盾的逻辑。这样一来,与其说政治国家是完成了的市民社会,不如说政治国家将自己的原则强加在市民社会之上。因此,在马克思看来,市民社会的现实性不在于其对国家的归属性,而在于其自身的分裂性或者说异化。"人在其最直接的现实中,在市民社会中,是尘世存在物。在这里,即在人把自己并把别人看作是现实的个人的地方,人是一种不真实的现象。相反,在国家中,即在人被看作类存在物的地方,人是想象的主权中虚构的成员,在这里,他被剥夺了自己现实的个人生活,却充满了非现实的普遍性。"①

在市民社会和政治国家分裂的基础上,马克思进一步揭示了市民社会所遵循的私有财产原则。一方面,马克思认为,相较于政治领域,社会领域具有更为根本的地位。在《论犹太人问题》中,马克思明确将政治解放和人类解放区分开来。政治解放只是在国家的政治活动中实现了人的平等和自由,此岸的国家代替了彼岸的宗教成为人实现自由的中介物。而人的政治解放只是市民社会利己主义个人的自我解放。利己主义个人通过政治国家的中介,将其自身的原则固定下来。政治上对私有财产的废除,恰恰是市民社会中对私有财产基础的巩固。"尽管如此,从政治上废除私有财产不仅没有废除私有财产,反而以私有财产为前提。当国家宣布出身、等级、文化程度、职业为非政治的差别,当它不考虑这些差别而宣告人民的每一成员都是人民主权的平等享有者,当它从国家的观点来观察人民现实生活的一切要素的时候,国家是以自己的方式废除了出身、等级、文化程度、职业的差别。尽管如此,国家还是让私有财产、文化程度、职业以它们固有的方式,即作为私有财产、作为文化程度、作为职业来发挥作用并表现出它们的特殊本质。国家根本没有废除这些实际差别,相反,只有以这些差别为前提,它才存在,只有同自己的这些要素处于对立的状态,它才感到自己是政治国家,才会实现自己的普遍性。"②另一方面,所谓的市民社会中人的各种政治权利只是市民社会利己主义原则的表现,自

---

① 《马克思恩格斯全集》(第3卷),人民出版社2002年版,第173页。
② 同上书,第172页。

由是任意处置私有财产的自由。平等即将每个人当作抽象的单子,安全则是保障人身、财产不受侵犯的权利。所以,政治解放及其建立的现代国家是对市民社会的利己主义个人原则的合理化。因此在这里,马克思对于"现实性"形成了这样一个序列:"国家—市民社会—私有财产",即国家的本质在于市民社会,市民社会的本质在于私有财产。私有财产关系作为货币拜物教产生了现代意义上的利己主义个人,而非法权意义上财产是主体的外化。因而马克思不是从占有方面来理解私有财产,而是将支配个人劳动的私有财产当作劳动的对象化产物。换句话说,基于私有财产的客观性和非理性特征,马克思在这里探讨的不是法权意义上的人如何"占有"财产,而是财产如何反过来占有人、支配人、形成人的"主体"。

与此相应,私有财产不仅塑造了市民社会的利己主义原则,也塑造了市民社会的"否定"环节,即无产阶级。无产阶级丧失一切财产,它是市民社会私有财产之非理性、异化关系的极端表现,无产阶级本身即是私有财产关系之异化的体现。无产阶级作为丧失一切私有财产者,是市民社会中非市民社会的阶级,它作为市民社会的一部分却不享有任何市民社会的权利,它的存在本身就意味着市民社会的自我矛盾和自我解体。因而市民社会个人之间的平等独立仅仅存在于政治领域,而在现实的经验生活中则是一部分人的有产来自另一部分人的无产,一部分人的独立、自由来自另一部分人的被束缚和服从。所以,这一时期马克思对于私有财产之社会权力的扬弃即指向无产阶级的解放。要克服私有财产关系,必须要将无产阶级组织起来消灭私有财产,以此达到"否定之否定"。① 只有通过无产阶级的解放,才能真正达到人的解放,真正使人从自己的异化存在中回归自身自由的本质,使人直接将自己的力量组织成为社会的力量,而不是通过政治力量的中介实现人的自由。

但是这一时期马克思对异化的理解依然出于费尔巴哈的立场,也就是将费尔巴哈立场运用到政治经济学研究中。他将异化的扬弃理解为从异化收回自身,返回人原有的本质。"任何解放都是使人的世界和人的关系回归于人自身……只有当现实的个人把抽象的公民复归于自身,并且作为个人,在自己的

---

① 《马克思恩格斯选集》(第1卷),人民出版社1995年版,第15页。

经验生活，自己的个体劳动、自己的个体关系中间，成为类存在物的时候，只有当人认识到自身'固有的力量'是社会力量，并把这种力量组织起来因而不再把社会力量以政治力量的形式同自身分离的时候，只有到了那个时候，人的解放才能完成。"[1]在这里依然存在着一种本质和实存的对立，异化作为"人类理智的迷误"，在其之外有一个更自由更全面的人的本质设定作为"固有的力量"和"真正的自由"成为异化的前提。由此可见，马克思在这一时期对现实性的认识尚未达到历史性的维度。

三、巴黎—布鲁塞尔时期：感性对象性活动领域

在"巴黎—布鲁塞尔"时期，马克思对社会现实的理解进一步深入，他将异化作为市民社会之现实性的体现。异化不再仅仅被当作"人类理智的迷误"或者某种对本质的偏离，而是社会存在的真实特征，它是社会生活中真实的社会关系。因此，马克思一开始就对社会范围进行了重新的界定。在《1844年经济学哲学手稿》中，马克思使"社会"概念产生脱离人本主义基本前提的倾向。或者说，马克思的"社会"概念指向一种全新的领域，即前理性的物质生活领域，它不是理性的产物，而是生成合理性逻辑的物质前提。马克思在《1844年经济学哲学手稿》中对这一领域的规定包含：第一，社会是人化的自然界，即自然主义与人道主义的统一。"因此，社会是人同自然界的完成了的本质的统一，是自然界的真正复活，是人的实现了的自然主义和自然界的实现了的人道主义。"[2]在这里，自然是人类实践活动的场域，因为人的物质生活直接就是人的社会生活，人的物质生产与生产人的社会关系。第二，个人活动与社会活动的一体。马克思认为，单个人自身的活动就是一种社会意义上的活动。即使一个人孤独地从事纯粹思维活动之时，他依然是一个社会存在，他的思维活动依然具有社会意义，所谓"意识""思维"本身就是社会的产物。所以，个人的活动是以个人为出发点的为社会的活动。"人是一个特殊的个体，并且正是他的特殊性使他成为一个个体，成为一个现实的、单个的社会存在物，同样地，他也是总体、观念的总体、被思考和被感知的社会的自为的主体存在，正如他在现

---

[1] 《马克思恩格斯全集》（第3卷），人民出版社2002年版，第189页。
[2] 同上书，第301页。

实中既作为社会存在的直观和现实享受而存在,又作为人的生命表现的总体而存在一样。"①它表明了抽象个人的现实前提,从来不存在作为历史起点的孤立的个人和孤立的社会。相反,人向来就处于社会中,个人的活动本身直接已经是属社会的。第三,马克思将社会历史的创造与发展当作人类对象性活动的产物。社会活动的主体性在于人的对象性本质力量的主体性。在《1844年经济学哲学手稿》中,马克思将人的主体力量作为一种对象性活动的力量,"当现实的、肉体的、站在坚实的地球上呼出和吸入一切自然力的人通过自己的外化把自己现实的、对象性的本质力量设定为异己的对象时,设定并不是主体;它是对象性的本质力量的主体性,因此这些本质力量的活动也必须是对象性的活动"。②"对象性的本质力量的主体性"意味着人的主体性是在与其对象(不仅是具体对象而且是社会结构)的交往过程中不断被建构起来的,因而它是开放性的。在这种建构中,人的主体社会中,通过自己的对象性活动建立起异己的、凌驾于个人之上的对象世界,并通过这一对象世界来实现"自我"。对象性活动是人类活动的"基本模式",正如晚年卢卡奇所说:"在实践中(因此也在劳动中)客观物的任何外化都是一种对象化,每一种人类表达方式包括说话都是人类的思想和情感对象化,那么很清楚,我们这里指的是人与人之间的一种普遍的交往方式。"③

在《德意志意识形态》中,马克思认为,人的对象性本质力量的主体性的活动进一步展开为现实个人对历史的创生活动。"这种考察方法不是没有前提的。它从现实的前提出发,它一刻也不离开这种前提。它的前提是人,但不是处在某种虚幻的离群索居和固定不变状态中的人,而是处在现实的、可以通过经验观察到的、在一定条件下进行的发展过程中的人。只要描绘出这个能动的生活过程,历史就不再像那些本身还是抽象的经验论者所认为的那样,是一些僵死的事实的汇集,也不再像唯心主义者所认为的那样,是想象的主体的想象活动。"④现实个人作为一切历史的前提意味着历史是由"有生命"的个人之共同活动所创造的,这种"有生命"不仅是生物意义上的人,同样也是社会意义

---

① 《马克思恩格斯全集》(第3卷),人民出版社2002年版,第302页。
② 同上书,第324页。
③ [匈]卢卡奇:《历史与阶级意识》,商务印书馆1996年版,第19—20页。
④ 《马克思恩格斯选集》(第1卷),人民出版社1995年版,第73页。

上的人,不仅是物质资料的生产与再生产,而且是人的生产与再生产。它意味着人与人之间共同的社会活动,包含了一定的生产关系和社会关系。"生命的生产,无论是通过劳动而达到的自己生命的生产,或是通过生育而达到的他人生命的生产,就立即表现为双重关系:一方面是自然关系,另一方面是社会关系;社会关系的含义在这里是指许多个人的共同活动,至于这种活动在什么条件下、用什么方式和为了什么目的而进行,则是无关紧要的。"① 这样,《1844年经济学哲学手稿》中的对象性活动被进一步解释为包含生产力和生产(交往)关系的生产方式的人的共同活动:"一定的生产方式或一定的工业阶段始终是与一定的共同活动方式或一定的社会阶段联系着的,而这种共同活动方式本身就是'生产力'。"②

异化的过程则被理解为人的生产和交往运动中所产生的客观的、必然的对抗,即随着生产力扩大和自然分工所形成社会活动的固定化以及社会对抗。"社会活动的这种固定化,我们本身的产物聚合为一种统治我们、不受我们控制、使我们的愿望不能实现并使我们的打算落空的物质力量,这是迄今为止历史发展的主要因素之一。"③ 这种凌驾于个人之上的社会力量是历史发展的必然动力,换句话说,历史发展的前提就在于人创造出超出个人之外的社会力量。不过,这种力量固然凌驾于个人之上与个人相对抗,但是另一方面它又是真实的"社会"和"类"的力量,它是一定历史条件下社会生活的必要前提。进一步地,我们可以看到,"异化"是作为一种"真实的社会关系"而出现,它表明了人类社会的发展不得不将自己的对象性本质力量对象化为凌驾于个人之上的社会力量。在此基础上,马克思揭示了意识之自我异化的真实性。伽达默尔将尼采对现代性的批判归结为"意识本身的异化":"因为尼采的批判目标是从我们之外降临到我们身上的最终最彻底的异化——意识本身的异化,意识和自我意识并不会作出清楚的证明说,它们所思维所意指的也许不是对真正处于意识和自我意识之中的东西的伪装和歪曲。"④ 这一点同样适合于马克思。马克思在《1844年经济学哲学手稿》中对黑格尔辩证法的批判强调了黑

---

①② 《马克思恩格斯选集》(第1卷),人民出版社1995年版,第80页。
③ 同上书,第85页。
④ [德]伽达默尔:《哲学解释学》,上海译文出版社2005年版,第118页。

格尔的意识和自我意识以"内在性"遮蔽了它的"对象性"。黑格尔的意识/自我意识,其出发点在于绝对精神的自我运动。"意识的存在方式,以及对意识来说某个东西的存在方式,这就是知识。……知识是意识的唯一的、对象性的关系……或者说,知识知道,当它与某个对象发生关系时,它只是在自己之外,使自己外化;它知道它本身只表现为对象,或者说,对它说来表现为对象的那个东西仅仅是它本身。"①

在《1844年经济学哲学手稿》中,马克思对这种基于"内在性"的意识进行了深刻的批判。马克思以费尔巴哈的对象性原则批判了黑格尔无对象的抽象精神劳动原则。一方面,在黑格尔这里,对象的扬弃是对于对象性活动本身的消除,外在事物的对象性本身成为自我意识的障碍。"我们已经看到,异化的对象性本质的占有,或在异化……这个规定内的对象性的扬弃,在黑格尔看来,同时或甚至主要地具有扬弃对象性的意义,因为并不是对象的一定的性质,而是它的对象性的性质本身,对自我意识来说是一种障碍和异化。"②进而在另一方面,外在于我们的事物只是由自我意识设定的物性,即物的合理性形式。所以在这里意识并没有真正达到存在本身,而只是达到了对于存在的知识,知识就是意识唯一的存在方式,纯粹知识只是"非对象性的存在物",因而是"非存在物"。换句话说,意识/自我意识并不是如黑格尔所说的是事物本质的表达。再或者说,作为事物本质表达的意识不仅具有内在性而且必须具备外在来源。所谓的"外部来源"即是人类历史的原初因素及其展开。"只有现在,在我们已经考察了原初的历史的关系的四个因素、四个方面之后,我们才发现:人还具有'意识'。但是这种意识并非一开始就是'纯粹的'意识。'精神'从一开始就很倒霉,受到物质的'纠缠',物质在这里表现为振动着的空气层、声音,简言之,即语言。语言和意识具有同样长久的历史;语言是一种实践的、既为别人存在因而也为我自身而存在的、现实的意识。语言也和意识一样,只是由于需要,由于和他人交往的迫切需要才产生的。凡是有某种关系存在的地方,这种关系都是为我而存在的。"③换句话说,作为声音的语言只有以特定生产力和生产(交往)关系为前提才是实在的。正如马克思在《1844年经

---

①② 《马克思恩格斯全集》(第3卷),人民出版社1998年版,第327页。
③ 《马克思恩格斯选集》(第1卷),人民出版社1995年版,第81页。

济学哲学手稿》所说:"科学只有从感性意识和感性需要这两种形式的感性出发,因而,科学只有从自然界出发,才是现实的科学。"①在这里我们看到了马克思对意识和意识形态所进行的区分。后者仅仅是一种表述方式,即观念可以凭借自身的内在性成为现实,前者则是关于"实在"的意识,即"被意识到了的存在"。因此,马克思说:"我们从这一大堆赘述中只能得出一个结论:上述三个因素即生产力、社会状况和意识,彼此之间可能而且一定会发生矛盾,因为分工不仅使精神活动和物质活动、享受和劳动、生产和消费由不同的个人来分担这种情况成为可能,而且成为现实,而要使这三个因素彼此不发生矛盾,则只有再消灭分工。"②(感性)意识作为一种现实,它是对基于生产力和社会状况的社会对抗和分裂的表述,是"被意识到了的"社会矛盾和对抗关系。

因此,马克思借由"异化"所表达的领域是一种"真实"的对象性活动的领域,即社会现实的领域。在其中,"异化"体现为实存和本质的统一,即对经济事实的批判和对异化劳动事实的揭示。历史与本质的统一,即凌驾于个人之上,作为统治个人的社会力量是人类历史发展的必然条件。结构与主体能动性的统一,即对象性活动和现实个人对人类历史之创生及自然分工所造成的社会和个人之间的支配和对抗关系,以及知识和实在的统一,即意识形态的"虚假性"和意识的自我异化对社会关系的真实具现。

在"巴黎—布鲁塞尔"时期,马克思所完成的世界观的转变(或者说存在论的革命)为其方法论奠定了基础,对"社会现实"的重构在后来19世纪50年代之后的政治经济学的研究中进一步展开,转变为对资产阶级社会以及资本主义生产方式的探讨,并进一步实现了自身区别于古典政治经济学的方法。

第三节 社会现实是马克思政治经济学批判的方法论起点

当马克思把目光转向市民社会和社会现实,这无疑等同于发现了建构社

---

① 《马克思恩格斯全集》(第3卷),人民出版社1998年版,第308页。
② 《马克思恩格斯选集》(第1卷),人民出版社1995年版,第83页。

会主义政治经济学理论的重大契机。也正是在对古典政治经济学进行全面批判的基础上，马克思逐步发展出关于资本主义的社会理论。他承认资本主义社会理论的相对有效性，但同时是对资本主义社会的批判。而这一切都必须以现实社会的分析为立足点。

这一点鲜明地体现在马克思和一切唯心主义理论者的区别中。特别是在和黑格尔哲学的比较中，在马克思看来，"黑格尔哲学不是以社会历史运动为现实的起点，而是以纯粹的、抽象的概念为逻辑起点，并为现实的社会历史运动找到了抽象形式的表达，而作为现代知性科学的经济学正是以抽象的一般关系为起点。马克思在批判黑格尔辩证法唯心论基础的同时，借鉴并吸收了辩证法的积极方面，通过辩证法突破主观意识的限制，使思想进入现实，开创一条通达社会现实的道路。……即如何使思想真正地理解社会现实，如何切入感性生活，发掘其中的现实性。只有通过这种根本性的批判，人才能够真正的理解自身、理解现实及社会历史的运动。"[①]也只有如此才真正实现理论本身的发展逻辑。

马克思政治经济学批判主要包含了对现代资产阶级社会和资本主义生产方式的批判，它通过资本主义生产方式中劳动与资本的结构性矛盾，揭示了资本主义生产方式的权力基础，资本对劳动的支配以及劳动向资本的转化构成了这一生产方式的基本前提，它是一种社会胁迫和强制，这种强制构成资产阶级社会的社会生活条件。

与庸俗经济学的实证主义或规范主义方法不同，马克思政治经济学批判的方法不是从抽象的事实出发，而是从作为实存与本质的统一的社会现实出发。无论是实证主义还是历史主义的经济学方法都旨在通过归纳和演绎的方法获得经济发展的抽象规律，其区别在于实证主义认为规律是普遍的和唯一的，而历史主义则认为规律是特殊的和多元的。但是庸俗经济学的方法在本体论上预设了经济事实的孤立性，其所达到的只是事件因果的层次，即事件之间的恒常性关联。但是在马克思看来，一切历史中普遍存在的共性并不等于历史的本质。马克思从《莱茵报》时期的"物质利益难题"开始，到《黑格尔法哲

---

① 户晓坤：《马克思政治经济学批判的方法论基础及其当代意义》，《当代经济研究》2013 年第 5 期。

学批判》和《德法年鉴》时期对市民社会的创新发现,再到"巴黎—布鲁塞尔"时期新世界观创立的过程,不断充实和深入了"社会现实"的领域。在此基础上确立了生产方式的历史变动结构在历史发展中的本质地位,以及一系列"马克思主义基本原理"。马克思认为,社会作为一个"具体的总体",它是一个包含多层次的整体,各层次间具有不可还原的相对独立性和非对称的结构性关系。因此,经济事实不是单纯通过直观把握的东西,它是一个包含了本质和表象诸层次的整体。对经济事实的研究必须将其背后的生产方式的历史结构纳入讨论,必须将一定的经济事实理解为特殊生产方式的凸显,经济理论才能达到真正的科学。

  在方法论问题上,马克思政治经济批判的方法可以与批判实在论的方法互通。批判实在论试图通过对科学知识的"不及物"与"及物"的区分、生成性机制分层和涌现以及一种机制因果性来重建社会科学哲学。一方面,其与马克思主义渊源颇深,其代表人物多为马克思主义的支持者并强调马克思辩证法的重要性;另一方面,在思想上两者具有诸多共同之处。因此,两者具有相互沟通和诠释的可能性(不代表两者完全等同)。批判实在论的视角有利于去除存在于马克思主义方法中的还原论倾向,并突出马克思的社会结构分层和社会变革思想,突出了社会本质层面的社会权力关系,进而揭示马克思社会理论的根本取向。它们将权力关系和马克思的辩证法相联系:一方面,作为资本主义生产方式的结构性矛盾,劳动和资本间非对称的权力关系构成了资产阶级社会的根本性矛盾,资产阶级社会在这一真实的矛盾下建立起来;另一方面,这一矛盾又为社会形式的变革提供基础,为社会"否定之否定"的自我运动提供条件。因此,权力作为一种"能力",既塑造社会结构和个体,又是社会转型的动力。

第四章 马克思政治经济学批判的"抽象—具体"的方法

自 20 世纪 70 年代中后期开始,学术界开始从有别于结构主义和人道主义的科学实在论的角度来理解马克思的方法论。[①] 这一路径对于理解马克思政治经济学批判的科学方法有着重要的启示意义。批判实在论作为一种"新科学实在论"以社会实在的分层与涌现以及社会科学方法的非还原性等为特征,在解释马克思主义的方法论问题上形成了一种特殊的解释路径。

第一节 马克思社会科学方法的实在论取向

"批判实在论"(critical realism)这一名称来自其创始人罗伊·巴斯卡(Roy Bhaskar)"先验实在论"(transcendental realism)与"批判自然主义"(critical naturalism)的组合。它作为一个包含了本体论、认识论和方法论的整体理论,和马克思主义具有很大的关联性。

一、批判实在论的基本界定

一般实在论的概念基于以下两个基本特征:外部世界是客观存在的,它

---

① 如 Keat. R & Urry. J, *Social Theory as Science* (1975); Bhaskar R., *A Realist Theory of Science* (1978); Benton T., *Philosophical Foundations of the Three Sociologies* (1977).

独立于我们的知识和信念；外部世界是可知的。① 这一点和一般唯物主义是相同的。泰德·本顿指出了批判实在论不同于一般实在论的四个要点：（1）只有在假设它们是关于独立存在的东西时，我们才可以理解科学的认知实践。因此它不讨论在任何特定时间、任何特定科学的真理主张是否正确的问题。（2）批判实在论与大多数当代哲学有一种反身性，即关于思想或语言在自身之外表现某种事物的可能性条件。（3）批判实在论和其他实在论的区别在于，它认为表象和事物本质特征一样具有潜在误导性。因此认识具有一种可错性原则，而知识的过程就是不断超越或深入这种误导性表象的背后。因此批判实在论也被称为"深度"实在论而区别于一般经验主义的实在论。因此（4）批判实在论坚持我们的知识对象的独立现实性，以及克服误导表象的工作必要性。这意味着当前的信念总是可以随着进一步的认知工作（观察、实验证据、解释、理论推理、对话等）而得到修正。②

批判实在论的主要特征包括：

第一，科学的及物（transitive）和不及物（intransitive）对象的区分。及物对象的知识意味着"特殊科学学派或工作者先前建立起来的事实和理论、范式和模型、研究的方法和技术"。③ 不及物对象的知识则是"真实的事物和结构、机制和过程、事件和世界的可能性，并且它们中的大多数是独立于我们的"。④ 所以巴斯卡认为"任何恰当的科学哲学必须能够维持和协调科学的两个方面，即表现科学如何是一个依赖于人类先前的知识和有效活动的及物过程。而它具有不依赖于这些活动的不及物的对象。也就是说，它必须能够维持（1）科学的社会特征以及（2）科学对于科学思想对象的独立性"。⑤ 因此，经验主义和约定论是一种"认识论谬误"。

第二，世界是由生成性机制（generative mechanism）构成的。巴斯卡将批

---

① 所以科学实在论批判实证主义但是实质上并不与实证主义完全对立，与其相对的概念是建构主义、约定论等。
② Craib I. & Benton T., *Philosophy of Social Science: The Philosophical Foundations of Social Thought*, Palgrave Macmillan, 2011, pp.121-122.
③ Bhaskar. R., *A Realist Theory of Science*, London & New York: Routledge, 2008, p.11.
④ Ibid, p.12.
⑤ Ibid, p.14.

判实在论界定为世界真实的结构和机制,"把知识的对象看作产生现象的结构和机制,以及在社会科学活动中产生的知识。这些对象既不是现象(经验主义),也不是人类强加在现象上的构念(观念论),而是独立于我们的知识、经验和接触它们的条件而存在和运行的真实结构"。① 生成性机制的相互作用构成了世界的实在领域。和自然科学封闭的实验系统不同,批判实在论将世界视作一个开放性系统,批判实在论的自然主义也是基于这一立场。

第三,"现实"领域的本体论分层以及各个层次间的相对独立性与相互作用。因此批判实在论持有反还原论的立场。"这些简化的策略试图通过将社会分析的对象挤进一个单一的空间来使其不那么令人生畏,与之相反,社会学涌现主义(批判实在论)的任务是将社会理解为一个分化的整体,作为在社会和自然世界的不同层次上运作的多种生成机制的结果。"②在巴斯卡看来,科学分层是世界运转的重要特征,现实是具有"深度"的。巴斯卡区分了三种不同的领域:实在(the real)领域、实际(the actual)领域以及经验(the empirical)领域,对应于机制、事件和经验三个作用层面。其中生成性机制完全属于实在领域,事件属于实在和实际两个领域,而经验则属于实在、实际和经验三个领域。这一分层意味着如果我们要把握表层的经验和事件,必须将本质性的生成性机制同时纳入考虑。"因此,实在论是一种常识性的本体论,在这种意义上,它对科学在不同实在层面上所揭示的事物、结构和机制的存在,进行了认真的观察……科学的任务恰恰在于以更基本的结构来说明这些'事实'。"③所以,虽然这三个领域具有相对的独立性,但显然不是平等和均衡的,它们是不同层次构成的整体。"每个阶层都有因果关系的力量,只能用它特有的理论来解释这一分析不仅阻止了将'高阶'科学还原为'低阶'科学,比如将生物学还原为物理学,而且帮助巴斯卡奠定了捕捉人类科学特殊性的基础。"④因此,实证主义的错误就在于"将三种独立的领域混为一谈:(1)实在

---

① Bhaskar. R., *A Realist Theory of Science*, London & New York: Routledge, 2008, p.15.
② Creaven. S., *Marxism and Realism: A Materialistic Application of Realism in the Social Sciences*, London & New York: Routledge, 2001, pp.11-12.
③ [英]威廉姆·奥斯维特:《新社会科学哲学:实在论、解释学和批判理论》,科学出版社2018年版,第19,22页。
④ Bidet J. & Kouvelakis E. ed., *Critical Companion to Contemporary Marxism*, Leiden & Boston: Brill, 2008, p.571.

领域(由实体、机制等构成);(2) 实际领域(由事件构成);(3) 经验领域(由经验构成)。"①

与此同时,不同生成性机制之间也相互作用,批判实在论称之为"涌现"(emergence)。涌现意味着:(1) 某些物质、实体、属性或者系统 β 依赖于其他物质、实体、属性或系统 α 的存在;(2) 这种依赖性暗示了某种共同分歧的形式,其中 α 的基本变化意味着 β 的基本变化;(3) 这种形式、作用和结果不能简化为 α。因此尽管(1)和(2)暗示了某种关联形式,它可能被概念化为非恒定的连接,或不规则的,和/或多重可实现的因果关系,但是(3)使这种关系的形式在概念上成为有问题的,因为不可化约性意味着 α 和 β 之间的某种形式的分离,以致 β 不能仅从 α 被翻译、解释或预测。② 简言之,"涌现"意味着两个相互依存的"高阶"和"低阶"机制。它们相互关联并共同变化,但这并不意味着"低阶"的实在可以被归结为"高阶"的实在,或者相反。"现实中较复杂的方面(如生活、心灵)以较不复杂的方面(如物质)为前提,但同时也坚持它们具有不可还原的特征。比如复杂层面不能被思想为适用于较为简单层面的概念,这不是因为我们思想的主观现实,而是因为涌现层次的内在本性。"③

因此第四,批判实在论遵循一种机制因果性,它表现为"趋势"(tendency)。一方面作为一种原始的趋势概念,它是一种超事实的活动(transfactual activity)。"它作为一种通常被限制的力量,它的实施也许无法被实现。由于开放系统的事实,这种限制是必须的。"④趋势是潜在的,在当下可以发挥也可以不发挥实际作用。因此和事件因果性不同,它是不可见的,不可能仅仅通过观察和推理来把握。另一方面,趋势是一种"确定事物持久性方向的作用",⑤它以一些预先的结构为前提,个人的力量(power)来自这种结构。"它依赖于对一个事物(构成它全部力量)自然可能的行动类别的区分,由于它本身就是这样的事物,这些类别是典型的、普通的或者使那个事物在种类上区分于其他

---

① [英]威廉姆·奥斯维特:《新社会科学哲学:实在论、解释学和批判理论》,科学出版社 2018 年版,第 22 页。
② Hartwig M., *Dictionary of Critical Realism*, London & New York: Routledge, 2007, p.166.
③ Collier A., *Critical Realism: An Introduction to Roy Bhaskar's Philosophy*, London & New York: Verso, 1994, pp.110-111.
④⑤ Bhaskar. R., *A Realist Theory of Science*, London & New York: Routledge, 2008, p.221.

事物。"①它的功能在于"使性质在种内、类在属内、个体在纲内等。这之所以可能是基于如下事实：凭借预先形成的结构，一些复杂结构的对象揭示了我试图隐喻地描绘为那些没有其他自然可能性对其敞开的本体论偏好，一个事物拥有力量是由于它属于一个自然种类，而事物具有趋势则是由于它是自然种类中的一个类型。所有人（生活在特定社会种类中）拥有能力去盗窃；盗窃癖则有盗窃的趋势"。②于是"趋势"作为一种潜在的结构性力量，暗示了个人能力和能动性的来源。因而趋势不能通过实际的行动来解释，由于社会结构的各个层次都有自身的相对独立的因果性，趋势只能通过各个层次的整体作用来体现。"第二种意义上的趋势不仅是对权力实施的规范性限制（nomically quanlify），而是说对权力的行使而言，在某些相对持久的内在可能条件得到满足，事物是在某种状态或条件下倾向或者导向去做某事。"③

第五，批判实在论对辩证法的强调。尽管对于辩证法的认识不尽相同，但是大多批判实在论者强调批判实在论和辩证唯物主义的联系。罗伊·巴斯卡在《辩证法》一书中将自己的目的视作对马克思辩证法未完成的夙愿的推进。④ 但是巴斯卡的辩证法由于其对于"否定"和"缺失"的过度强调带有重新回到唯灵论的倾向⑤而受到诸多批评。这种唯灵论的倾向使得马克思辩证法实在的方面反而被忽视了。"马克思主义的基本概念，如阶级、生产方式和结构决定论，被巴斯卡无所不在的奴隶主—奴隶的关系、其关于自由非特定的辩证法、先验的伦理概念和先于存在的非存在的预设挤在了一边。"⑥针对巴斯卡对马克思辩证法的变型，西恩·克莱文则更为强调唯物辩证法是辩证批判实在论的物质身体，批判实在论需要唯物辩证法的内核。⑦ 所以充分重视马克思的唯物辩证法成为批判实在论者的一个共同特征。

---

①②③ Bhaskar. R., *A Realist Theory of Science*, London & New York: Routledge, 2008, p.222.
④ Bhaskar R., *Dialectic: The Pulse of Freedom*, London & New York: Routledge, 2008, p.1.
⑤ Bhaskar R. & Callinicos A., "Marxism and Critical Realism: a Debate", *Journal of Critical Realism*, 1: 2, 2003, 95.
⑥ [英]安德鲁·布朗、史蒂夫·弗利特伍德、约翰·迈克尔·罗伯茨等：《批判实在论与马克思主义》，广西师范大学出版社2007年版，第35页。
⑦ Creaven S., *Emergentist Marxism: Dialectical Philosophy and Social Theory*, London & New York: Routledge, 2007, p.4.

二、批判实在论与马克思主义的关联

批判实在论和马克思主义具有十分密切的关联。批判实在论的创始者罗伊·巴斯卡明确表述自己的马克思主义立场,他也被当作"批判实在论的马克思主义"的创始人。[①] 可以说,批判实在论在其创始之初就带有马克思主义的痕迹。西恩·克莱文认为:"批判实在论致力于捍卫具有争议却十分重要的经典马克思主义,主张特定形式的人类能动性(社会劳动和阶级斗争)和社会结构(生产力和生产关系的)解释的力量在塑造社会系统的动力和制度。"[②] "马克思主义和批判实在论/辩证批判实在论对批判哲学、社会科学、解放政治都有至关重要的、相互补充的贡献"。[③]

马克思从对黑格尔主义等德意志意识形态的批判中发明了其历史唯物主义的基本方法。但是"马克思的方法虽然是自然的和经验的,但不是实证的而是实在论的"。[④] 一方面,和所有传统唯物主义一样,马克思持有一般实在论的观点,即物质的客观独立性。但是另一方面,在批判实在论看来,马克思的方法同样是批判实在论的。正如巴斯卡所说:"当马克思不断地肯定(1) 简单的(物质的)实在论,即物体独立于其知识而存在的观点时,他致力于(2) 科学实在论(批判实在论),即科学思维的对象是真实的结构、机制或关系,在本体论上是不可还原的,通常与它们所产生的现象的形式、现象或事件不相适应,甚至是对立的。马克思达到这一观点是逐步的、不均衡的和相对较晚的。事实上随着他对资本主义生产方式的深入研究而逐渐形成。"[⑤]

大卫·M.沃克将方法论上马克思与科学实在论的共同点总结为:(1) 在经验问题方面,马克思认为观察是依赖于理论的,不可观察的实体、过程、结构和关系在理论解释中具有核心地位。(2) 在解释和预测的问题上,马

[①] 张一兵编:《社会批判理论纪事(第四辑)》,江苏人民出版社 2010 年版,第 411 页。
[②] Creaven S., *Marxism and Realism: A Materialistic Application of Realism in the Social Sciences*, London & New York: Routledge, 2001, p.1.
[③] Creaven S., *Emergentist Marxism: Dialectical Philosophy and Social Theory*, London & New York: Routledge, 2007, p.1.
[④] Bhaskar R., *Reclaiming Reality: A Critical Introduction to Contemporary Philosophy*, London & New York: Routledge, 2001, p.120.
[⑤] Bhasker R., *Philosophy and the Idea of Freedom*, Oxford & Cambridge: Blackwell, 1991, p.164.

克思认为事件之间的必要联系,以及产生有待解释现象的往往是隐藏的机制。他试图识别和描述资本主义隐藏的内部结构,以解释其可见的特征。社会现实并不像它本来的样子,如果不调查隐藏的结构,仅仅可观察到的东西很可能会引起误解。因而在(3)因果法则上,马克思认为因果性在于来自通常条件下与不可观察的实体或过程有关的更深层次的规律,这些规律不是那种实证主义的可见规律。(4)价值立场上,马克思显然反对价值中立原则。马克思是将批判而非价值中立与客观性联系在一起。批判既是对理论矛盾的批判,也是对现实矛盾的批判。(5)科学统一性问题上,马克思对内在本性和真实动机的探讨也更接近科学实在论而非实证主义。最后在(6)科学与哲学的方法上,马克思和批判实在论一样将哲学服从于科学。①

无论是认为要从马克思主义来理解批判实在论进而马克思主义无须批判实在论的帮助,②还是将批判实在论视作马克思主义的补充,视作一种与马克思主义相容的成熟的科学哲学。③ 两者都默认了马克思主义与批判实在论在理论旨趣上的趋近。尤其在政治经济学批判的方法论问题上,正如卡利尼科斯所说,"与罗伊 70 年代的科学实在论一致的科学概念,隐含地渗透在整个《资本论》中",④进而在马克思和批判实在论之间存在一系列交互性的解释,如从科学对象及物与不及物性来理解政治经济学批判中生产方式和经济事实从生成性机制的层面来理解资本主义生产方式及其结构性矛盾;从不同层次机制的整体性作用来理解经济基础和上层建筑、意识形态的关系;以"涌现"来理解马克思历史辩证法的能动性和转型;从"趋势"的角度来理解资本主义发展的潜在导向,如利润率下降等。

在方法论上,批判实在论的视角在很大程度上解决了"实证—规范"方法的还原论倾向,无论经济决定论还是历史决定论,都没有区分马克思对不同社会层次的划分。生产力和生产关系的经济基础固然处于本质的层面,但不等于一切

---

① Walker D. W., *Marx, Methodology and Science: Marx's science of politics*, London & New York: Routledge, 2001, pp.169 - 172.
② [英]安德鲁·布朗、史蒂夫·弗利特伍德、约翰迈克尔·罗伯茨等:《批判实在论与马克思主义》,广西师范大学出版社 2007 年版,第 16 页。
③ 同上书,第 4 页。
④ Bhaskar R. & Callinicos A., "Marxism and Critical Realism", *Journal of Critical Realism*, 2003, 1(2). 91.

社会因素都需要还原到经济上。同样无论是社会进化论,还是方法论个人主义、社会冲突论的理解都包含着将马克思的方法论扁平化的倾向。马克思同时强调社会结构和能动性,但是马克思意义上的个人是现实的个人,马克思意义上的社会结构是一定历史阶段下的社会结构。马克思意义上的"起决定性作用的"是一定历史阶段下个人的社会生活条件。它构成社会权力的前提。所以在任何具体的情况中,重要的是"具体问题,具体分析",厘清各个不同社会层次之间的相互作用。

第二节 马克思政治经济学批判方法的"抽象"与"具体"

批判对马克思科学方法的还原主义论述,重要的在于区分理论和经验以及抽象和具体。[①] 对此,实在论方法论的理论过程如下:首先,从具体到抽象(通过越来越精细的概念抽象),得出它的构成要素或关系(它们产生它的多种因果力量和经验效果)被确定和描绘出来。然后从抽象到具体,直到混沌的整体(具体的现实)在思想中被重建为一个系统有序的整体,区分它的本质和非本质的方面,区分它与其他对象的偶然和必要的关系。[②]

一、理论与实在的"具体—抽象"

马克思在《政治经济学批判》导言中提出了著名的政治经济学两条道路的区分,并在方法论上阐述了具体和抽象的关系。

"第一条道路是经济学在它产生时期在历史上走过的道路。例如,17世纪的经济学家总是从生动的整体,从人口、民族、国家、若干国家等等开

[①] Margaret Archer, Roy Bhaskar, Andrew Collier, Tony Lawson and Alan Norrie ed., *Critical Realism: Essential Readings*, London & New York: Routledge, 1998, p.121.

[②] Creaven. S., *Marxism and Realism: A Materialistic Application of Realism in the Social Sciences*, London & New York: Routledge, 2001, p.12.

始;但是他们最后总是从分析中找出一些有决定意义的抽象的一般的关系,如分工、货币、价值等等。这些个别要素一旦多少确定下来和抽象出来,从劳动、分工、需要、交换价值等等这些简单的东西上升到国家、国际交换和世界市场的各种经济学体系就开始出现了。

后一种方法显然是科学上正确的方法。具体之所以具体,因为它是许多规定的综合,因而是多样性的统一。因此它在思维中表现为综合的过程,表现为结果,而不是表现为起点,虽然它是现实的起点,因而也是直观和表象的起点。在第一条道路上,完整的表象蒸发为抽象的规定;在第二条道路上,抽象的规定在思维行程中导致具体的再现。"[①]

对于政治经济学的两条道路学术界有着诸多的解释。如果按照实证主义的方法来说,"具体"指的是具体的经验事实。"抽象"指的是通过归纳和演绎形成的一般理论假设。因此政治经济学的第一条道路指的就是从具体经验事实通过归纳,得出一般理论和规律的过程。最初的政治经济学家通过一种精确的观察,从各种经验事物中抽象出政治经济学的核心范畴并以此为基础建构理论体系。而第二条道路则说的是通过一般理论和规律对新的经验事物进行证实和预测的过程。在一般理论的前提下,将新的经验归纳到一般理论中去,不断丰富理论内容、修正理论模型。

但是这种实证主义的解释源自自然科学的封闭系统,它将实验室方法运用到社会科学中。因果机制和覆盖律联系在一起,即通过普遍规律来说明具体事件。但是在社会科学的开放系统中,不可能像物理学一样寻求一种唯一的普遍规律,由于自然科学的规律无法覆盖人多元化的社会生活,社会科学也不可能像自然科学那样可以进行关键性实验,所以"抽象"在这里不是社会现实的体现,而是社会现实的简化。因此实证主义越来越发展出一种建构主义或约定主义的倾向。"假说—演绎"的方法逐渐取代"历史—归纳"的方法。尤其在逻辑实证主义中,命题意义逻辑分析取代了命题与社会实在的关系。在此基础上,方法逐渐成了"反对方法"。

[①]《马克思恩格斯全集》(第30卷),人民出版社1995年版,第41—42页。

但是，首先正如休谟问题所指出的，事实之间的因果性是否具有必然性和真理性，是否切中社会现实，这一点仅仅关注事件之间恒常联系的实证方法是无法回答的。其次，实证方法由于把经验事物理解为干扰因素，有成为独断论的危险性。最后，实证主义也无法解释科学范式的转换问题，换句话说，实证方法中不存在真正的颠覆假设的可能性。而历史主义的方法更像是实证主义的修正，在实证中加入社会、政治、文化、历史等特殊的民族性因素。其在事实的出发点以及对于经验规律的寻求和实证主义方法是一致的。因此在社会科学哲学中，实证方法中的"具体"和"抽象"似乎成了不可调和的两个方面。

1. 马克思的"具体"

马克思在政治经济学批判的方法中对"具体"的界定在于"具体之所以具体，因为它是许多规定的综合，因而是多样性的统一"。① 马克思区分了两种"具体"，一种"具体"乃是作为起点，它是"现实的起点，因而也是直观和表象的起点"；另一种则是抽象思维中"再现"的"具体"，也就是被思维把握的具体。在方法论上，这一"具体"在不同方法下又有不同的体现。

马克思的"具体"不同于黑格尔意义上的"具体"和"思维再现的具体"。前者是"直接的思维"，后者是"具体的思维"。在这里，实在（das Reale）是思维的自我运动。同样，"具体"作为一种感性材料既不是康德认识论意义上的"杂多"，也不是费尔巴哈意义上"直观"把握的对象，事实上作为"感性杂多"或者"直观"把握的"具体"和黑格尔的"具体"一样，毋宁说已经是一种"抽象"。任何直观或意识的对象都不是直接给予的，而是社会历史发展的产物。直观的事实背后有一套不可见的"机制"。

从实在论的角度，和实证主义、经验主义不同，"具体"不可还原为纯粹的事实或者泛化的经验。"具体"不能仅仅通过观察来把握，有些"具体"的背景未必是直接呈现的，比如费尔巴哈樱桃树背后的现代工商业进程。所以在这里"具体"的层面不是单一的，它包含了多层次的统一，它不仅是事实而且是真实。正如伊林柯夫②所说，具体"作为感性材料而存在的不仅仅是而且主要不

---

① 《马克思恩格斯全集》（第30卷），人民出版社1995年版，第42页。
② 伊林柯夫被认为是实在论解释马克思的先驱，参见《批判实在论与马克思主义》第12页。安德鲁·布朗认为伊林柯夫的马克思主义哲学提供、保留和超越了批判实在论那些重要的概念。

是他作为个人直接观察到的东西,更重要的是他从其他一切人那里围绕某物所知道的一切"。① 换句话说,经验一开始便是"生动的整体"或者说被直接给予的"事实"是一个复杂层次的集合体。"围绕某物所知道的一切"包含了不同层次的力量,而实证意义上所谓的"事实"只是一个表层的现象。"'具体的',我们指的是真实的但不是可简化为经验的东西:我们指的远远不只是'事实的'(the factual)。具体的对象之所以具体,并不仅仅是因为它的存在,而是因为它是许多不同力量或过程的结合。"② 比如人口问题,马克思认为,作为"具体"和"实在"的人口概念不仅是一个数量的规定,包含了阶级及其所依据的因素等具体规定,经济学研究只有将阶级和它的历史条件纳入研究中,才能真正把握人口的"具体"。当然马克思并不是排斥"直观"和"表象",而是说,脱离开社会历史条件,直观和表象没有独立的意义。"直观"和"表象"在马克思这里意味着,事物和它们背后的社会历史条件在可观察的经验层面的呈现。

"思维中再现的具体"被马克思称为"具体的总体"。"具体的总体"所对立的是黑格尔意义上"思维再现的总体",也就是为绝对精神所把握的具体。"具体的总体"首先是思维的产物,但不是凌驾于表象和直观之上精神的自我运动,而是将直观和表象加工成概念的产物。这一表述乍看起来和实证主义、经验主义是一致的。但是如果我们从整体上来理解"直观"和"表象",那么"将直观和表象加工成概念"就意味着思维把握实在的必然性关系。在实在论层面上(1)理论必须首先通过具体经验来确定,"因此只有通过经验研究才能确定。因此,不能假定它的形式已经存在,而纳入理论的框架,就像抽象事物的本质一样"。③ 正如马克思所说,现实的个人及其前提是可以通过"纯粹经验的方法"④来确认的。(2) 经验的尺度在于把握社会实在的必然关系,即一定社会形式下的社会生活条件。"从跨历史的理论主张到特定于历史的主张,我

---

① [苏联]艾·瓦·伊林柯夫:《马克思〈资本论〉中的抽象与具体的辩证法》,山东人民出版社1993年版,第14页。
② Margaret Archer, Roy Bhaskar, Andrew Collier, Tony Lawson and Alan Norrie ed., *Critical Realism: Essential Readings*, London & New York: Routledge, 1998, p.123.
③ Ibid., p.127.
④ 《马克思恩格斯选集》(第1卷),人民出版社1995年版,第67页。

们必须添加在跨历史主张的前提中没有隐含的历史信息。"①

具体的层面给予我们的不是平面的事实，它是一个带有纵深的结构产物，它包含了可见与不可见、及物与不及物的层次。无论是经验主义、实证主义还是理性主义以一种还原论的态度来理解理论与现实的关系，他们都无法把握"具体的总体"以及社会的本质性关系。

2. 马克思的"抽象"

就"抽象"而言，马克思在《资本论》中明确提出抽象力是经济学研究的必要"工具"。"分析经济形式，既不能用显微镜，也不能用化学试剂。二者都必须用抽象力来代替。对资产阶级社会说来，劳动产品的商品形式，或者商品的价值形式，就是经济的细胞形式。在浅薄的人看来，分析这种形式好像是斤斤于一些琐事。这的确是琐事，但这是显微解剖学所要做的那种琐事。"②"抽象"的层面在马克思这里不仅是一般理论和规律的表达，而且理论和规律意味着对本质规定的揭示。

一方面，"抽象"意味着一般"概念""理论""规律"等叙述方法，但是这种规律、理论是由本质而来的"概念""理论""规律"。"理论在抽象的层面上，对必然的和内在的关系，以及因特定事物的本性而存在的因果力量，作出最有力的主张。"③因此它从决定性的关系出发，并且只有在此基础上才表现为"普遍规律"，而马克思政治经济学批判的目的即在于"揭示现代社会的经济运动规律"。④ 在此基础上，马克思将抽象区分为"混沌的表象"与"合理的抽象"。前者是一种"稀薄的抽象"，它意味着对于"整体"各层次的混淆，比如马克思所提到的经济学的实证方法抽掉阶级等现实因素来考察人口，通过外在的、非必然性关系来研究人口，将人口当作一种纯粹现象。后者则是"好的抽象"，即从必然性关系来理解具体的现象，它包含了对整体的各层次的正确区分。因此合理的抽象的结果对应的是一个"具有许多规定和关系的丰富的总体"。

---

① Margaret Archer, Roy Bhaskar, Andrew Collier, Tony Lawson and Alan Norrie ed., *Critical Realism: Essential Readings*, London & New York: Routledge, 1998, p.130.
② 《马克思恩格斯全集》(第44卷)，人民出版社2001年版，第8页。
③ Margaret Archer, Roy Bhaskar, Andrew Collier, Tony Lawson and Alan Norrie ed., *Critical Realism: Essential Readings*, London & New York: Routledge, 1998, p.127.
④ 《马克思恩格斯全集》(第44卷)，人民出版社2001年版，第10页。

另一方面,"抽象"不仅是理论的表述方式而且是社会中的真实关系。正如伊林柯夫所说,马克思从对象的方式来理解抽象,"'抽象'完全可以成为实在现象的客观特征,而不仅仅成为意识现象的客观特征"。① "抽象"在这里是关于一个支撑性机制的表述,是对社会现象的真实解释。因此,丹尼·利特尔说,抽象应当是对社会分层之整体结构的环节和秩序作精确描述,"抽象方法的核心在于(1)在经验给予的社会形态下是不同结构的层面,作为一个整体,它揭示了经验性社会形态的可见外观。(2)对于这些给予社会形态的科学的精确解释必须再生产出这些层次间正确的环节和秩序"。② 所以,抽象的规律是对实在层面上的运行机制的描述。

在一个理论的"具体—抽象"方法中包含了关于实在的"具体—抽象"。按照批判实在论的关系,在社会层面的"抽象"意味着"真实"领域的因果、生成性机制,"具体"则意味着机制在"实际"(the actual)领域的作用和运作。③ 这种机制在马克思这里即是一定社会形式中占统治地位的生产方式。它既是"普照的光"又是"特殊的以太",既是"抽象"又是"具体"。在现代资产阶级社会,一切的生产都从属于资本的生产,比如在前资本主义社会占统治地位的土地所有制、地租等,尽管它们在历史上先于资本主义的产生,但是在现代社会中必须在资本主义生产方式的前提下来理解。所以在马克思看来,在资产阶级社会,不懂资本就不懂地租。

这里批判实在论的视角体现了马克思在叙述方法与研究方法上的统一,也就是理论与实在的统一。换句话说,我们将理论叙述出来的前提在于我们把握了社会形式的内在联系。这里反映了马克思自《〈黑格尔法哲学批判〉导言》中就已经产生的理论趋向现实的要求:"建构社会模式就是系统化社会现实,这对社会生活的抽象化和理念化是必要的。"④但是马克思的模型"并不是通过对现实资本主义社会的抽象和理想化产生的。对于实在论者和马克思来

---

① [苏联]艾·瓦·伊林柯夫:《马克思〈资本论〉中的抽象与具体的辩证法》,山东人民出版社1993年版,第4页。
② Little D., *The Scientific Marx*, Minneapolis: University of Minnesota Press, 1986. p.103.
③ Margaret Archer, Roy Bhaskar, Andrew Collier, Tony Lawson and Alan Norrie ed., *Critical Realism: Essential Readings*, London & New York: Routledge, 1998, p.128.
④ Keats R. & Urry J., *Social Theory as Science*, London & Boston: Routledge & Kegan Paul Ltd, 1975, pp.82-83.

说,不同结构模型的抽象化和理念化事实的产生,并不是至关重要的"。① 换句话说,在马克思的意义上,抽象理论不是为了形成科学表述而必要的理论假设,②而是对具体社会形态之真实机制的抽象。

在这一基础上,"抽象"是一种"真实的抽象"(real abstraction),它意味着"抽象"的形式不是虚假的而是真实存在的东西,并且是社会支配的主要形式。这一概念在新马克思主义阅读派和新辩证法派对《资本论》的解读中表现为黑格尔辩证法逻辑下价值形式对社会的整体支配和形塑。随着范畴顺序推演的系统辩证法,价值形式不断吸纳物质获得自身完整形式(但不能完全吸纳)。因此在形式和内容的抽象对立中,资本作为一种既是真实的又是理想的东西支配人的社会生活。③ 这一观点在实在论的视野下有所不同。一方面,新辩证法学派试图抓住现实的问题,价值形式确实是理解《资本论》以及马克思对黑格尔辩证法改造的一把钥匙。但是另一方面,仅仅指出价值形式与黑格尔逻辑的类似性,并将价值形式的支配理解为在物质上的应用和资本在内容上的形塑并不足以揭示资产阶级社会的基本结构,价值在这里替代精神作为一个"绝对"的实体并没有能够真正体现马克思价值二重性的理论意义和资本的结构性矛盾。"从这个角度来看,阿瑟将资本同化为黑格尔'绝对'的实体化版本是一个认识论障碍,首先因为在'绝对'中迷失的东西肯定是马克思的一个中心主题——资本的关系性(relationality)。换句话说,资本是由雇佣劳动的剥削和资本之间的竞争性斗争两种对抗关系构成的。把这两种情况都排除在资本之外,并不是简单地给我们留下一个幽灵,而是使我们无法理解社会世界的真实结构。"④

3. 一个例子:"劳动一般"

在《〈政治经济学批判〉导言》中,马克思以斯密关于"劳动一般"概念为例

---

① Keats R. & Urry J., *Social Theory as Science*, London & Boston: Routledge & Kegan Paul Ltd, 1975, p.83.
② Little D., *The Scientific Marx*, Minneapolis: University of Minnesota Press, 1986. p.102.
③ [英]克里斯多夫·约翰·阿瑟:《新辩证法与马克思的〈资本论〉》,北京师范大学出版社 2018 年版,第 91 页。
④ Callinicos A., "Against the New Dialectic", *Historical Materialism*, Volume13: 2, Koninklijke Brill NV, Leiden, 2005, pp.55 - 56.

子来说明"抽象"和"具体"的辩证法。"劳动一般"的例子详细说明了范畴关系的历史性前提。

和重商主义以及重农主义将财富归结为工商业劳动和农业劳动不同,斯密达到了"劳动一般"的抽象层面,并且这种抽象是一种决定性的抽象。"亚当·斯密大大地前进了一步,他抛开了创造财富的活动的一切规定性——干脆就是劳动,既不是工业劳动,又不是商业劳动,也不是农业劳动,而既是这种劳动,又是那种劳动。有了创造财富的活动的抽象一般性,也就有了被规定为财富的对象的一般性,这就是产品一般,或者说又是劳动一般,然而是作为过去的、对象化的劳动。这一步跨得多么艰难,多么巨大,只要看看连亚当·斯密本人还时时要回到重农主义,就可想见了。"① 因此,亚当·斯密似乎得出了一种适用于一切社会阶段的"劳动"概念或者说得到了一个关于劳动的本质规定。在《资本论》中,马克思将这种普遍的"劳动一般"规定为"有目的的活动或劳动本身,劳动对象和劳动资料"。② 任何历史时期的劳动都是一种人以自身活动为调整和控制人和自然界之间物质变换的过程,它以特定的自然物或者人造物为对象,通过掌握和使用一定的工具、劳动资料实现这个过程。因此在这里达到的是一个理论上的"抽象",也就是一般理论和概念的表述。在实证方法下,"劳动一般"是一个通过归纳得出的为一切时代劳动所共有的形式,因此作为一般规定它是一切具体种类劳动共享的本质,比如工业劳动、农业劳动是抽象的"劳动一般"的具体体现,同样历史主义的方法也可以从国别或者历史条件等方面区分出特殊性,以补充这一劳动的普遍规定,使之在概念上逐渐完善和完整,成为一个实证科学意义上的"丰富的总体"。

在马克思看来,"从一方面看来这是对的,从另一方面看来就不是这样"。③ 马克思说的是在实证方法上揭示的表象中共有的形式还不是对劳动的本质规定,"不过,这个一般,或者说,经过比较而抽出来的共同点,本身就是有许多组成部分的、分为不同规定的东西。其中有些属于一切时代,另一些是几个时代共有的。[有些]规定是最新时代和最古时代共有的。没有它们,任何生产都无从设想;但是,如果说最发达的语言和最不发达的语言共同具有一些

---

①③ 《马克思恩格斯全集》(第30卷),人民出版社1995年版,第45页。
② 《马克思恩格斯全集》(第44卷),人民出版社2001年版,第208页。

规律和规定,那么,构成语言发展的恰恰是有别于这个一般和共同点的差别"。① 一切时代共有的普遍规定本身并不构成对社会现实的把握,如果理论停留于此,那么它就是一个"混沌的表象"。相反,在马克思看来,一切时代共有的普遍规定本身至多只是理解社会现实的前提。

马克思还要揭示了斯密的"劳动一般"之为"一般"的现实依据,即资本主义生产方式,"对任何种类劳动的同样看待,以各种现实劳动组成的一个十分发达的总体为前提,在这些劳动中,任何一种劳动都不再是支配一切的劳动。所以,最一般的抽象总是产生在最丰富的具体发展的场合,在那里,一种东西为许多东西所共有,为一切所共有。这样一来,它就不再只是在特殊形式上才能加以思考了。另一方面,劳动一般这个抽象,不仅仅是各种劳动组成的一个具体总体的精神结果。对任何种类劳动的同样看待,适合于这样一种社会形式,在这种社会形式中,个人很容易从一种劳动转到另一种劳动,一定种类的劳动对他们说来是偶然的,因而是无差别的"。② 在这里,"劳动一般"的社会基础在于:作为一切东西所共有的特征,其基础产生于历史环节充分展开和分工高度发展的阶段,也就是一个"十分发达的总体"和"最丰富的具体发展"的历史阶段。其中特殊劳动之间的差异被逐渐磨平。在分工高度发达的条件下,劳动种类之间的相互转化是十分容易的,所以一种特殊劳动不被其他特殊劳动支配,劳动的本质不再能够通过特殊劳动来揭示。进而在这样一种社会形式中,占统治地位的是"真实"的"抽象劳动",一切特殊劳动从属于它。抽象劳动不仅在理论上,而且在现实中是一切特殊劳动的统治形式。③ 这里所揭示的正是范畴的抽象规定本身的历史前提。换句话说,如果脱离开分工高度发达的现代工业社会这一前提,抽象劳动不会具备这样一种特殊的支配地位。"劳动这个例子令人信服地表明,哪怕是最抽象的范畴,虽然正是由于它们的抽象而适用于一切时代,但是就这个抽象的规定性本身来说,同样是历史条件的产物,而且只有对于这些条件并在这些条件之内才具有充分的适用性。"④

各个历史阶段的差别同样是本质的,一般概念只有和各个不同时代的特

---

① 《马克思恩格斯全集》(第 30 卷),人民出版社 1995 年版,第 26 页。
② 同上书,第 45—46 页。
③④ 同上书,第 46 页。

殊条件结合起来才能把握社会现实。超历史的"劳动一般"不足以构成劳动的本质,只有和具体历史阶段中特殊的劳动条件结合才具备现实性。所谓范畴上的"抽象"体现的是一种现实中的"具体"。概念的特殊性不是非科学的或者理念的未完成状态,问题不在于概念的逻辑性,而在于概念的现实来源。因此不同历史阶段中的范畴内涵的差异不是应当被消除的存在,而恰恰是需要进入的现实领域。在资产阶级社会,劳动的现实特征表现为劳动过程与价值增殖的统一,这一过程是一个抽象劳动吮吸活劳动的过程,因此劳动在这里是一个"异化"或者说"非对称性"的关系。而正是通过劳动关系,马克思揭示了资产阶级社会的结构性矛盾及其内在与外在、本质与表象的区分。

二、资本主义生产方式的"内在与外在"

对马克思来说,一切时代共有的普遍规定是一种外在的关系,只有深入内在的社会条件才能把握具体的总体。这种对于社会现实的认识使得马克思区别于传统政治经济学者,"机制"层面上现实个人的对象性活动还是资本增殖的经济过程。但是这两者其实并不对立,前者是后者的基础,而社会现实正是实存和本质的统一。因而资本主义生产方式的经济过程总是一个双重的过程,在其外在表层是资本增殖的过程,而其内在本质是资本主义生产方式下社会个人的生产实践。

1. 经济过程与生产过程

在运用了这样一种"抽象与具体"方法的前提下,马克思在《政治经济学批判》导言中针对穆勒在其《政治经济学原理》第一章中对"生产"的论述,说明资本主义生产外部关系和内部机制的区分。

约翰·穆勒对于生产的表述仅限于归纳和列举生产的各种要素和条件并将资产阶级关系当作一般条件。而马克思在历史唯物主义的基础上重建了生产、分配、交换与消费的整个过程。一方面,从内在关系上,历史唯物主义视角下的生产总是"一定社会发展阶段上的生产"和"社会个人的生产"。马克思的政治经济学批判所研究的乃是"现代资产阶级生产"这种特殊社会条件下的生产,它在一个具体社会中是一个"生产总体"。而在外在关系上,从资本的视角出发,资本主义生产方式体现为资本增殖各个环节的一系列经济过程,包括生产、分配、交换与消费。前者是历史的产物,包含特定社会条件对生产的促进和限制,后者则将资本规律当作超历史的,将资产阶级关系当作一种自然关系。另一方面,是庸俗经济学中经济过程的肤浅表象。社会成员占有、改造自然,生产产品;按社会规律出发分配产品;按照个人需求进行产品交换;最后消费产品以满足个人需求。从商品的生产到消耗,这里完成一个循环。这一循环的出发点和终点都以商品为尺度,并且其中各个环节是相互并列的独立领域。对这一问题的批判不在于四个环节是独立的还是普遍联系的,而在于它们是如何切中社会现实的。正如马克思所说,"好像这里的问题是要对概念作辩证的平衡,而不是解释现实的关系"。①

在现实的关系中,生产、分配、交换、消费是普遍联系着的,但是这种普遍联系不是作为一个经济过程的事实性联系,而是作为一定总体性的深度结构,其中生产起支配作用。"生产既支配着与其他要素相对而言的生产自身,也支配着其他要素。过程总是从生产重新开始。交换和消费不能是起支配作用的东西,这是不言而喻的。分配,作为产品的分配,也是这样。而作为生产要素的分配,它本身就是生产的一个要素。因此,一定的生产决定一定的消费、分配、交换和这些不同要素相互间的一定关系。当然,生产就其单方面形式来说也决定于其他要素。"②庸俗经济学把握的是商品的表面的经济过程,而不是商品的现实关系。在范畴关系下,生产和消费、分配、交换的关系似乎是彼此独立、相互依赖、相互转化的"平等"关系。但是在马克思看来,对消费、分配和交换而言,生产是现实的起点。在马克思这里"生产"不仅意味着生产具体产品而且是生产产品的前提,即生产关系和社会条件的生产,乃至社会的具体总体。生产不仅生产和再生产出"及物"的商品,而且生产和再生产出"不及物"的社会结构和社会关系。因此,作为生产条件的生产,消费同时是生产过程的实现,分配同时是生产要素的分配,而交换作为分工的结果,其广度和深度由生产结构决定。因此最后马克思区分了作为总体的生产和作为普通经济学一个环节的单方面生产两个视角。前者是决定其他环节的本质性因素,后者是作为表象的直接的商品生产过程。但是两者是统一的,商品的生产必须通过

---

① 《马克思恩格斯全集》(第 30 卷),人民出版社 1995 年版,第 31 页。
② 同上书,第 40 页。

社会关系和社会结构的生产，通过历史形成的一定的生产方式来得到诠释。而经济学家抽掉的是社会形式的因素，从纯粹现象出发，将生产仅仅视作产品的直接生产过程，进而将经济过程的各个环节视作范畴间独立、平等的关系。他们没有看到，任何经济过程的环节都以一定的生产方式为前提，起决定作用的在于作为总体的生产。也就是《德意志意识形态》中马克思所说的，"人们生产自己的生活资料，同时间接地生产着自己的物质生活本身"。①

在此基础上，马克思解释了为什么生产处于经济过程的核心。不是因为生产这一特殊环节的优先地位，而是因为生产作为一个整体是对社会现实的揭示，在生产中资本主义生产方式的本质性矛盾才显露出来，而分配、消费、交换等环节都旨在遮蔽这一矛盾。

2. 马克思的形式分析方法

与马克思"现实抽象"相关的是马克思的形式分析方法，形式分析法被认为是马克思《资本论》的主要方法。形式分析意味着从外在的表现形式深入内在的形成机制。"社会形式"是范畴关系和事实关系的秘密中介。

首先，马克思的"形式"一词来自黑格尔的界定。"我们不能忘记，在内容与形式的关系问题上，马克思是站在黑格尔的立场上，而不是站在康德的立场上。康德认为形式是与内容相联系的外在的东西，是从外面依附于内容的东西。从黑格尔哲学的观点来看，内容本身并不是形式从外部所依附的东西。毋宁说，在内容的发展过程中自己产生了形式，而形式早已潜伏在内容中。形式必然来自内容本身。这是马克思和黑格尔方法论的一个基本前提。"②与康德将形式与内容相互分离不同，黑格尔的形式和内容是一体的。"现象界中相互自外的事物是一整体，是完全包含在它们的自身联系内的。现象的自身联系便这样地得到了完全的理定，具有了形式于其自身内，并因为形式在这种同一性中，它就被当作本质性的持存。所以，形式就是内容，并且按照其发展了的规定性来说，形式就是现象的规律。"③因而一方面，形式和内容

---

① 《马克思恩格斯选集》（第 1 卷），人民出版社 1995 年版，第 67 页。
② Rubin I., *Essays on Marx's Theory of Value*, Montreal & New York, Black Rose Books, 1990, p.117.
③ ［德］黑格尔：《小逻辑》，商务印书馆 1996 年版，第 278 页。

是内在联系着的，不存在无内容的形式和无形式的内容。另一方面，形式和内容之间的外在关系，乃是由于形式没有返回自身，进而成为与内容不相干的外在存在。在这样一种"双重形式"中，内容与形式在绝对关系中相互转化。在马克思关于"价值形式"的讨论中，价值形式同样是价值的内在规定。当然这种关系不是在"绝对关系"之中，而是在"历史关系"中作为"现实抽象"。

其次，既然形式不是外在依附于内容的东西，那么形式分析显然处于非实证性层面的。正如克里斯多夫·J. 阿瑟（Christopher J. Arthur）在批判布雷弗曼等人对《资本论》劳动过程理论时所提到的，抽象劳动概念和具体劳动之简单形式不能混淆，"前者是社会形式的规定性，后者是工人劳动的物质简化"。① 也就是说，大工业社会中工人劳动的简单化并不是对马克思抽象劳动的"符合"。因为马克思的形式分析和实证分析在两个不同的层次上，"资本所雇佣的劳动无论其'符合'程度如何，都会被建构为'抽象'"。② 形式分析意味着马克思的预言即使在当下没有实证，也不代表马克思的理论是无效的，因为马克思所探讨的历史是基于机制层面的潜在的作用，它并不时时刻刻反映在事件层面。"从批判实在论的视角来看，实证主义的反对是误导性的。它来自将因果思考为确定性的事件性的规律，而斯密和马克思所说的趋势是非事件性规律。它们最好被概念化为力量而非规则。规则暗示了决定论，力量是对抗性的因果性质。"③所以理论解释"需要关于基本'现实'的假设，这些假设似乎与感官证据相矛盾"。④ 如利特尔所说，马克思的本质指的是区别于事实的"内在本质"，"马克思的本质主义等同于这样一种观点，即社会科学的目标是显示系统的可观察特征是如何被其'内在生理'所塑造的"。⑤ 这种内在生理是一种深层的。"社会系统，它就是真实的。内在生理在某种程度上也是真实的，它代表了一个抽象的解释，正确地假定了基础结构的要素。描述性和解释

---

①② ［英］克里斯多夫·J. 阿瑟：《新辩证法与马克思的〈资本论〉》，北京师范大学出版社 2018 年版，第 49 页。

③ Popora D. V., *Reconstructing Sociology: The Critical Realist Approach*, Cambridge: Cambridge University Press, pp.49-50.

④ Little D., *The Scientific Marx*, Minneapolis: University of Minnesota Press, 1986. p.124.

⑤ Ibid, p.93.

性的解释都代表了合理的分析层次,而且至少都是潜在的真实。"①

形式分析的方法在马克思这里意味着一个社会经济基础从表层到核心的过程。

"从生产领域(核心)到市场领域(表层)的生产协调的脱裂需要核心与表层这两个相反渠道的交流。

1. 核心送出关于自身的信息到表层。

2. 经济代理人在经济表层的框架下相互作用,并且通过行为表现核心传来的信息,作为一种无意识的间接影响维持和再现核心结构。

从资本主义真正运转的事实中我们可以推断出资本主义的运作必须使核心与表层的两个渠道的交流得到实施。无论什么时候马克思使用单词'表现'(expression)时,他指的是第一个渠道,他使用单词'形式'(form)时他指的是第二个渠道。"②

在资本主义生产方式中,形式分析就意味着从商品等价交换的表层进入商品二重性和劳动二重性的核心。因此,马克思的剩余价值不仅是量上的差额,而且是作为一种本质性的社会机制的体现。"然而根据马克思的观点,任何仅仅分析拜物教表象层面的社会科学是错误和歪曲的。相反,我们必须分析现实,分析以生产和占有剩余价值为基础的资本和劳动的组织。"③

三、实在与范畴的关系

在马克思的"抽象—具体"方法中,范畴关系和实在关系始终是一体的,将脱离实在的纯粹范畴关系视作意识形态的"颠倒"。与逻辑实证主义与语言逻辑的意义取代实在关系不同,马克思强调范畴和实在始终是不可分的。"抽象—具体"的方法不仅是方法论而且是本体论,不仅是范畴关系的,而且是实

---

① Little D., *The Scientific Marx*, Minneapolis: University of Minnesota Press, 1986. p.96.
② [英]安德鲁·布朗、史蒂夫·弗利特伍德、约翰迈克尔·罗伯茨等:《批判实在论与马克思主义》,广西师范大学出版社 2007 年版,第 66 页。
③ Keats R. & Urry J., *Social Theory as Science*, London & Boston: Routledge & Kegan Paul Ltd, 1975, p.73.

在关系的。马克思在《资本论》第二版跋中就区分了"叙述方法"和"研究方法"。"当然,在形式上,叙述方法必须与研究方法不同。研究必须充分地占有材料,分析它的各种发展形式,探寻这些形式的内在联系。只有这项工作完成以后,现实的运动才能适当地叙述出来。这点一旦做到,材料的生命一旦在观念上反映出来,呈现在我们面前的就好像是一个先验的结构了。"①范畴的叙述顺序和历史的发生顺序并不一致,甚至相反,这是正常的现象。而科学范畴的正确叙述方法一方面在于叙述正确的科学分层。"科学正确的生产方式理论必须采取分层分析的形式,在分层分析中,将影响和决定生产方式性质的各种因素按照反映其解释重要性的顺序加以介绍。"②另一方面就在于将实在的各个层次按照正确的顺序叙述出来。"具体的整体,也就是说,必须按照理论上正确的顺序来再现……因此,正确的程序是这样的:为了解释社会系统的经验细节,必须构建一系列阶段的描述,从对内在生理的抽象描述,到越来越具体的因素,以反映这些因素的重要性。"③

《政治经济学批判》导言中,马克思区分了两种范畴和实在的关系。第一种情况是简单范畴出现在复杂范畴之前,其对应的实在在于在简单社会中处于的支配地位和复杂社会中的从属地位,比如占有和所有权的关系。相对于所有权,"占有"显然是一个较为简单的范畴。在没有所有权之前,原始的家庭和部落就存在占有行为,而所有权则是随着法的产生而产生的。而到了相对复杂的现代社会,占有则是从属于所有权的,就像黑格尔法哲学中所表述的那样。"黑格尔论法哲学,是从占有开始,把占有看作主体的最简单的法的关系,这是对的。但是,在家庭或主奴关系这些具体得多的关系之前,占有并不存在。相反,如果说存在着还只是占有,而没有所有权的家庭和部落整体,这倒是对的。所以,同所有权相比,这种比较简单的范畴,表现为比较简单的家庭团体或部落团体的关系。它在比较高级的社会中表现为一个发达的组织的比较简单的关系。但是那个以占有为关系的比较具体的基础总是前提。可以设想有一个孤独的野人占有东西。但是在这种情况下,占有并不是法的关系。

---

① 《马克思恩格斯全集》(第 44 卷),人民出版社 2001 年版,第 21—22 页。
② Little D., *The Scientific Marx*, Minneapolis: University of Minnesota Press, 1986. p.106.
③ Ibid, p.111.

说占有在历史上发展为家庭,是错误的。占有倒总是以这个'比较具体的法的范畴'为前提的。"①第二种情况则是简单范畴出现在复杂范畴之后,其对应的实在情况在于在简单社会中处于从属地位,在复杂社会中处于支配地位。比如货币和实物租、实物税等实物货币范畴。在秘鲁和斯拉夫的一些原始公社中早已存在分工和协作,但是却不存在货币,哪怕在希腊和罗马社会中,货币也不如在现代资产阶级社会中发展的充分。可见,在现代资产阶级社会中占支配作用的货币并不是在这些相对简单的社会中处于支配地位。"因此,这个十分简单的范畴,在历史上只有在最发达的社会状态下才表现出它的充分的力量。它绝没有历尽一切经济关系。例如,在罗马帝国,在它最发达的时期,实物税和实物租仍然是基础。那里,货币制度原来只是在军队中得到充分发展。它也从来没有掌握劳动的整个领域。"②

由此,马克思得出结论:范畴关系是随着历史环节的不断展开而获得充分发展的。"可见,比较简单的范畴,虽然在历史上可以在比较具体的范畴之前存在,但是,它在深度和广度上的充分发展恰恰只能属于一个复杂的社会形式,而比较具体的范畴在一个比较不发展的社会形式中有过比较充分的发展。"③尽管范畴关系的顺序和具体实在的展开顺序并非一致,但是历史环节越是充分、广泛地展开,简单范畴越是获得发展,越是获得主导地位。所以,历史的发展是简单范畴得以获得充分表达的前提。"这些范畴可以在发展了的、萎缩了的、漫画式的种种形式上,总是在有本质区别的形式上,包含着这些社会形式。所说的历史发展总是建立在这样的基础上的:最后的形式总是把过去的形式看成是向着自己发展的各个阶段,并且因为它很少而且只是在特定条件下才能够进行自我批判,这里当然不是指作为崩溃时期出现的那样的历史时期——所以总是对过去的形式作片面的理解。基督教只有在它的自我批判在一定程度上,可说是在可能范围内完成时,才有助于对早期神话作客观的理解。"④对范畴关系和实在关系的把握前提在于对社会主体进行"自我批判"。它表明了实在关系参与构成了话语逻辑,并且只有通过对实在关系的考

---

① 《马克思恩格斯全集》(第30卷),人民出版社1995年版,第43页。
②③ 同上书,第44页。
④ 同上书,第47页。

察才能真正获得话语的意义。"在思辨终止的地方,在现实生活面前,正是描述人们实践活动和实际发展过程的真正的实证科学开始的地方。关于意识的空话将终止,它们一定会被真正的知识所代替。"①

这样,在批判实在论视野下,马克思政治经济学批判中"抽象—具体"的方法可以简要总结如下:

(1) 实证方法的"抽象—具体"停留于现象层面,事实为出发点,以事实之间的恒常性联系作为因果来源。它只是达到了外在关系,而没有触及内在的本质。

(2) 历史唯物主义的"抽象—具体"方法是多层次的统一。范畴体系必须和社会现实联系在一起。"抽象—具体"不仅指的是范畴关系,而且是社会现实。"抽象"是一种社会机制的来源。"具体"则指的是事件领域。两者构成马克思意义上"具体的总体"中不同的层次。

(3) 叙述方法和研究方法的顺序未必一致,简单范畴与抽象范畴的顺序也并非一一对应,科学的任务在于正确叙述这种范畴顺序以使之切合社会现实的发展。其中包含的必然趋势随着社会复杂化程度加深,在历史环节充分展开后,简单范畴将获得充分发展。而这种正确顺序的前提在于社会主体的自我批判。

第三节 能动性、结构性与辩证法

政治经济学批判"具体—抽象"的方法指向机制与事件的互动,在历史问题它同样体现在社会的结构性和能动性的矛盾之上。而这一问题又涉及马克思的辩证法是如何解释社会各层次的辩证关联以及社会变革的。一般说来,批判实在论的辩证法与马克思的辩证法有着共同的信念。②"在马克思成熟的著作中,我们很难分清马克思究竟是相信经济里的结构变革导致社会变革,还是社会行动者本身是变革的首要原因。很明显,从理论视角而言马克思相

---

① 《马克思恩格斯选集》(第1卷),人民出版社1995年版,第73页。
② [英] 安德鲁·布朗、史蒂夫·弗利特伍德、约翰·迈克尔·罗伯茨等:《批判实在论与马克思主义》,广西师范大学出版社2007年版,第230页。

信结构和行动者是辩证相关的,但从本体论上来说他却更多地强调结构。正是从这个意义上说,马克思是个实在论者。但是,就其实在论是以辩证形式表达的而言,他又具有了建构论的成分。"①这种共同的信念包含了对结构性和能动性为基础的"两种马克思主义"的批判。

一、"两种马克思主义"与马克思方法的内在矛盾

关于马克思的知识理论在西方社会理论中向来被视作内在相互矛盾的两个维度,一是结构性维度,强调个人对社会结构的从属性,比如经济和社会的进化论。二是能动性的维度,强调个人或集体的社会行动对结构的改造,比如暴力革命和社会改造学说。古尔德纳在其《两种马克思主义》中区分了科学马克思主义和批判马克思主义,前者是客观的社会结构进化理论,后者是主观的革命理论。"马克思认为社会主义的出现首先依赖于特定客观条件的成熟,尤其是先进的工业化结构,同样马克思也认为资本主义是通过自身盲目、客观和必要的法则来创造这些条件。因此,资本主义是社会进化的一个阶段,必然会产生另一个更高的社会主义。与此同时,马克思并不认为他的理论仅仅是一种社会科学……它同样是一种暴力革命的学说。马克思主义不是试图简单地理解社会;它不仅预言了推翻资本主义的无产阶级革命的兴起,而且还积极动员人们去推翻资本主义。它介入改变世界。"②古尔德纳认为这两者都是真正的马克思主义,但是它们是相互对立的,是马克思主义潜在的矛盾性。类似的观点在社会理论中被广泛接受,这种认识论、方法论的自我矛盾被理解为马克思方法论的主要特征。

马克思社会科学方法论的二分法旨在表明两种马克思能动性与结构性、主观主义与客观主义的矛盾。贯穿在一系列马克思主义的讨论中,比如阿尔都塞与 E. P. 汤普森关于结构与经验的争论、劳动过程理论中布雷弗曼的传统马克思主义与后福特主义的讨论以及拉克劳、墨菲的后马克思主义对传统马克思主义的批判等。在方法论上,"两种马克思主义"又体现为方法论个人主

---

① [法]吉尔德·德兰逊:《社会科学:超越建构论和实在论》,吉林人民出版社 2005 年版,第 71 页。
② Gouldner A., *Two Marxsim: Contradictions and Anomalies in the Development of Theory*, London: Macmilan, 1980, p.32.

义和结构主义在马克思主义理论中的内在张力。

1. 方法论个人主义与马克思主义的微观基础

传统马克思主义往往被认为过于注重宏观结构和社会形态,缺乏微观基础。而运用方法论个人主义来理解马克思正是针对这一问题,它的基本规定在于:(1)将全部社会现象还原为个人的行动、信念等,因此它带有一种还原论的倾向。"全部社会现象其结构和变化在原则上是可以以各种只涉及个人(他们的性质、目标、信念和活动)的方式来解释的。"① 因此(2)以个体的意向性分析和解释为基本方法。其衡量标准在于"总体性社会实体的属性和关系是不是具有不可化约的解释性"以及"个人之间的关系是不是具有解释性"。②(3)社会结构是个人行动的意外结果。所以在方法论个人主义看来,个人的行为、信念等是唯一真实的领域,与之相应社会结构则不具备独立性。因此相较于结构主义,其基本假定在于:(1)结构不能完全决定社会中个体所采取的行动;(2)在与所有约束条件相容的可行性行动集合中,个体选择那些他们认为会带来最佳结果的行动。③ 方法论个人主义也体现在理性选择、最大化原则、博弈论等方法中。

将马克思理解为方法论个人主义的思路最初来自对马克思的功利主义解释,比如凡勃伦对马克思阶级斗争理论的解释。凡勃伦认为阶级斗争是马克思区分于达尔文主义的重要标志,阶级斗争的出发点是自利原则,"这种观念既不是达尔文主义的,也不是黑格尔主义的,无论是黑格尔左派还是右派。它源于功利主义,具有英国血统,由于马克思从自利理论体系借用了一些元素,因此,它是属于马克思的。实际上它是一种快乐主义,与边沁有关而不是与黑格尔有关"。④ 因此,阶级是通过共同的经济利益团结起来的,阶级斗争来自经济利益的差异性。"当社会的大部分成员发现当前的经济安排不能为自己带来好处的时候,他们就会思考,并联合起来迫使一种更公平、对他们更为有

---

① [英]乔恩·埃尔斯特:《理解马克思》,中国人民大学出版社2008年版,第4页。
② Levine A., Sober E., Wright E. O., "Marxism and Methological Individualism", *New Left Review*, I-162(Mar-Apr 1987), pp.69-70.
③ Elster J., "Marxism, Functionlism and Game Theory: The Case for Methodological Individualism", *Theory and Society*, 11, 1982, p.464.
④ [美]托尔斯坦·凡勃伦:《科学在现代文明中的地位》,商务印书馆2012年版,第345—346页。

利的重新调整。"①而当代方法论个人主义的解释主要集中于分析的马克思主义,"方法论个人主义"被分析的马克思主义视作其三种基本方法之一。②

从方法论个人主义解释马克思,其特征在于:(1)将微观基础置于马克思主义理论的核心地位。传统马克思主义注重宏观的历史结构,相对缺乏微观的方法。而方法论个人主义一些理论家补充了马克思社会理论的微观基础。埃尔斯特认为:"如果没有对个人层面运作机制的确切了解,马克思主义关于宏观结构和长期变化的宏大主张就只能停留在猜测的层面。"③因此(2)以"理性选择"理论来理解马克思的社会、政治以及经济关系。比如奥尔森认为:"马克思是用生产性财产的所有关系来定义一个阶级的……阶级是以其经济利益来定义的,为了增进这些利益,它们会动用各种手段,直至暴力。正如阶级是自私的,个人也是自私的。"④并且以马克思个人的理性自利行为和非理性的阶级行为之间的矛盾来解释革命动力的匮乏。与之相反,埃尔斯特则从"阶级意识"的角度探讨了工人阶级的集体行为何以可能。(3)以"博弈论"的角度解释阶级成员之间的关系以及阶级剥削关系。比如罗默从数学的博弈论模型来解释剥削关系,以微观基础和均衡模型来解释马克思的阶级理论。⑤ 因此(4)在因果性问题上,方法论个人主义以意向性因果来消解马克思关于社会结构的"超意向性因果"和关于"偏好"形成的"亚意向性因果",⑥并以之来反对"结构性"和"功能性"的方法。

2. 结构主义与马克思主义的宏观基础

以"结构"以及结构进化的方法来理解马克思,起先见于恩格斯的"角色理论"以及第二国际思想家的历史决定论。恩格斯在《致瓦尔特·博尔吉乌斯的信》中说道:"恰巧某个伟大人物在一定时间出现于某一国家,这当然纯粹是一种偶然现象。但是,如果我们把这个人去掉,那时就会需要有另外一个人来代

---

① [美]托尔斯坦·凡勃伦:《科学在现代文明中的地位》,商务印书馆2012年版,第365页。
② [英]G. A. 科恩:《卡尔马克思的历史理论——一种辩护》,高等教育出版社2008年版,第2页。
③ Elster J., "Marxism, Functionlism and Game Theory: The Case for Methodological Individualism", *Theory and Society*, 11, 1982, p.454.
④ [美]曼瑟尔·奥尔森:《集体行动的逻辑》,格致出版社、上海人民出版社2014年版,第100页。
⑤ [美]约翰·罗默:《马克思主义经济理论的分析基础》,上海人民出版社2007年版,第7—11页。
⑥ [英]乔恩·埃尔斯特:《理解马克思》,中国人民大学出版社2008年版,第15—23页。

替他,并且这个代替者是会出现的,不论好一些或差一些,但是最终总是会出现的。"①在这里,伟大人物扮演的是一个历史的角色,历史的必然进化结构优先于个人。与之类似,第二国际的思想家如考茨基、普列汉诺夫也秉承了这种历史结构进化的优先性。和恩格斯类似,普列汉诺夫也将杰出人物的个性当作偶然现象,并将恩格斯的表述导向机械论的方面。"精神发展和社会发展领域中任何特定的杰出工作者的'个性',都是属于偶然之列,这些偶然性的出现丝毫没有妨碍人类智力发展行进的'中间'线,是同人类经济发展并行前进的。"②所以,无论多么伟大的个人也只是扮演了历史的角色。第二国际的机械决定论也体现在对生产力进化结构的机械理解中,他们将资产阶级社会的完全发展视作社会主义不可逾越的前提。与列宁的主观介入不同,第二国际的思想家更多采取的是被动等待的策略,等待生产力的发展,等待阶级意识的成熟,乃至于等待资本主义发展的成熟。"只有靠资本主义所带来的生产力的大规模发展,只有靠资本主义所创造的并且集中在资本家阶级手里的巨额财富,社会主义——也即在现代文化之下的普遍福利——才会成为可能。用荒唐的政策——譬如毫无结果的内战——来消耗这种财富的国家制度,从一开始就没有提供任何足以极迅速地扩大各阶层福利的有利的起点。"③

在一般意义上,"结构主义的马克思主义"主要归于阿尔都塞名下。阿尔都塞结构主义的马克思主义,其方法论基本特征在于:(1)无主体历史。阿尔都塞从黑格尔的哲学出发解读马克思,将后期马克思的基本思想解释为"无主体的过程"。"主体、人的本质和异化等概念完全消失,化为乌有,没有主体的过程这一概念得到解放,成为《资本论》中一切分析的基础。"④因此结构主义的马克思主义(2)反对人道主义。人不是历史的主体。阿尔都塞在谈到恩格斯历史合力论时说道:"个人意志居然能产生历史事件!但如果仔细研究起来,人们勉强可以承认,这个公式能向我们提供产生实践的可能性,但决不提供产生历史事件的可能性……某个事件之所以成为历史事件,这并不是因为

---

① 《马克思恩格斯文集》(第 10 卷),人民出版社 2009 年版,第 669 页。
② 《普列汉诺夫哲学著作选集》(第 3 卷),生活·读书·新知三联书店 1962 年版,第 193 页。
③ 《考茨基文选》,人民出版社 2008 年版,第 372 页。
④ [法]阿图塞:《列宁和哲学》,台北远流出版社 1990 年版,第 145 页。

它是个事件,而恰恰是因为它具有历史的形式和历史事实的形式(结构和上层建筑的形式)。"①类似的观点也包含在阿尔都塞晚期对意识形态的探讨中,阿尔都塞强调作为"现实的"国家机器的意识形态其功能在于通过一种双重镜像结构将具体的"个人"唤为主体,②也就是吸纳进"结构"之中。所以在对人道主义的批判中,阿尔都塞旗帜鲜明地反对事件因果性,而取而代之以(3)结构因果性,即因果由整体结构中的位置决定。"也就是说,在各有关领域中活动的'不同矛盾',虽然汇合成为一个真实的统一体,但并不作为一个简单矛盾的内在统一体中的简单现象而'消失'……'矛盾'在其内部受到各种不同矛盾的影响,它在同一项运动中既规定着社会形态的各方面和各领域,同时又被它们所规定。我们可以说,这个'矛盾'本质上是多元决定的。"③这一方法也为尼科斯·普兰查斯所继承,普兰查斯以结构因果性来理解权力和阶级关系。"实际上,阶级关系在每一个方面都是权力关系;然而权力仅仅是这样一个概念,它表示结构整体对处于冲突中的各个阶级的实践关系的影响。"④

3. 社会整合与系统整合:马克思主义微观与宏观层面的整合

所谓"两种马克思主义"的界定实质上是现代社会科学中两种不同方法论范式对马克思主义的解释,一者是基于"能动性"(agency),二者是基于"结构"(structure)。前者强调微观基础的重要性,后者则更注重宏观基础,前者基于事件因果性,后者则基于结构因果性。但是两者分享一种共同的前提,即一定程度上的还原论。前者将个人活动视作唯一真实的领域,将社会结构还原为个人行为的意外结果。后者则将个人吸纳进社会结构之中不具备独立性,社会过程是唯一的主体。

但是以还原论的视角来理解社会科学本身带有很大的局限性。正如安德鲁·莱文和欧林·赖特所说:"对微观基础分析重要性的信仰并不需要承诺方法论个人主义。此外,没有必要将微观基础分析等同于理性的战略行为者模型。社会现象还有许多其他可能的微观基础……如果社会科学调查的性质和

---

① [法] 路易·阿尔都塞:《保卫马克思》,商务印书馆1984年版,第103页。
② [法] 路易·阿尔都塞:《论再生产》,西北大学出版社2019年版,第368页。
③ [法] 路易·阿尔都塞:《保卫马克思》,商务印书馆1984年版,第78页。
④ [希腊] 尼科斯·普兰查斯:《政治权力与社会阶级》,中国社会科学出版社1982年版,第105页。

关系是伴随发生的,那么它应当在方法论上是反还原论的。"①无论是将结构还原为能动性还是将能动性还原为结构,都不足以解释社会科学的开放性体系。对于社会科学而言,还原论显然是对方法的简化和抽象化。类似的问题也体现在教科书马克思主义的经济决定论和历史决定论中。所以对马克思来说,"固然马克思主义是建立在唯物论哲学上的,但说唯物论必须意味着还原主义或合并主义这是错误的"。②

由于还原主义具有非常大的理论缺陷,社会理论往往趋向于将两者结合起来。比如洛克伍德通过"社会整合和系统整合"这两个不同层次的整合来调和社会冲突论和结构功能主义。社会整合是关于行动者之间的一致或冲突关系,而系统整合则是关于社会系统各部分之间的一致或冲突关系。③ 以马克思为例,"马克思清晰区分了社会整合与系统整合。阶级对抗的倾向(社会整合方面)一般说来是生产关系特征的一个功能(如阶级内部认同和交往的可能性),但是阶级对抗的动力十分明确的和不断增长的经济系统的矛盾相关。我们基本上可以说马克思理论中决定变迁的'矛盾'不是生产关系系统中的权力冲突,而是从生产力和财产制度的矛盾中产生的系统冲突。"④换句话说,洛克伍德通过马克思揭示了哪怕在一致性的系统层面也包含着冲突因素,而在冲突性的社会层面也包含着整合因素。整合性的价值体系社会冲突的前提,其对潜在冲突的各种位置和形成以及不同社会阶层的建构有着重要意义,同样,生产方式中物质条件和生产制度的社会矛盾也会导致功能失调和结构性的冲突。因此,冲突论和结构功能主义并非完全对立的两者,关键在于区分不同层次上的整合和冲突因素。而洛克伍德"社会整合与系统整合"思路被吉登斯、哈贝马斯等社会理论家所继承,用以沟通微观和宏观的社会领域。

就马克思而言,这种宏观和微观、能动性和结构性的沟通本身似乎并不是

---

① Levine A., Sober E., Wright E. O., "Marxism and Methological Individualism", *New Left Review*, I‐162 (Mar‐Apr 1987), pp.83‐84.
② Creaven S., *Emergentist Marxism: Dialectical Philosophy and Social Theory*, London & New York: Routledge, 2007, p.148.
③ Lcokwood D., "Social Integration and System Integration", in Zollschan K.G. ed., *Explorations in Social Change*, Routledge: Routeledge, 1964, p.245.
④ Ibid, pp.249‐250.

一个问题。马克思意义上的结构和个人并不是两个独立的领域。个人和结构不具备超历史的存在。正如克莱文所说:"无论是青年马克思还是老年马克思都不会赞同结构与能动性之间非此即彼的立场,相反,马克思在他的理论和政治著作中含蓄地区分了结构和能动性。但这是基于他认识到两者在解释社会系统方面都发挥了关键作用。"[1]在马克思这里,社会的生产关系优先于一定的结构和个人,而这种关系带有强制性,因而它也是一种权力关系。就权力关系而言,马克思将支配性和生产性结合在一起,在塑造结构的同时塑造个人。权力关系处于社会生活条件的"客观精神"领域。因此所谓的"两种马克思主义"并不是马克思主义方法的内在矛盾。当我们把握了马克思方法论背后的实在层面,"能动—结构""主观主义—客观主义"的矛盾就不再是一种真实的矛盾。换句话说,在马克思看来,现代社会的结构不是抽象个人与整体社会的矛盾,而是资本和劳动的矛盾。抽象个人之所以在现实中得以可能,乃是由于整个社会以抽象劳动为衡量尺度,看似无所依赖的个人背后是资本的"物的依赖性"。

二、作为结构性能力的社会权力

对于马克思来说客观结构和主观能动性是彼此交融的。结构和能动性的议题上,两者的相互作用与历史、权力等问题结合在一起。

1. 权力的范式

权力向来被视作能力和支配的结合。前者意味着特定主体所拥有的力量,后者则是一种非对称性的统治与被统治的关系。而在社会科学和政治哲学中,权力的研究以事实性和规范性为导向,或是以意志或功能来理解权力事实,或是以正当性(legitimacy)来划分权力的范围。

(1) 权力的社会科学与政治哲学范式

社会科学中关于社会权力的探讨主要基于事实性。基本界定至少包含两个维度:行为导向和结构导向。行为主义(behaviorism)路径强调主体对他人行动的支配,结构主义(structuralism)的维度则将权力当作社会系统的普遍

---

[1] Creaven S., *Emergentist Marxism: Dialectical Philosophy and Social Theory*, London & New York: Routledge, 2007, p.142.

中介,与此相应似乎还有一种交互性、整合性的权力维度试图将权力作为个人与社会之间互动的转换能力。

行为主义的社会权力维度源自韦伯对权力的定义:"行动者在一个社会关系中,可以排除抗拒以贯彻其意志的机会,而不论这种机会的基础是什么。"① 其落脚点在于个体、决策、利益冲突和政策偏好。因此这一类定义也可以应用于社会冲突论和社会交换理论等。罗伯特·达尔对行为主义的权力观进行了经典的定义:"A 有对 B 的权力因为他可以让 B 做他本来不会做的事情。"② 这种权力不仅要求实施而且要求成功的检验。③ 因为如果我们没有看到权力的具体实施就不知道谁是权力的执行者。④ 这一观点将直接的决策参与当作权力的运作领域,并将权力当作决策偏好之间的冲突。与此相应的行为主义的第二种面向在坚持行为主义的意志与意志的实现的基础条件同时,将"不决策"当作是阻止暂时的不满发展成完全的对抗和冲突的方式。这种不决策的因素划定了决策的范围,包括主流价值观、政治程序、政治仪式或者公认的游戏规则等。在权力的实施过程中,这种不决策具有"倾向性动员"(mobility of bias)的作用,它保证了具体决策的"安全性",⑤ 预防权力冲突的升级。第三种社会行为为基础的权力面向从"反决策""潜在决策"的角度提出了一种激进主义的权力观点。权力不仅是实际的决策行为(不决策本身也是一种实际的决策),而且潜在的决策本身也是权力的维度,它指向人的潜在的"真实利益"。因而权力运行中的反事实行为被理解为决策与个人潜在真实利益的冲突。⑥ 尽管卢克斯的维度暗示了一种客观的结构和机制在权力行为中的作用,但是行为主义的权力研究大体上依然以方法论个人主义为准则。

结构主义路径则是从社会系统和社会结构的整体性角度出发,将权力当作实现共同体利益的普遍媒介、社会整体结构的影响(effect)或集体性权力,

---

① [德] 马克斯·韦伯:《韦伯作品集 VII:社会学的基本概念》,广西师范大学出版社 2005 年版,第 71—72 页。
② Dahl R. A., "The Concept of Power", *Behaviour Science*, 2(3), 1957, pp.202 - 203.
③ Ibid, p.204.
④ Polsby N. W., *Community Power & Political Theory*, New Haven & London: Yale University Press, 1966, p.60.
⑤ Baratz M. S., Bachrach P., "Two Faces of Power", *The American Political Science Review*, 56 (4), 1962, p.948.
⑥ [英] 史蒂文·卢克斯:《权力:一种激进的观点》,江苏人民出版社 2012 年版,第 17 页。

因而重要的是权力作为客观的社会系统所产生的影响和功能,权力意味着组织性的力量,它是实现某种结果的能力。[1] 首先,权力被当作社会共同体的特定属性,即一种普遍媒介及其现实的效果。[2] 比如社会系统的功能或者社会结构的影响。在结构功能主义者这里,权力具有社会系统中为集体行动有效调动资源的普遍媒介功能。[3] 因而权力通常被比作为货币(帕森斯)或者普遍化的符号(卢曼)。它是一种象征性的流通媒介,在各个社会子系统中流转,并通过系统的有效性来衡量。其次,从社会整体结构出发,将权力当作社会整体对于社会阶级冲突的影响效果。[4] 作为一种社会整体的结构与阶级的关系,权力不是由结构直接决定的,而是表现为多种社会力量的综合所产生的地位和界限。[5] 再次,权力是一种集体性的力量,权力在这里不是个体 A 对于个体 B 的影响,而是将 A 与 B 组织起来实现共同的目标,[6]或者通过协力行动(act in concert)为群体赋权。[7] 因此,在这里权力是基于合作和组织的"非零和博弈",它关注的是权力在整个社会整体中运转而不是一些人对其他人的支配行动。[8] 因此,最后,集体性的权力来自某种程度上的集体成员的"一致同意"。这也是权力与暴力(violence)和强力(force)的本质性区分。[9] 因此,这种权力也表现为一种真正的"权威"(authority),即基于承认的服从。它以一种对等级正当性的认同[10]或者共同的价值系统[11]为前提。

与社会科学的范式不同,传统政治哲学对于权力的讨论主要从规范性切入,讨论服从与统治如何是正当的,进而在政治哲学上正当性(legitimacy)被当作权力的题中应有之义。[12] 因此,正当性的权力行使依赖于一个"权威—权

---

[1] [英]安东尼·吉登斯:《社会的构成:结构化理论纲要》,中国人民大学出版社 2015 年版,第 242 页。
[2] [英]安东尼·吉登斯:《社会理论的核心问题:社会分析中的行动、结构与矛盾》,上海译文出版社 2015 年版,第 97 页。
[3] Parsons T., "On the Concept of Political Power", *Proceedings of the American Philosophical Society* 107(3),1963,p.241.
[4] [希腊]尼科斯·波朗查兹:《政治权力与社会阶级》,中国社会科学出版社 1982 年版,第 105 页。
[5] 同上书,第 113 页。
[6] [美] T. 帕森斯:《现代社会的结构与过程》,光明日报出版社 1988 年版,第 179—180 页。
[7] Arendt H., *On Violence*, San Diego & New York & London: Harcourt Brace Javanovich, 1970, p.44.
[8] Ibid., p.40.
[9][12] Ibid., p.52.
[10] 汉娜·阿伦特:《什么是权威》,《历史法学》2012 年第 1 期。
[11] [美] T. 帕森斯:《现代社会的结构与过程》,光明日报出版社 1988 年版,第 35 页。

利"的框架。在公共性领域中,正当性权力表现为权威(authority)的概念,由此传统政治哲学也将权威和"无规范性"的纯权力(pure power)区分开来。"拥有或不拥有权力是一个描述性事实,而拥有或不拥有权威是一个规范性事实。"①而在个人方面这种正当性要求被理解为"权利"(right),即"一个人对他人提出的正当性主张"。② 两者总是相互联系在一起,比如权利在公共生活领域关系到义务和责任,而权威体现为国家(政府)层面对个人权利的限制等。

在政治哲学的框架中,"权威—权利"的叙事包含了个体与客观正当的对立,正如加里·B. 赫伯特所说:"权利的哲学史在下述两种处境之间来回交替,一种处境是,某种确定的客观正当需要在不摧毁客观正当本身的情况下为个体自由留有空间;另一种处境是,诸多主观权利的概念权威面临相互破坏这个危险的结局,除非能创造某种融洽状态(某种客观正当)。当然,这种融洽状态保护而非压制主观权利。"③正当性在某种程度上划定了权力的界限,指明了权力在何种程度上转化为权利和权威。

在近代政治哲学中,权力问题的转向其第一大特征是最高政治权威的主权由王权转向人民主权。伴随着"国王二体"向"人民二体"的转变,人民(people)在近代社会中成为主权的承载体。这种最高政治权威来源的个人主义转型则最初来自霍布斯。霍布斯结合了两种相互联系又相互区分的政治传统。一方面,他确立了现代意义上主权的个人主义来源,即国家的政治权威来自绝大多数个人的同意(consent)。④ 这一理论经过洛克、卢梭的发展成为社会契约理论。另一方面,霍布斯又继承了绝对主权的传统。尽管共同体的最高政治权威被理解为一种基于公意(general will)的公共人格,但是它具有相对于个人的独立性,并凌驾于个人之上。霍布斯以"一切人对一切人战争"的恐惧情绪为基础重塑绝对主权。这里主权者作为人民的代理人,是一个独立的政治人格并对人民具有绝对权利。由此王权与人权的对立问题转化为个人人格与公共人格之间的关系,所以在这一转向中权力的正当性又表现为共同

---

① Goodin R. E., Pettit P., and Pogge T. ed., *A Companion to Contemporary Political Philosophy*, volume II, Blackwell Publishing. 2007, p.709.
② Ibid, p.746.
③ [美]加里·B. 赫伯特:《权利哲学史》,华东师范大学出版社 2020 年版,第 4 页。
④ [英]霍布斯:《利维坦》,商务印书馆 1986 年版,第 132 页。

体与个人之间的张力以及统治与服从的限度。而与霍布斯相对,卢梭最早提出了现代意义上人民主权的概念。在卢梭看来,主权即是公意的实施,而人民既是主权者又是国家成员。① 但是由于公共人格的最高权力只具有政治义务而缺乏外在的法律约束,②其在实践中往往被私意篡夺,所以"人民主权的概念对任何想要利用它的人来说都是一个长期存在的邀请"。③ 它在法国大革命过程中导致"平民极权主义",以极端的平等取代了自由。④ 由此,"人民主权"的自我矛盾表明了以"同意"为基础的权力正当性始终无法摆脱主权对于个人的外在性质。

除去最高政治权威的个人主义来源,现代政治的另一大特征在于私有财产进入公共领域并获得绝对的权利。传统社会中私有财产被视作进入公共政治领域的条件和公共政治领域所需要隐藏的私人生活黑暗面。⑤ 其本身并不直接进入政治话题。而在现代社会,私有财产一方面由私人领域转向公共领域。"社会,在它首次进入公共领域时,伪装成一个财产所有人的组织,这些财产所有人不是因为富裕了要求进入公共领域,而是因为他们需要公共领域的保护以便积累更多财富。"⑥这样,私有财产成为公众关心的对象和公共领域的决定性因素。另一方面它又反过来促进了政治的私有化。"因为那些先前与政治强制力联系在一起的功能——不论这种政治权力是集权制还是'分权'制——现在被稳固地授予给了私人领域,而这个私人占有者阶级同时又被解除了履行更大社会功能的责任。在另一种意义上,这表示将政治从它以前直接卷入的领域中剥离出来。"⑦因此在传统公共领域和私人领域相互消解和融合的过程中,拥有财产本身成为一种公共性的政治力量,它不仅要求政治上的正当性,而且政治正当性是作为一种绝对权利出现,即在现代市民社会中私有财产权上升为一种社会的根本性权利。

---

① [法]卢梭:《社会契约论》,商务印书馆2003年版,第22页。
② 同上书,第22—23页。
③ Jackson R., *Sovereignty: Evolution of an Idea*, Cambridge: Polity, 2007, p.96.
④ [法]托克维尔:《旧制度与大革命》,商务印书馆1997年版,第32页。
⑤ [美]汉娜·阿伦特:《人的境况》,上海人民出版社2009年版,第42页。
⑥ 同上书,第44页。
⑦ [加]艾伦·梅克森斯·伍德:《民主反对资本主义——重建历史唯物主义》,重庆出版社2007年版,第44页。

现代私有财产权力的正当性论证来自洛克的财产权（property）理论。洛克将现代意义上的私有财产权纳入自然权利之中，使之具有政治意义上的绝对正当性。首先，在对菲尔默基于父权的私有财产权批判中，洛克将君主对自然排他性私人占有的绝对权利转化为上帝赐予的人类共有权利。① 进而从自由主体的人格权引出作为人格行为的生产劳动，以此作为公共财产转向私有财产自然正当性的来源。② 但这种人格的实现并非无限，作为人格实现范围的劳动能力及其使用条件的界限就是个人拥有财产的界限，这一界限通过货币的形式固定下来，所以货币使得财富超越了具体产品的易朽性，并在最大限度上保存劳动能力。因此，从洛克开始，财产权与生命权、自由权并列为自然权利的核心内容并成为共同体的保护对象。所以与古典政治哲学通过财产确立自由人格相反，现代私有财产的权力正当性不是由于它是人自由参与政治活动的前提，而是由于它是自由人格的外化。

这样一种将财产权归结为自由人格的思想在康德这里获得了一种先天论证，使得财产与主体的结合成为先天的法则。康德在"纯粹理知的占有"和"经验性的占有"的二律背反中，将理智的法权置于强制性的公民状态之下，基于先天人格的占有得以拥有一种先天的正当性而无须诉诸经验性的劳动条件。由此"外在的'我的'和'你的'的法权概念……无非就是一个人格与多个人格之关系，即在物品的使用上通过前者的意志约束所有的后者，只要前者的意志符合外在自由的公理，符合这个被先天地设想为联合起来的意志之能力的公设和普遍立法"。③ 因此，康德认为财产权利归根到底是人格之间的权利，这种权利属于公民状态的自由领域。

（2）马克思社会权力理论的实在论定位

与社会科学、政治哲学的思路不同，实在论意义上马克思的权力理论是从社会现实的层面来讨论权力，它指出服从与统治得以形成的客观社会历史结构。马克思对权力的讨论基于一个"社会主体"自我运动的"实在"领域，其核心在于揭示一定社会占支配地位的社会生活条件的生产、界限和趋势。在马

---

① ［英］詹姆斯·塔利：《论财产权：约翰·洛克和他的对手》，商务印书馆 2014 年版，第 85 页。
② ［英］约翰·洛克：《政府论》下，商务印书馆 1997 年版，第 19 页。
③ 《康德著作全集》第 6 卷，中国人民大学出版社 2007 年版，第 277 页。

克思看来,社会本质意义上的权力关系,其落脚点不在行动还是结构,抑或是权力关系的正当性范围,而是将权力界定在社会现实的领域,他将权力关系和一定阶段客观的社会生活条件结合在一起,它既是先于个人意志的社会强制性,又构成了社会变革的前提条件,它是实在的社会力量。

因此,马克思的权力理论打开了一个社会政治哲学重要的理论空间。与近代以来基于个人人格自由之正当性的社会政治哲学传统区别,这一权力形式的特征表现为:(1) 权力的社会性。权力的运行不仅是"事实—价值"领域,也不仅仅以"正当性"为前提,相反,权力关系体现为一种人不得不屈从的客观社会生活条件,它在一定的社会阶段起决定性作用,进而这种条件才是正当性之为正当性的现实前提。(2) 生产能力与社会支配的结合。由于权力来自正当性之前,所以它是一种来自现实生活中的对抗关系。马克思将人的感性活动理解为生产力和生产关系的发展过程,进而将权力理论中"……的权力"(power to)与"对……的权力"(power over)的结合理解为生产能力和社会支配的结合。其表现为生产力的增殖和社会支配关系的塑造及变革之间的互动联系。(3) 权力塑造个性与能动性。作为生产关系的社会结构不是个性和能动性的阻碍,相反,人的个性及其能动性来自一定的社会结构(生产关系),社会生产的结构性与人的个性不可分割并作为客观条件参与构成一定现实个人之个性。

2. 权力与辩证法

尽管对辩证法的理解各有不同,但是持批判实在论观点的学者基本都支持辩证法的运用。在批判实在论看来,辩证法的核心问题在于资本主义生产方式的结构性矛盾和社会转型的变革过程。"历史唯物主义的中心问题是,生产力和生产关系之间以诸阶级之间这两种主要矛盾如何相互联系,从而导致社会的变革。"[①]前者关于矛盾的本质性和不可还原性,后者则是关于社会结构和能动性的结合。

(1) 与黑格尔辩证法的本质区别

和新辩证法学派不同,批判实在论强调马克思辩证法与黑格尔辩证法的

---

① Callinicos A., *Making History: Agency, Structure, and Change in Social Theory*, Leiden Boston: Brill. 2004, p.57.

本质区别,这种本质区别在于对于实在领域的不同认识。如卡利尼科斯所说:
"黑格尔的逻辑在马克思方法的形成过程中起着构成作用,但在《资本论》的形成过程中却形成了一个必须克服(至少部分克服)的障碍。"①

巴斯卡讨论了马克思对黑格尔批判的三个阶段:(1)《黑格尔法哲学批判》以及《1844年经济学哲学手稿》最后一章中通过精神劳动对黑格尔逻辑神秘主义的揭示。(2) 在《神圣家族》《德意志意识形态》以及《哲学的贫困》中对思辨哲学的攻击。(3) 自《政治经济学批判大纲》后对辩证法的重新评价。巴斯卡认为马克思在1843—1873年间对黑格尔辩证法的根本性批判具有形式和实质的双重要素:"(a) 形式上,有三个主要的攻击目标——黑格尔的倒置、他的同一性原则和他的逻辑神秘主义;(b) 实质上,马克思着重于黑格尔未能维持自然的自主性和社会形式的历史性。"②

在形式上,"倒置性"意味着对"实在"层次的颠倒。与黑格尔将绝对精神视作真实的东西相反。"马克思认为无限的心灵是(异化的)有限存在的一种虚幻的投射,而自然是超越性的真实;黑格尔关于无限的、僵化的、有限的心灵的内在精神目的论被一种以经验为控制的方法所取代,这种方法致力于研究历史上涌现的、发展中的人类与不可还原但可改变的真实本性之间的因果关系"。③换句话说,"历史上涌现的、发展中的人类与不可还原但可改变的真实本性之间的因果关系"。而在"逻辑一致性"的批判中,马克思一方面在外在性的批判中揭示了黑格尔如何将经验事物视作思维的实体化,另一方面,在内在性的批判中则强调黑格尔自我一致的辩证法具有一种秘密的经验条件。因此,马克思认为黑格尔的逻辑和实践是不一致的,逻辑的自我推演始终包含外部的经验动力。最后在"逻辑神秘主义"的批判中,马克思揭示了黑格尔意识形态的"单性繁殖",并展开对理念自主性的批判。马克思强调真正的科学对哲学的替代以及哲学的他律性(heteronomous)。

进而在辩证法的实质性上,延续了在《1844年经济学哲学手稿》中对

---

① Callinicos A., "Against the New Dialectic", *Historical Materialism*, Volume 13:2, Koninklijke Brill NV, Leiden, 2005, p.57.

②③ Bhaskar R., *Reclaiming Reality: A critical introduction to contemporary philosophy*, London & New York: Routledge, 2001, p.117.

(1) 自然的客观性。(2) 对象化和异化的区别①的思路,马克思:(1) 假设了一个不以人为转移的物质基础,(2) 包含了真正的转型,必要的、不可挽回的损失和有限性,以及真正的创新和涌现的可能性。所以,马克思的辩证法是有客观条件的,是绝对有限的,是潜在开放的。② 也因此,巴斯卡强调将马克思的批判辩证法和系统辩证法区分开来,前者是"经验地控制"(empirically controlled)的研究模式,是"一种经验上开放的、物质上有条件的和历史上有限制的辩证现象学",后者则是《资本论》中的半推论性质的理论叙述方法。

总之,以批判实在论为参照,马克思的辩证法与黑格尔辩证法的区别是本质性的。针对黑格尔将观念的自我实现、一元的精神以及内在目的性视作实在,马克思强调了历史科学、本体论分层以及生成的不可还原性。③"马克思的辩证法之所以是科学的,是因为它以产生思想矛盾和社会经济生活危机的特定的矛盾本质关系(本体论辩证法)来解释这些矛盾和危机。马克思的辩证法是历史性的,因为它植根于它所描述的关系和环境的变化(关系辩证法),并(有条件地)成为辩证法的推动者。"④在这里矛盾的克服是非还原性的,它只有迫使实在主体进入一个新的历史阶段才能实现。

(2) 资本主义生产方式的结构性矛盾

在政治经济学批判中,马克思在古典经济学认为资本和谐一致的地方发现了资本关系中的真实矛盾关系,而批判实在论将这种辩证法的矛盾理解为社会的结构性矛盾,结构性矛盾意味着"现实(reality)以一种颠倒的形式呈现自己"。⑤ 这种现实也意味着一种社会权力关系,这种权力关系不是首先指向个体行动者之间的事实性关系或者规范性关系,而是指向一种来自社会形式和社会生活条件的客观胁迫,它作为一种"不及物的对象"塑造了特定的社会个体和社会结构。

首先,结构性矛盾是真实机制作用的体现。科利尔认为马克思辩证法关

---

①② Bhaskar R., *Reclaiming Reality: A critical introduction to contemporary philosophy*, London & New York: Routledge, 2001, p.119.
③ Ibid, pp.121-122.
④ Ibid, p.120.
⑤ Keats R. & Urry J., *Social Theory as Science*, London & Boston: Routledge & Kegan Paul Ltd, 1975, p.73.

于社会现实有两个构想:一是矛盾作为系统的结构性功能障碍。换句话说,结构性矛盾是来自资本主义生产方式本身的;二是辩证的颠倒,作为某种永恒的本体论预设。① 换句话说,异化不是认识论上体现为人类理智的迷误,而是在本体论上表现为社会真实的机制的产物。而对于资产阶级社会而言,"马克思相信这些基础的结构性矛盾它们自身作为历史遗产是将直接生产者与(1) 生产资料和生产工具、(2) 其他生产者、(3) 自然发生的行动(以及反应)的社会关系纽带"。② 资产阶级社会的根本性矛盾在于"使用价值和商品价值之间以及具体有用的劳动以及劳动所体现的抽象社会方面"。③ 而卡利尼科斯认为资本的结构性矛盾包含在资本主义生产的两种机制之中:一是垂直关系上,资本与劳动的关系,也就是资本吸纳劳动、劳动力转化为商品的过程;二是资本家之间的水平关系,也就是资本之间的竞争。④

其次,结构性矛盾是不可还原的,不可吸纳到绝对精神之中。"马克思主义者对辩证法的兴趣不在于矛盾被绝对再吸收,而在于它们在历史运动中所扮演的动态化、去稳定化的角色。"⑤ 也就是说,资本固然和劳动密切关联,马克思也用对象化的劳动来称呼资本,但是这并不意味着资本和劳动可以相互还原:把劳动和资本的对立还原成资本的内在矛盾或劳动的内在矛盾。这一做法的危险性在于将资本与劳动的对立还原为两个不同资本类别或劳动类别之间的对立,进而抹杀真正的对立。因此在辩证法的意义上,由于矛盾是真实的矛盾,矛盾之间的统一只能依赖于社会转型。"它们(辩证联系)是实体或整体各方面之间的联系,在原则上是区别的但又不可分割,某种意义上它们是同步性或者接合性的内在联系,比如两者(部分或全体)或其中一个预设了另一个的存在……真正的辩证矛盾拥有所有这些辩证联系的特征。但是它们的组成要素同样是对立的,在此意义上(至少)一方否定(至少)另一方,或者否定它

---

① [英]安德鲁·布朗、史蒂夫·弗利特伍德、约翰·迈克尔·罗伯茨等:《批判实在论与马克思主义》,广西师范大学出版社 2007 年版,第 222—223 页。
② Bhaskar R., *Reclaiming Reality: A critical introduction to contemporary philosophy*, London & New York: Routledge, 2001, pp.121.
③ Ibid, p.120.
④ [英]艾力克斯·柯林尼可斯:《批判之源》,台大出版社 2019 年版,第 258 页。
⑤ 同上书,第 288 页。

们共同的基础或整体,也许反之亦然。"①

再次,批判实在论趋向于将马克思意义上的结构性矛盾构成一种本质性维度的经济权力。朱里奥·巴勒莫(Giulio Palermo)认为新古典经济学完全竞争理论是对资本主义生产之本质性经济权力的遮蔽。他用批判实在论来分析资产阶级社会看不见的社会胁迫形式。"问题不在于解释具有自然交换倾向的孤立个体是如何决定互动,并最终建立他们之间的权力关系;问题是发现各个阶级社会的特定的社会胁迫形式,以及对剥削关系的通行模式进行解释。"②而这种权力关系被流通过程所掩盖,进而资本主义生产的神秘性就在于这种隐藏在竞争和个人自由背后的社会胁迫制度。因此,"权力和竞争在资本主义中并不是真正的对立,而是在这种生产方式中表现资本的本质和外观"。③ 所以在人与人的社会关系上,资本家和工人的关系并非不同背景条件的个人之间关系,而是作为非对称的胁迫关系下的社会关系。"在本体论中,老板和工人不仅是天生具有适应不完美环境的认知能力的个体,而且是对立阶级的成员。他们之间的相互作用不是出现在一个抽象的(完全的或不完全的)情境中,个人不仅是在同一地点相遇,而且是在资产阶级体系中相遇,这是一种基于资产阶级剥削工人阶级的历史生产方式。"④在此基础上,各个层次之间不是一个平均的关系,而是一个非对称性的整体。尽管各个层次具有相对独立性和因果性,但是结构性矛盾作为本质领域占据优先地位。"在存在与意识、物质因素与精神因素,基础和上层建筑的互动中,前者应当在某种意义上被赋予社会历史解释的因果优先性。"⑤因此,批判实在论强调经济基础/上层建筑、社会存在/社会意识等不同层次的社会机制之间具有不平等的相互作用。⑥

---

① Bhaskar R., *Dialectic: The Pulse of Freedom*, London & New York: Routledge, 2008, pp.53 - 54.
② [意]朱里奥·巴勒莫:《经济学与权力:马克思主义批判观点》,上海财经大学出版社 2021 年版,第 12 页。
③ 同上书,第 2 页。
④ 同上书,第 10 页。
⑤ Creaven S., *Emergentist Marxism: Dialectical Philosophy and Social Theory*, London & New York: Routledge, 2007, p.148.
⑥ Ibid, p.176.

最后,这种结构性矛盾的发展趋势在于社会转型或社会破坏。由于结构性矛盾的实在性和非还原性,矛盾的克服只能通过完全转变社会形式来达到。结构性矛盾"在趋势上是相互排斥的,并且潜在或实际地趋向于转型",①这也是马克思社会革命的含义,即对社会生产关系的变革。

正如柯林尼可斯所总结的,结构性矛盾具有五种规定:(1)一种存在于两个或更多的社会实体之间的关系,(2)社会主体是由关系的存在条件构成的,(3)实体间在关系上是相互独立的,(4)实体间在关系上是潜在对立的,(5)随着突变的展开,关系或者趋于崩溃或者会发生转变。② 因此,资本和劳动是资产阶级社会不可化约的一对实体,它们之间的非对称性关系构成资本主义生产方式的结构性矛盾,这一矛盾是由资产阶级的社会生活条件决定的,其辩证发展最终将导致社会革命和社会转型进入新的社会形态,只有到那时才能真正克服这一矛盾。"然而对马克思而言,对立面是彼此不同的统一。资本和劳动不是同样的东西,尽管没有了一方另一方不能够存在。资本和劳动的矛盾关系只有透过一种社会转型才能被克服,这种转型是要消除这种关系而不是在理论上重新表述。"③

结构性矛盾体现了一种来自社会结构的权力支配。对马克思而言,这一矛盾就是来自社会生活条件的对抗。由于马克思将社会现实视作"生产方式之历史性变动的结构",进而社会生活条件与个人的对抗关系随着生产力的扩大而不断积累。"受分工制约的不同个人的共同活动产生了一种社会力量,即扩大了的生产力。因为共同活动本身不是自愿地而是自然形成的,所以这种社会力量在这些个人看来就不是他们自身的联合力量,而是某种异己的、在他们之外的强制力量。"④这种社会生活条件的特征在于,它既是支配个人的力量,对个人包含一种强制性的关系,又在个人的社会生活之内构成个人社会生活的必要条件。积累起来的生产力作为一种社会力量凌驾于个人之上,它是一定社会之社会性的体现,是一定社会形式中的不可抗拒的生存方式,个人唯

---

① Bhaskar R., *Dialectic: The Pulse of Freedom*, London & New York: Routledge, 2008, pp.53-54.
② [英]艾力克斯·柯林尼可斯:《批判之源》,台大出版社2019年版,第55页。
③ 同上书,第264页。
④ 《马克思恩格斯选集》(第1卷),人民出版社1995年版,第85—86页。

有与之相适应才能过社会生活。而正是这种"从个人的社会生活条件中生长出来的对抗"①构成了一定社会的实体本质以及历史发展的主要内容。

进而,自然的分工作为一种社会生活的固定化,它使得这样一种社会权力的范围成为可能。在马克思看来,真正的分工从精神和物质劳动的分工开始,因为在其中个人直接劳动的社会性以凌驾于个人之上的共同体活动为前提,即第一次生产出了直接从事劳动的阶级和不直接从事劳动的支配阶级。因此,马克思在《德意志意识形态》中明确指出了自然分工和私有制的一体。"所有制是对他人劳动力的支配。其实,分工和私有制是相等的表达方式,对同一件事情,一个是就活动而言,另一个是就活动的产品而言。"②其结果在于社会活动的固定化,即一定的分工范围成了个人社会生活的前提,进而在其积累过程中形成社会阶级关系。③个人隶属于阶级指的即是个人从属于这种客观的社会条件,它是个人社会生活的前提,并且个人的主观行为和能动性在此基础上展开。"在每一个人的个人生活同他的屈从于某一劳动部门以及与之相关的各种条件的生活之间出现了差别。这不应当理解为,似乎像食利者和资本家等等已不再是有个性的个人了,而应当理解为,他们的个性是由非常明确的阶级关系决定和规定的。"④所以一定的阶级关系并不是消除人的个性和自主性,而是说人的个性和自主性必须建立在这种客观条件之上。

(3) 社会转型与革命的能动性

社会权力作为能力和支配的结合不仅体现为来自社会形式和社会生活条件的胁迫和强制,而且体现为改变生产关系和社会形式的变革力量。

我们看到,结构和能动性关系中,(1) 个体的能动性不是抽象孤立的,而是具有社会历史条件的,因而(2) 结构不是能动性的障碍,相反,是它的前提,它是行使个人权力的能力来源。因此在批判实在论的意义上,传统马克思主义应当将结构理解为"一个预先存在的物质和文化分布的'行动环境'(action-

---

① 《马克思恩格斯选集》(第2卷),人民出版社1995年,第33页。
② 《马克思恩格斯选集》(第1卷),人民出版社1995年版,第84页。
③ 同上书,第85页。
④ 同上书,第119页。

environment),能动者居于其中,在思想和行为中达成一致"。① 而能动性则意味着"作为人类'类存在'的涌现性属性,由个体被嵌入或进入的结构的分布、文化和位置维度所中介"。② 柯林尼可斯用"结构性能力"(structural capacities)来描述历史唯物主义意义上人类活动创造历史的能力。柯林尼可斯认为"历史唯物主义本身就是一种结构性能力的理论(a theory of structural capacities)"。③ 结构性能力体现了一种结构对于人的统治关系下转换规则的能力。能动者拥有的权力来自生产关系中的位置,因此,结构不是能动性的限制;相反,生产关系(社会结构)构成人类能动性的框架以及行使能动性的特定方向。因而在此框架下,历史唯物主义下的权力取决于能动者"获得生产资源、劳动力和生产资料的相对机会"。④ 这里类似于马克思所说的"对象性活动"和"实践"的概念,"环境的改变和人的活动或自我改变的一致,只能被看作并合理地理解为革命的实践"。⑤ 人类对社会环境的改变总是以继承上一代的材料、资金、生产力为条件,固定下来的生产力条件构成既定的社会结构。在此结构中的人类通过自身结构性能力生产、再生产乃至变革整个社会结构。

在此基础上,由于辩证法不仅是范畴关系,而且是社会实体间的关系,因此它是基于:(1)结构性矛盾的不可调和促使斗争和对抗的产生,它是促成历史转变的前提条件。"物体或系统本身往往是矛盾的,它们总是以紧张和兼容的关系存在着,而这一事实使历史变化成为可能,无论是在自然界还是在社会中。"⑥因此(2)对结构性矛盾的克服只能依赖于社会转型,即改变生产关系和社会关系。"我们与资本主义斗争,并非因为空穴来风的观点以及我们能够看到人类应有的最好的社会,而是因为资本主义有着我们从其内部可见的矛盾,这矛盾伤害了身处资本主义内部的人们,并且只有通过废除资本主义制度

---

①② Creaven S., *Emergentist Marxism: Dialectical Philosophy and Social Theory*, London & New York: Routledge, 2007, p.148.
③④ Callinicos A., *Making History: Agency, Structure, and Change in Social Theory*, Leiden · Boston: Brill, 2004, p.275.
⑤ 《马克思恩格斯选集》(第1卷),人民出版社1995年版,第55页。
⑥ Creaven. S., *Marxism and Realism: A Materialistic Application of Realism in the Social Sciences*, London & New York: Routledge, 2001, p.14.

才可能运用其生产的资源来解决这个矛盾。"①

因此,结构性矛盾是促使社会转型的力量,社会革命的行动以结构性矛盾的存在为前提,这一社会转型和社会变革的辩证法体现为实在主体的自我发展和自我运动。在马克思看来,在自然分工的前提下社会的结构性矛盾是一个必然的过程:生产力、社会条件和意识之间必然发生矛盾。② 这种矛盾的积累使得同一条件反过来成为破坏社会和生产力的力量,③进而产生变革社会生活条件的感性意识和感性需要以及承担这一变革的社会阶级。这一意识指向社会的自我批判,它要求在社会形式更迭中发现尚未克服的"遗物"和充分发展的"征兆",也就是前一代遗留的生产力、资金、环境所构成的生活条件以及后一代对其的改变。④ 进而通过消灭和重塑分工以改变社会生活条件,显然这种促使社会转型的能力也是一种权力,这种权力关系以改变世界、改变社会生活条件为根本旨趣。而个人所从属的客观社会条件并不是主体能动性的限制,却是主体能动性得以实施的条件。人作为"自为存在着的存在物"就是"类存在物",⑤他的能动性活动总是以一定物质和社会生活条件为前提,即感性对象性活动。所以,在迄今为止的社会形态中权力始终是以一种支配人的方式形塑人类社会。

柯林尼可斯将马克思的辩证法视作"发现问题,解决问题,提出新问题"的过程。他将《资本论》视作一系列的问题化,一方面,诠释无须寻找矛盾(hunt the contradictions)而是一个规定本身就包含着矛盾;另一方面,各规定之间发生作用的不是推论,而是创造性过程。正如马克思所说:"所以人类始终只提出自己能够解决的任务,因为只要仔细考察就可以发现,任务本身,只有在解决它的物质条件已经存在或者至少是在生成过程中的时候,才会产生。"⑥这种回答出先前规定提出问题的新规定正是对"实在主体"的发展和进步的体现。

---

① [英]安德鲁·布朗、史蒂夫·弗利特伍德、约翰·迈克尔·罗伯茨等:《批判实在论与马克思主义》,广西师范大学出版社 2007 年版,第 222 页。
② 《马克思恩格斯选集》(第1卷),人民出版社 1995 年版,第 83 页。
③ 同上书,第 90 页。
④ 《马克思恩格斯全集》(第30卷),人民出版社 1995 年版,第 46—47 页。
⑤ 《马克思恩格斯全集》(第3卷),人民出版社 1998 年版,第 326 页。
⑥ 《马克思恩格斯选集》(第2卷),人民出版社 1995 年版,第 33 页。

对马克思而言，社会权力作为支配和能力的结合是一种社会形塑和重塑的能力。这一权力关系通过一定社会的社会生活条件之结构性矛盾体现出来。作为一种来自社会生活条件的对抗，权力关系一方面支配着个人，以个人对其隶属的关系形塑社会。另一方面，这种对抗的积累又产生新的能动性，即重塑与变革社会生活条件的动力。正是在这样一种权力活动中实现特定社会的实在主体的自我运动，它是社会自身的辩证发展过程。它关涉个人与社会生活条件的生产与再生产，以及这种社会生活条件的变革过程。而这一辩证法运动的过程也是社会权力的运作过程。

第五章　马克思政治经济学转向的历史影响

无论是马克思本人的思想转变还是政治经济学本身的方法论变革，抑或是马克思主义理论体系的建构和成熟化，马克思政治经济学的转向对同时期及后来的政治经济学领域的研究都带来了重大而深远的影响。而在对古典经济学以及以往一切经济学进行研究、比较和批判的过程中，马克思不断扬弃旧的话语体系和研究范式，开创了马克思主义政治经济学的新篇章。这一方法论和认识论的建立实际上对后来的社会主义政治经济学理论与实践发挥了重要作用。或者说，马克思主义政治经济学的成长，无论在历史上还是在实践中，都给了全世界被压迫人民以重要的理论武器和物质力量。

第一节　社会主义政治经济学的探索

恩格斯认为："马克思的整个世界观不是教义，而是方法。它提供的不是现成的教条，而是进一步研究的出发点和供这种研究使用的方法。"[①]建构起社会主义的政治经济学体系是马克思政治经济学转向的重要目标。从后来的历史看，这是马克思主义理论之所以能够发展和能被实践验证的理论基石。马克思一生致力于批判资产阶级政治经济学，探索资本主义社会经济运动的

[①] 马克思：《资本论》（第1卷），人民出版社2012年版，第664、22页。

规律,他坚信,"辩证法在对现存事物的肯定的理解中同时包含对现存事物的否定的理解,即对现存事物必然灭亡的理解",①而我们的任务就是建立社会主义的政治经济学体系,为无产阶级服务。

一、马克思为社会主义政治经济学方法论的探索奠定了基础

马克思之前的政治经济学家在分析经济现象时,往往从人口、民族、国家等具体范畴开始,以分析抽象的一般关系如分工、货币、价值、生产等为结束。而马克思则探索了一条从抽象到具体的政治经济学研究道路:"我考察资产阶级经济制度是按照以下的顺序:资本、土地所有制、雇佣劳动;国家、对外贸易、世界市场。在前三项下,我研究现代资产阶级社会分成的三大阶级的经济生活条件;其他三项的相互联系是一目了然的。"②而且,指向未来,1848年问世的《共产党宣言》庄严宣告:"代替那存在着阶级和阶级对立的资产阶级旧社会的,将是这样一个联合体,在那里,每个人的自由发展是一切人的自由发展的条件,"③并认为人类未来社会发展一定是共产主义社会,共产主义才是私有财产的积极扬弃。而未来的共产主义社会,必将"经过长久阵痛刚刚从资本主义社会产生出来的共产主义社会第一阶段,是不可避免的",④因为"在资本主义社会和共产主义社会之间,有一个从前者变为后者的革命转变时期。同这个时期相适应的也有一个政治上的过渡时期,这个时期的国家只能是无产阶级的革命专政"。⑤ 马克思探讨了社会主义社会公有制的本质规定及其在生产关系中的重要地位、按劳分配的基本特征和有计划分配劳动时间的经济运行形式等问题,这成为后来社会主义政治经济学的雏形。

与此同时,马克思的政治经济学方法论也给后来的社会主义政治经济学发展奠定了基础。第一,唯物史观。马克思和恩格斯共同创立了唯物史观,这开辟了马克思主义政治经济学研究的前进道路。马克思则运用唯物史观的立场和观点,深入分析了资本主义社会的经济现象。恩格斯高度评价了唯物史

---

① 马克思:《资本论》(第1卷),人民出版社2012年版,第22页。
② 《马克思恩格斯选集》(第2卷),人民出版社2012年版,第1页。
③ 同上书,第422页。
④ 《马克思恩格斯选集》(第3卷),人民出版社2012年版,第364页。
⑤ 同上书,第373页。

观的意义和价值,认为:"不仅对于经济学,而且对于一切历史科学(凡不是自然科学的科学都是历史科学)都是一个具有革命意义的发现……在历史上出现的一切社会关系和国家关系,一切宗教制度和法律制度,一切理论观点只有理解了每一个与之相应的时代的物质生活条件,并且从这些物质生活条件中被引申出来的时候,才能理解。……这个事实不仅对于理论,而且对于实践都是最革命的结论。……只要进一步发挥我们的唯物主义论点,并且把它应用于现时代,一个强大的、一切时代中最强大的革命远景就会立即展现在我们面前。"①

第二,唯物辩证法。马克思批判地继承了黑格尔唯心主义辩证法中的"合理内核",并表明:"我公开承认我是这位大思想家的学生,并且在关于价值理论的一章中,有些地方我甚至卖弄起黑格尔特有的表达方式。辩证法在黑格尔手中被神秘化了,但这绝没有妨碍他第一个全面地有意识地叙述了辩证法的一般运动形式。"②但同时,马克思也立场鲜明地表示,"我的辩证方法,从根本上来说,不仅和黑格尔的辩证方法不同,而且和它截然相反",③即必须要把辩证法中被黑格尔"神秘化了"的部分"倒过来"。马克思在1868年致库格曼的信中明确表示:"我是唯物主义者,黑格尔是唯心主义者。黑格尔的辩证法是一切辩证法的基本形式,但是只有在剥去它的神秘形式之后才是这样,而这恰好是我的方法的特点。"④

第三,实践认识论。应该说,以实践为基础的辩证唯物主义认识论亦是马克思从事政治经济学研究的根本方法。他在《关于费尔巴哈的提纲》中说:"从前的一切唯物主义——包括费尔巴哈的唯物主义——的主要缺点是:对事物、现实、感性,只是从客体或者直观的形式去理解,而不是把他们当作人的感性活动,当作实践去理解。所以,结果竟是这样,和唯物主义相反,唯心主义却发展了能动的方面,但只是抽象地发展了,因为唯心主义当然是不知道真正现实的、感性的活动本身的……人的思维是否具有客观的真理性,这并不是一个理论的问题,而是一个实践的问题。人应该在实践中证明自己思维的真理性,

---

① 《马克思恩格斯选集》(第2卷),人民出版社2012年版,第8—9页。
②③ 《马克思恩格斯文集》(第5卷),人民出版社2009年版,第22页。
④ 《马克思恩格斯文集》(第10卷),人民出版社2009年版,第280页。

及自己思维的现实性和力量,亦即自己思维的此岸性。关于离开实践的思维是否具有现实性的争论,是一个纯粹经院哲学的问题。"①而对马克思本人来说,正是丰富的实践经验为马克思政治经济学理论的形成不断注入新的鲜活的元素,因为"我们对未来非资本主义社会区别于现代社会的特征的看法,是从历史事实和发展过程中得出的确切的结论;脱离这些事实和过程,就没有任何理论价值和实际价值"。②

马克思的政治经济学方法论对后来者来说是"包括唯物史观、唯物辩证法、实践认识论在内的方法论构成、应用以及创造性的发展是一以贯之、一脉相承的。在上述跨越一个多世纪的历史时期之中,唯物史观始终是方法论的基础,唯物辩证法是涉及诸多方面具体运用的基本方法,实践认识论则是贯穿其中的根本方法。三大方法论构成了社会主义政治经济学大厦的三把钥匙"。③ 一方面,这些原则是后来者的方向指引;另一方面,马克思的理论仍然需要后来者的实践检验,毕竟马克思和恩格斯没有经历过社会主义社会的实践,更何况,后来的社会主义社会建设和马克思曾经的预设是完全不同的。

二、20世纪初的理论和实践探索及争论

马克思政治经济学的诞生实际上预示了马克思主义在科学社会主义或者说在认识论、方法论、价值论等方面的革命性指导价值,是马克思观察和分析资本主义在自由阶段所产生的各种现象的总钥匙。这无疑对后来者,尤其是对世界上第一个社会主义国家苏联来说,马克思主义的政治经济学对列宁在建设社会主义的过程中以及列宁主义本身的发展产生了重大影响。正如列宁所认为的,马克思主义政治经济学"这一理论对世界各国的社会主义者所以具有不可遏止的吸引力,就在于它把严格和高度的科学性和革命性结合起来,并不是偶然的结合起来,而是把二者内在的不可分割地结合在这个理论本身之中"。④

---

① 《马克思恩格斯选集》(第1卷),人民出版社2012年版,第134页。
② 《马克思恩格斯全集》(第36卷),人民出版社1974年版,第419—420页。
③ 谭苑苑、李建平:《社会主义政治经济学方法论探索:从马克思到习近平》,《毛泽东邓小平理论研究》2018年第11期。
④ 《列宁全集》(第1卷),人民出版社2013年版,第297页。

列宁不止一次地说,苏联的社会主义是在一个贫穷落后的国家率先诞生的,和马克思、恩格斯所设想的经历过高度发达资本主义阶段的路径不一样。苏联的诞生为社会主义政治经济学准备了充足的实践条件,其中的代表当属列宁的新经济政策。新经济政策是列宁在深刻分析俄国当时的国际环境和国内形势的基础上,创造性地制定的建设社会主义的科学政策。起因在于1920—1921年间连续发生的国内叛乱使列宁承认:"我们计划……用无产阶级国家直接下命令的办法在一个小农国家里按共产主义原则来调整国家的产品生产和分配。现实生活说明我们错了。"①于是自1921年3月21日开始,苏俄放弃战时共产主义,转而实行"新经济政策":废除余粮收集制,实施实物税;停止配给制,允许商品买卖;放松外贸管制,鼓励外资企业投资;允许一定程度的私企经济等。列宁说:"我们现在正用'新经济政策'来纠正我们的许多错误,我们正在学习怎样在一个小农国家里进一步建设社会主义大厦而不犯这些错误。"②新经济政策的实施使苏俄经济逐渐走向恢复。但随着时局的发展,新经济政策被批判为本质上意味着私有产权的恢复和中产阶级的复兴,而国家所有制则被认为是社会主义所有制的最高级形式,是政治经济学的一块奠基石。这样一来,伴随着现实的经济体制改革及其理论争论,传统教科书学术上的有效性也受到批判,被指责为落后、教条,与经济中出现的问题毫无关系。

在20世纪20—30年代,经济学界爆发了一场关于社会主义公有制下的计划经济是否可行的争论,以奥地利学派的路德维希·冯·米塞斯等为代表,认为社会主义没有实行经济计算和合理配置资源的可能性。因为在生产资料私有制的经济体制中,合理的经济计算的可能性在于用货币表现的价格使这种计算成为可能提供了必要条件,而社会主义经济中不存在这种以货币表现的价格制度,因此无法确定某一种产品是否需要,也不能确定生产它的过程中劳动和原材料是否有浪费。米塞斯认为,由于社会主义各种生产要素的价格不能用货币表现,因此在经济计算中货币就起不了什么作用。社会主义就是合理经济的抛弃,市场是资本主义社会制度的核心,是资本主义的本质,而在社会主义条件下,市场是不可能人为仿制的。因此,要么是社会主义,要么是

---

① 《列宁专题文集·论社会主义》,人民出版社2009年版,第247页。
② 同上书,第246页。

市场经济。

但这一观点受到了"市场社会主义流派"[①]的反驳。该流派从社会福利、收入分配、所有制以及宏观调控等方面致力于探寻市场和社会主义之间的关联,先后产生了"市场主导论""市场联姻论"等,认为在坚持社会主义公有制的同时,市场经济可以和社会主义相结合。其中,以波兰经济学家奥斯卡·兰格(Oskar Ryszard Lange)名字命名的"兰格模式"为标志,认为生产资料应当实行公有制,但小型工农业可保持私有;要求建立不完全的市场体系,既存在着消费品市场、劳动服务市场,也存在生产资料市场、资金市场;实行国家、地方、家庭参与的多重决策体系;实行双重价格定价体系,消费品和劳动力价值通过市场来定价,而生产价值由中央计划机关采取模拟市场竞争的方法来决定。"兰格模式"的提出标志着市场社会主义思想的形成。不久,具有社会主义背景的德国著名经济学家K.纳什在深入反思德国统制经济体制和苏联高度集权经济模式后,肯定了计划对市场经济的积极作用,但同时主张可以建立以市场经济为基础的社会主义经济秩序,即"社会市场经济",这直接导致了"社会主义市场经济"概念的产生。

这场讨论也波及到了苏联。1921年,列宁在纪念十月革命四周年时认为:作为小农经济的汪洋大海,苏联"为了作好向共产主义过渡的准备,需要经过国家资本主义和社会主义这些过渡阶段。不能直接凭热情,而要借助于伟大革命所产生的热情,靠个人利益,靠同个人利益的结合,靠经济核算,在这个小农国家里先建立起牢固的桥梁,通过国家资本主义走向社会主义;否则你们就不能到达共产主义,否则你们就不能把千百万人引导到共产主义"。[②]1931年,苏联沃兹涅夫斯基发表《社会主义经济问题》一文,第一次使用了"社会主义政治经济学"概念,引起强烈反响。沃兹涅夫斯基认为,社会主义政治经济学必须反映社会主义的发展,应该研究社会主义经济的内部矛盾、社会主义计划、苏维埃商品流转和货币流通,社会主义的社会劳动组织等。这是创立社会主义政治经济学的最初尝试。1937年,苏联著名经济学家波里林发表《论社会主义政治经济学的对象和讲授》,以社会主义生产资料所有制为出发

[①] 实际上,对于"市场社会主义"的探索可以最早追溯至大卫·李嘉图,但李嘉图并未提出这一概念。
[②] 《列宁专题文集·论社会主义》,人民出版社2009年版,第247页。

点，系统阐述了社会主义经济关系和经济规律，这一观点直接影响了后来《政治经济学教科书》的内容。

1954年，苏联社会科学院经济研究所统编的《政治经济学教科书》出版，这本书"较为完整地呈现了马克思、列宁的政治经济学理论，并对苏联社会主义建设的实践进行了经验总结。在结构安排上，这部教材讨论了资本主义前的生产方式、资本主义生产方式和社会主义生产方式等三部分内容。在观点上，这部教材对资本主义和社会主义进行'二分法'，否定社会主义经济中存在的商品经济，将计划经济作为社会主义经济中唯一的资源配置方式。该书和斯大林的《苏联社会主义经济问题》一道，成为当时政治经济学教材的'模板'"，[1]对于包括中国在内的社会主义国家影响深远。

毛泽东曾经组织研读这本书，在研读的过程中，他指出，只有先改变了落后的生产关系，才能促进生产力的发展，而苏联《政治经济学教科书》的基本缺点就是不承认矛盾的普遍性，不承认社会矛盾是社会主义社会发展的动力，不承认他们国内还有阶级斗争，还有社会主义和资本主义的斗争，而"不从生产力和生产关的矛盾、经济基础和上层建筑的矛盾出发，来研究问题，不从历史的叙述和分析开始自然得出结论，而是从规律出发，进行演绎"是不对的，"只讲物质前提，很少涉及上层建筑，即阶级的国家、阶级的哲学、阶级的科学。政治经济学研究的对象主要是生产关系"，[2]撇开生产关系和上层建筑不谈，是这本书的重大缺陷，而且"这本书……总是从概念入手。研究问题，要从人们看得见、摸得到的现象出发，来研究隐藏在现象后面的本质，从而揭露客观事物的本质的矛盾。《资本论》对资本主义经济的分析，就是用这种方法，总是从现象出发，找出本质，然后又用本质解释现象"，因此，"没有哲学家头脑的作家，要写出好的经济学来是不可能的。马克思能够写出《资本论》，列宁能够写出《帝国主义论》，因为他们同时是哲学家，有哲学家的头脑，有辩证法这个武器"。[3] 这也是为什么这本教科书被评价为"脱离实际、墨守成规"的重要原因。

---

[1] 周绍东、王松：《"政治经济学"教材改革：历程、争议与共识》，《中国大学教学》2016年第8期。
[2] 《毛泽东文集》(第8卷)，人民出版社1999年版，第138页。
[3] 同上书，第139—141页。

三、20世纪中叶以后的社会主义政治经济学探索

随着第二次世界大战前后世界民族独立解放运动的蓬勃发展，以苏联为首的社会主义阵营为了应对可能爆发的美苏争霸的战争，对东欧各国的经济、军事和政治领域等进行了全面的控制，但这并未得到所有成员国的认同。其中，南斯拉夫的铁托政府就强调要走南斯拉夫特色的社会主义路线。为此，铁托对外奉行不结盟主义，对内在解决最为棘手的民族矛盾的同时，加大工业能力和第三产业能力建设，这使得南斯拉夫的改革在1947—1977年的30年间经济均保持了近两位数的增长。

从20世纪50年代中后期起，苏联的政治家和经济学家们也关注到了苏联经济发展模式的差别，并为此做出了相应的努力和尝试，当时改革的主要措施是下放企业的经营自主权，扩大工厂在计划管理等方面的权限。比如利西奇金认为，将计划经济看作国家经济发展的唯一手段是极不合理的，只有把计划与市场结合起来，才能获得经济的稳定发展。在这个过程中，其中著名的当属柯西金改革，即以"计划工作和经济刺激新体制"为核心的整套改革方案——苏联新体制改革。柯西金认为，要完善计划经济工作，加强企业的经营主动性和刺激性，内容主要包括，第一，对企业进行全面经济核算，以产品销售额和利润额作为评价企业的标准；第二，国家只给企业下达产品销售额、主要品种等8项指标，其余由企业自行决定；第三，国家通过价格、奖金、贷款和利润等手段进行经济刺激，实行生产基金预付制度，实行新价格制度；第四，取消经济区和各级经济委员会，恢复中央和各共和国专业部。但是柯西金的改革最后却出于种种原因陷入困顿并退出了历史舞台。

同样地，中国在这个时期也进行了相应的探索，即要以苏联经验教训为鉴，独立探索适合中国国情的社会主义建设道路，虽然学习苏联经验"是完全必要的"，但"同时又是一个缺点，缺乏创造性，缺乏独立自主的能力"，所以，不能作为"长久之计"。[①] 毛泽东明确提出："最重要的是要独立思考，把马列主义的基本原理同中国革命和建设的具体实际相结合。民主革命时期，我们吃

[①] 《建国以来毛泽东文稿》（第10册），中央文献出版社1986年版，第35页。

了大亏之后才成功地实现了这种结合,取得了新民主主义革命的胜利。现在是社会主义革命和建设时期,我们要进行第二次结合,找出在中国怎样建设社会主义的道路。"①最具代表性的就是1956年《论十大关系》和次年《关于正确处理人民内部矛盾的问题》的发表。

在《论十大关系》中,前五条主要讨论经济问题,即重工业和轻工业、农业的关系;沿海工业和内地工业的关系;经济建设和国防建设的关系;国家、生产单位和生产者个人的关系;中央和地方的关系。要求从经济工作的各个方面来调动各种积极因素。后五条则是以政治生活和思想文化生活调动各方面积极因素的问题,包括汉族和少数民族的关系;党和非党的关系;革命和反革命的关系;是非关系;中国和外国的关系。这为总结我国的经验,调动国内外一切积极因素,寻找一条适合我国情况的社会主义建设道路,对当时和以后的社会主义建设都有很强的针对性和理论指导作用。

在《关于正确处理人民内部矛盾的问题》的讲话中,毛泽东指出,社会主义社会的基本矛盾仍然是生产关系和生产力之间的矛盾、上层建筑和经济基础之间的矛盾。它们之间不是对抗性的矛盾,可以经过社会主义制度本身不断地得到解决。而在社会主义社会中存在两类不同性质的社会矛盾,即敌我之间的矛盾和人民内部矛盾。敌我矛盾是对抗性的矛盾,人民内部矛盾,一般说来是在人民利益根本一致基础上的矛盾。在处理敌我矛盾时要用专政的方法,解决人民内部矛盾时要用民主的方法,即团结—批评—团结的方法。

可以说这两篇文章深刻地阐释了毛泽东在学习马克思主义时的认识论和辩证法,"所谓认识客观真理,即是人在实践中,反映客观外界的现象和本质,经过渐变和突变,成为尚未经过考验的主观真理。要认识这一过程中所得到的主观真理是不是真正反映了客观真理(即规律性),还得回到实践中去,看是不是行得通。"②这就是我们的认识论。要坚持系统的观点,坚持主要矛盾和次要矛盾的统一、矛盾的主要方面和次要方面的统一,要遵循对立统一规律、质量互变规律、否定之否定规律,坚持具体问题具体分析等蕴含丰富的马克思主义的辩证法,并与中国实际相结合,这就是我们的辩证法。

---

① 转引自吴冷西:《忆毛主席》,新华出版社1995年版,第8—9页。
② 《毛泽东文集》(第8卷),人民出版社1999年版,第324—327页。

第二节　作为批判理论的马克思政治经济学

为了深刻批判资本主义的制度和生产方式,马克思从哲学的和意识形态的研究转向了政治经济学批判,并继而通过政治经济学批判走向寻求无产阶级的解放。在马克思这里,社会的主体不再是由"意识"这些"思维存在物"而是由作为"类"的成员的"人"所占据。当然,这并非割裂了马克思的政治哲学和政治经济学之间的关系,反而从某种程度上说,两者是一种根本意义上的"内生关系":"马克思的政治经济学批判既是思辨的政治经济学,更是一种深刻的社会存在论追问,旨在追求无产阶级经济社会发展的'政治和哲学的实现'。"①

一、马克思政治经济学批判指向

"政治经济学是现代资产阶级社会的理论分析,因此它以发达的资产阶级关系为前提。"②审视马克思政治经济学的转向就会发现,揭秘私有产权的本质是马克思政治经济学批判的逻辑起点。而当马克思从一开始剥离掉私有财产的法权外衣,"提出宗教的、政治的以及法的问题在本质上是世俗社会的自我分裂,因而找到对国家批判的真正立足点,这是从'副本'批判上升到'原本'批判的真实意义",由此深入市民社会分析其中的物质利益关系,那么对私有财产法权关系的揭露就指向了对物质利益的批判,这最后就必然导致对国家和法的共同批判。而先前的"国民经济学虽然从劳动是生产的真正灵魂这一点出发,但是它没有给劳动提供任何东西,而是给私有财产提供了一切"。③即劳动为资本家带来了财富但是为工人带来了赤贫。这就使得如果不是从"当前的经济事实出发",那么就不能弄明白"工人生产的财富越多,他的产品的力量和数量就越大,他就越贫穷。工人制造的商品越多,他就越变成廉价的

---

① 张雄:《马克思政治经济学批判思想缘起及其发展逻辑》,《哲学研究》2021年第6期。
② 《马克思恩格斯选集》(第2卷),人民出版社2012年版,第6页。
③ 马克思:《1844年经济学哲学手稿》,人民出版社2000年版,第62页。

商品,物的世界的增殖和人的世界的贬值成正比"①的真正原因,或者说是资本主义的财富与贫困同时生产的真正原因。

因此,马克思发现的是被物与物关系掩盖的人与人的关系,而只有对具体的经济事实和资本的逻辑进行深入的描述和分析,才能发现资本主义条件下人的异化的本质,并进而对其进行批判。在马克思看来,"经济事实"和"经济关系"决定历史和政治,即经济基础决定上层建筑,而不是相反。这层意思的最初版本就是马克思所提出的"不是国家决定市民社会,而是市民社会决定国家"的判定。国家就是经济上占据统治地位的阶级进行阶级统治的工具,资本家正是通过对物质利益的绝对占有才实现了资本的统治。但是马克思同时认为,上层建筑也会反作用于经济基础,只有打破资本主义的生产关系,才能最终获得解放,因为"占统治地位的思想不过是占统治地位的物质关系在观念上的表现,不过是以思想的形式表现出来的占统治地位的物质关系;因而,这就是那些使某一个阶级成为统治阶级的关系的(思想),因而这也就是这个阶级的统治的思想"。② 但因为"意识的一切形式和产物不是可以通过精神的批判来消灭的,不是可以通过把它们消融在自我意识中或化为怪影、'幽灵''怪想'等等方式来消灭的,而是只有通过实际地推翻这一切唯心主义谬论所产生的现实的社会关系,才能把它们消灭,历史的动力以及宗教、哲学和任何其他理论的动力是革命,而不是批判"。③ 或者说,物质生产归根结底是历史发展过程的决定因素,宗教、哲学等意识形态领域都"处于经济发展的起支配作用的影响之下",而经济发展对这些领域"具有最终的至上权力",这是"确定无疑"的。④ 但如果把这个命题歪曲为"经济因素是唯一决定性的因素",就是把它变成了"荒诞无稽的空话"。⑤

正是在此意义上,马克思认为,不能对资本的进攻"只限于进行游击式的斗争以反对现存制度所产生的结果,而不同时努力改变这个制度,不运用自己

---

① 马克思:《1844年经济学哲学手稿》,人民出版社版2000年版,第51页。
② 广松涉:《文献学语境中的〈德意志意识形态〉》,南京大学出版社2005年版,第66页。
③ 同上书,第50页。
④ 《马克思恩格斯选集》(第4卷),人民出版社2012年版,第604页。
⑤ 同上书,第250页。

有组织的力量作为杠杆来最终解放工人阶级,也就是最终消灭雇佣劳动制度",①革命必然遭到最终的失败。因此,马克思的思考并未停留在此:"现代工业的发展本身一定会越来越有利于资本家而有害于工人,所以资本主义生产的总趋势不是提高而是降低工资的平均水平,在或大或小的程度上使劳动的价值降到他的最低限度。这种制度下的实际情况的趋势既然如此,那么,这是不是说,工人阶级应当放弃对资本的掠夺行为的反抗,停止利用偶然的时机使生活暂时改善的尝试呢?如果他们这样做,他们就会沦为一群听天由命的、不可挽救的可怜虫。"②也就是说,日常的斗争和"更大的运动"都必不可少,即既不能局限于日常斗争,夸大日常斗争的最终效果,也要致力于实现"更大的目标",这就是推翻资本主义生产方式和最后消灭阶级。

马克思政治经济学的革命性显然和同时代的政治经济学批判理论家不同,因为这些理论家只是看到了劳资之间的交换与劳动价值论之间的矛盾,但并不能理解这些矛盾。他们把社会劳动在资本主义阶段所表现出的历史的、特殊的形式当作了一般的、永恒的形式,从而只是致力于解构资本,而不是消灭资本主义生产关系。对此,马克思有着深刻的剖析:"这实际上是从李嘉图的观点出发,依据李嘉图自己的前提来维护无产阶级利益的一切著作中的结论性的东西。李嘉图不懂得他的体系中所论述的资本和劳动的等同,同样,这些著作的作者也不懂得他们所论述的矛盾。因此,即使是他们中间最出色的人物,如霍吉斯金,也把资本主义生产本身的一切经济前提作为永恒的形式接受下来,只是希望消灭既是[这些前提的]基础而同时也是[它们的]必然结果的资本。"③由此,"主体"不再是"意识"而是现实的人,而作为批判理论的马克思政治经济学就成了无产阶级革命手中的"物质的力量",这显然是由"人的本质力量"(Wesenskräfte)推动的。

二、20世纪初马克思政治经济学批判的革命性继承

无论包括古尔德纳在内的学者对"两种马克思主义"的争论是否妥当,马

---

① 《马克思恩格斯选集》(第2卷),人民出版社2012年版,第69页。
② 同上书,第68页。
③ 《马克思恩格斯全集》(第35卷),人民出版社1965年版,第234页。

克思政治经济学的批判作为马克思主义的基石是毋庸置疑的。从根本上说，马克思政治经济学的批判是致力于从思想上武装战斗的工人阶级，它解释了人类社会发展的最基本规律，完成了政治经济学领域的革命性变革，对于指导国际无产阶级和各国共产党人进行理论研究和科学实践有着巨大的历史意义。恩格斯在为马克思《资本论》第一卷写的书评里说："自从世界上有资本家和工人以来，没有一本书像我们面前这本书那样，对于工人具有如此重要的意义……这种关系在这里第一次得到了科学的说明，而这种说明之透彻和精辟，只有一个德国人才能做得到。欧文、圣西门、傅立叶的著作现在和将来都是有价值的，可是只有一个德国人才能攀登最高点，把现代社会关系的全部领域看得明白而清楚，就像一个观察者站在高山之巅俯视下面的山景一样。"①

与马克思同时期的恩格斯因为被深深卷入社会经济活动实践中，更早地对资产阶级的政治经济学进行了研究，因此他的许多观点或建议都被马克思所借鉴和采纳。也正是同恩格斯的交往，促使马克思下决心去研究政治经济学，而马克思使这门科学发生了真正的革命。马克思本人在1864年7月4日致恩格斯的信中甚至说："你知道，首先，我对一切事物的理解是迟缓的，其次，我总是踏着你的脚印走。"②这充分表明了恩格斯对资本主义政治经济学的研究对马克思政治经济学有极大的影响。马克思逝世以后，恩格斯对马克思还处于笔记评述和札记形式的《资本论》的续篇或续卷进行了辨认誊写、结构调整、编辑补写、整理校对等，使得《资本论》的后三卷（第四卷的出版则得益于考茨基和伯恩施坦的编辑和整理）得以最终面世。

恩格斯提出狭义政治经济学和广义政治经济学的概念，前者的研究对象是资本主义社会，而后者的研究对象则包括了前资本主义社会以及未来的共产主义社会。这在他的《英国工人阶级状况》《家庭、私有制和国家的起源》等著作中都有深刻的阐述。同时，对资本主义转向垄断阶段以及东方社会状况也都有针对性的研究。可以说，在马克思政治经济学转向的过程中，恩格斯在其中有着特殊的贡献和作用，列宁把政治经济学视为马克思主义理论"最深刻、最全面、最详尽的证明和运用"，而无产阶级政党的"全部理论来自对政治

---

① 《马克思恩格斯选集》（第2卷），人民出版社2012年版，第70页。
② 《马克思恩格斯全集》（第30卷），人民出版社1995年版，第410页。

经济学的研究"。

20世纪前后,特别是20世纪初期,为了探索新的无产阶级革命策略,寻找欧洲革命出路,基于马克思政治经济学之上的对资本主义的批判理论出现了新的变化。1923年,西方马克思主义的代表人物之一,匈牙利哲学家乔治·卢卡奇的《历史和阶级意识》出版,该书对阶级意识和意识革命进行了深入研究,认为马克思主义是一种方法,面对后来的马克思主义正统的争夺,卢卡奇认为:"我们姑且假定新的研究完全驳倒了马克思的每一个个别的论点。即使这点得到证明,每个严肃的'正统'马克思主义者仍然可以毫无保留地接受所有这种新结论,放弃马克思的所有全部论点,而无须片刻放弃他的马克思主义正统。所以,正统马克思主义并不意味着无批判地接受马克思研究的结果。它不是对这个或那个论点的'信仰',也不是对某本'圣'书的注解。恰恰相反,马克思主义问题中的正统仅仅是指方法。它是这样一种科学的信念,即辩证的马克思主义是正确的研究方法,这种方法只能按其创始人奠定的方向发展、扩大和深化。"①

也正是在这样的坚持下,卢卡奇不仅掌握了马克思主义的唯物辩证法,还把握了其社会实践论:"只有在这种把社会生活中的孤立事实作为历史发展的环节并把它们归结为一个总体的情况下,对事实的认识才能成为对现实的认识。这种认识从上述简单的、纯粹的(在资本主义世界中)、直接的、自发的规定出发,从它们前进到对具体的总体的认识,也就是前进到在观念中再现现实。……马克思说:'具体之所以具体,因为它是许多规定的综合,因而是多样性的统一。'"②同样重要的是,卢卡奇还提出"马克思主义辩证法的本质是具体的总体的范畴""历史的本质在于它是人类活动的产物""物化"等一系列判断和概念,对马克思主义政治经济学进行了进一步的发展。

作为早期西方马克思主义的另一个重要代表人物,意大利的安东尼奥·葛兰西同样坚持了对资本主义的批判。葛兰西从革命首要任务的角度提出以意识形态领导权为核心的文化革命应是西方革命的首要任务,在当时西方国家社会革命相继失败的情况下,对马克思主义的本质、使命、来源、体系等问题

---

① [匈]乔治·卢卡奇:《历史与阶级意识》,商务印书馆2009年版,第198页。
② 同上书,第58页。

进行了深刻的反思。在葛兰西看来,马克思主义哲学是实践的哲学,哲学是一种绝对的创造性活动,而之所以是创造性的,是因为它是现实性的。葛兰西与鼓吹"马克思主义危机""马克思主义过时"等修正主义论者针锋相对,认为他们这样做实际上是一种阶级背叛:"在实践哲学的基础上形成起来的知识分子的大的代表,除了他们人数不多之外,没有与人民联系起来,并不是出身于人民;他们是传统的中间阶级的代言人,因而在急剧的历史'转变'时期,他们也就回到这些阶级那里去了。其中另外一些人留在自己原来阵地上,但不是为了保证新理论的独立发展,而是为了对它作系统的修正。"①这无疑继承了马克思政治经济学批判的精髓。葛兰西致力于维护马克思主义的"纯洁性",同时根据实际形势推动了马克思主义批判理论的进一步丰富。他最有力的武器就是把握人与人的活动,在葛兰西看来,人就是人的活动,因而揭示了人是实践的人,而实践是人的实践,人始终是人的世界的核心。"并不存在独立的、自在的和自为现实,而只存在处在同那些改变它的人们的历史关系之中的现实。"②

葛兰西同时认为,任何实践与思想都必然处于历史的合理性之中,"把整个过去的哲学评价为愚蠢,不仅是一个历史的错误,因为它犯了一个时代错误,要求过去的人们像我们今天那样去思考;而且也是一种真正的形而上学残余,因为它采用了一种在一切时代和一切国家都有效的,可以用来评判过去的教条主义的思想方式。方法论上的反历史主义是十足的形而上学,哲学体系被取代的事实并不排除它们曾有一度在历史上是有效的,并发挥了一种必然的功能,对于它们的落到了路边的事实,要从历史的全部发展和真正的辩证的观点来考察"③。

很显然,作为一门真正的历史科学被建构起来,并强调实践的革命性意义,这在根本上意味着无产阶级的阶级意识与现实力量在社会历史领域的崛起。或者说,如果说马克思主义的政治经济学仅仅是方法论上的意义,那么,这种政治经济学的批判将会失去其终极的意义,而实际上,其最终是为了指导实践而不是被束之高阁或者躺在大学的图书馆里睡大觉或者仅仅是学者的案

---

① [意]安东尼奥·葛兰西:《狱中札记》,河南大学出版社2015年版,第79—80页。
② [意]安东尼奥·葛兰西:《实践哲学》,重庆出版社1990年版,第3页。
③ 同上书,第143—144页。

头研究。正是在此意义上,列宁基于社会主义实践对马克思主义的继承和发展就显得更加具有里程碑的意义。列宁继承马克思、恩格斯的伟大学说,从帝国主义的时代特点和俄国实际出发,把马克思主义政治经济学带入"第二次飞跃"。他主要有三大贡献:"深化一般商品经济规律的认识、揭示帝国主义基本矛盾和发达市场经济的基本特征,勇于探索社会主义初期利用市场关系。"① 而其中的经典之作就是列宁写于 1916 年的《帝国主义是资本主义的最高阶段》(即《帝国主义论》),在这部著作中,列宁"总结了《资本论》问世半个世纪以来世界资本主义的新变化,指出资本主义已经发展到一个新的阶段——帝国主义阶段",这是资本主义发展过程中的一个特殊阶段。

列宁把资本主义的新变化概括为五个基本特征,并在此基础上给帝国主义下了科学的定义:帝国主义是发展到垄断组织和金融资本的统治已经确立、资本输出具有突出意义、国际托拉斯开始瓜分世界、一些最大的资本主义国家已经把世界全部领土瓜分完毕这一阶段的资本主义,其最深厚的经济基础是"同竞争混合和并存的垄断",此时"资本主义表现出特有的寄生性和腐朽性"。② 此时,"旧资本主义已经过时了。新资本主义是向某方面的过渡……总之,20 世纪是从旧资本主义到新资本主义,从一般资本统治到金融资本统治的转折点"。③ 这和被认为是第二国际时代主要的马克思主义理论家,被列宁认为全面背离马克思主义理论和实践的卡·考茨基、帝国主义国家小资产阶级改良派的代表人物托马斯·霍布森,以及冒充无产阶级的资产阶级辩护士的代表人物,奥地利马克思主义的代表人物鲁道夫·希法亭的观点有着本质的区别。他们要么没有认识到资本主义已经到了帝国主义阶段,要么否认"帝国主义的不可避免性",要么没有绝对事实根据地为帝国主义辩护,要么是机械地理解马克思经济基础和上层建筑的关系……实际上都是对马克思政治经济学批判的误读,甚至背叛。

应该说,列宁的《帝国主义论》是资本主义发展到垄断阶段以后,对资本主

---

① 杨承训、张新宁:《列宁对马克思主义政治经济学的发展及其当代价值》,《当代经济研究》2016 年第 10 期。
② 《列宁专题文集·论资本主义》,人民出版社 2009 年版,第 97 页。
③ 同上书,第 135 页。

义最新发展阶段最科学和全面的把握和分析,是马克思、恩格斯之后的马克思主义政治经济学批判的又一巅峰之作。列宁所一手缔造的社会主义苏联是把马克思主义理论切实落实到了一个国家和政党的社会主义实践层面,即在落后农业国建设一个强大的社会主义工业强国,走社会主义道路的一个广阔的实践典范,对马克思主义的发展,尤其是后来的社会主义国家的政治经济学探索和实践给出了重要的参照。自列宁以后,马克思主义政治经济学领域具有革命性突破的文献至今尚未出现,或者说,在第二次世界大战之后长达半个多世纪的人类历史进程中,从革命的意义上,再没有出现过马克思主义政治经济学批判的高潮和经典作品。

三、马克思政治经济学的实践性发展

1922年11月20日,列宁在莫斯科苏维埃全会上的讲话中指出,新经济政策的实行使社会主义"已经不是一个遥远的将来","我们把社会主义拖进了日常生活","新经济政策的俄国将变成社会主义的俄国"。列宁说:"目前我们踏上了实干的道路,我们必须走向社会主义,但不是把它当作用庄严的色彩画成的圣像。我们必须采取正确的方针,必须使一切都经过检验,让广大群众、全体居民都来检验我们的道路,并且说:'是的,这比旧制度好。'这就是我们给自己提出的任务。"这意味着列宁已经放弃对前人关于社会主义发展的"欧美构想"和自身革命模式的"圣像崇拜",使之从"抽象图景"乃至"天堂幻景",回归亿万普通群众的"人间生活"。这同时意味着马克思主义理论在实践中的日常生活转向,这一转向带给世界社会主义事业以新的寓意和生机,虽然这在理论上并非列宁所独有,也并非列宁首创。在列宁之前,一些西方和东欧的马克思主义者从理论上就已经将视线转向了日常生活。"这显然不能看作是马克思主义哲学史上的巧合。实际上,作为西方马克思主义的创始人,卢卡奇和葛兰西都有着理论上的日常生活转向;作为东欧马克思主义的重要代表人物之一,阿格妮丝·赫勒(Agnes Heller)也有着日常生活转向。"因此,"经典马克思主义的激进政治革命已经让位于日常生活的渐进改革"。[1]

---

[1] 赵司空:《国外马克思主义的日常生活转向及启示——以卢卡奇、葛兰西和赫勒的日常生活理论为例》,《哲学分析》2013年第3期。

马克思主义的日常生活转向使得马克思主义的"阶级革命"传统开始分化和淡化,从而也带来马克思主义自身的重大变革。这种变革不仅体现在理论上的逐渐"温和"和"包容",更多的是实践上的"渐进"和"迂回"。更是因着西方资本主义社会工人运动的低潮和苏联社会主义的实践,这都促使世界社会主义的主题从以革命、暴动、斗争为中心转变为以建设、治理、发展等为目标。这样的转向,是马克思主义理论家对欧美特别是西欧革命遭遇挫折后的深刻反思,也是社会主义理论与现实之间的碰撞结果。而若说列宁是在实践中把社会主义拖进了"日常生活"的第一人,那么在理论上,如果追溯世界社会主义日常生活转向的源头,或许可以在马克思、恩格斯那里寻觅到蛛丝马迹。

第一,马克思、恩格斯的思想转变。1848年,马克思和恩格斯在《共产党宣言》中指出:"共产党人不屑于隐瞒自己的观点和意图。他们公开宣布:他们的目的只有用暴力推翻全部现存的社会制度才能达到。"[①] 而伴随着革命形势的发展,尤其是1848年起席卷欧洲大陆的经济革命和1849年革命的失败使得马克思、恩格斯意识到,要做好"长时期的斗争"的准备,"至少革命时期的第一阶段已告结束,而在新的世界经济危机爆发以前什么也等待不到"。"历史清楚地表明,当时欧洲大陆经济发展的状况还远没有成熟到可以铲除资本主义生产的程度;历史用经济革命证明了这一点。"[②] 但1873年世界经济危机的爆发,西欧资本主义社会仍然没有按照年轻的马克思、恩格斯的预期模式发生革命。包括英国在内的当时的发达国家,虽然"工人阶级与资产阶级之间的对立依然存在,但是尖锐程度有所缓和;斗争仍在继续,然而'火药味'在减少。事实证明,从19世纪70年代开始,资本主义在世界范围发展到一个新的更加成熟的阶段,而马克思原本预想中的无产阶级革命形态由于前提条件的丧失,发生的可能性已经很小。直到马克思去世,欧洲范围再也没有爆发过他所期待的'新的革命',而且之后也一直没有发生;相反,一次次危机却不断推动着西方国家生产的无限扩张和资本重组"。[③] 而这造成的直接后果就是资本主

[①] 《马克思恩格斯选集》(第1卷),人民出版社2012年版,第435页。
[②] 《马克思恩格斯选集》(第4卷),人民出版社2012年版,第382页。
[③] 张明、韦定广:《全球化视野中的1873年经济危机及其对马克思的挑战》,《复旦学报(社会科学版)》2004年第1期。

义国家"垂而不死"和资本主义经济的"新的发展阶段"的产生。

马克思本人也感觉到这些变化对原有理论模式所带来的挑战。1881年2月,马克思在致纽文胡斯的信中说:"在将来某个特定的时刻应该做些什么,应该马上做些什么,这当然完全取决于人们将不得不在其中活动的那个既定的历史环境。而现在提出这个问题是不着边际的,因而这实际上是一个幻想的问题,对这个问题的唯一的答复应当是对问题本身的批判。如果一个方程式的已知各项中不包含解这个方程式的因素,那我们就无法解这个方程式。"并认为不应"对未来的革命的行动纲领作纯学理的、必然是幻想的预测"。[①] 而晚年恩格斯也承认:"历史表明我们也曾经错了,暴露出我们当时的看法只是一个幻想。历史走的更远:它不仅打破了我们当时的错误看法,并且还完全改变了无产阶级进行斗争的条件。"[②]恩格斯为此开出的药方是调整革命策略,取得普选权,争取议会斗争的胜利。恩格斯的这一药方直接表明了要暂时保留暴力革命的念头,而转向比较温和的议会谈判手段。

第二,西方马克思主义者的理论转向。马克思、恩格斯后期的"自我修正"为后来的马克思主义者摆脱"暴力革命是唯一正途"的思维模式提供了巨大的辗转空间和回旋余地,特别是伴随着第一次世界大战前后资本主义的不断调整,部分西方马克思主义者在考虑当代资本主义社会的变革途径时,开始重视日常生活领域和文化领域,虽然这一转向最初是在与非马克思主义者辩论的过程中被后者"牵着鼻子走"的结果,但后来却形成了著名的日常生活批判理论,在政治和经济领域之外发展了马克思主义,并吸引了西方马克思主义代表人物及其后来者的研究目光。很难说,20世纪初西方马克思主义理论家的这一转向没有被当时处于同时代条件下的列宁所关注。

在这个阶段,以卢卡奇和葛兰西等为代表的西方马克思主义理论家已经开始了"从关注宏观的社会问题转向关注微观的社会问题,从关注社会的经济、政治问题转向关注社会的日常生活问题"的重大转变并深深地影响了后来的西方马克思主义思潮,其中以法国社会学家、被称为"日常生活批判理论之父"的列斐伏尔最为著名。他们"主张要从根本上改变人们的日常生活,只有

[①] 《马克思恩格斯选集》(第4卷),人民出版社2012年版,第541—542页。
[②] 同上书,第384页。

这样,社会主义革命的意义才能实现,也才能把人从异化劳动和人与人之间的物化关系中解放出来。虽然这个转变是理论家们在批判资本主义社会日常生活中的资产阶级思想并分析资本主义变革途径过程中形成的,但与此同时却带来了马克思主义理论研究自身的转向,预示着理论家们已经从革命的政治学转向改革的政治学,转向市民社会中生活习惯、思维方式、意识形态等文化层面。或者说,这种重大转向是从关注宏观的社会问题转向关注微观的社会问题,从关注社会的经济、政治问题转向关注社会的日常生活问题,并已成为社会变革的中心"。①

第三,列宁和中东欧的实践。马克思和列宁是以革命政治学为标志的世界社会主义史上的代表人物。从历史的角度,西方马克思主义理论上的日常生活转向似乎对新生的苏联并未产生直接的影响,一心要跨越"卡夫丁峡谷"的苏俄在十月革命后面对国内叛乱和被世界资本主义国家封锁的趋势,采取的是战时共产主义政策,这一政策继续了马克思、恩格斯的"阶级"和"革命"传统。但是随着第一次世界大战的结束和欧洲革命形势的趋缓,苏俄的国内外形势发生了重大变化,国家经济社会生活的复苏成为苏俄的第一要务,如何在一个政治、经济、文化都比较落后的国家建设社会主义成为以列宁为首的布尔什维克党面对的一个艰难课题。以余粮收集制为核心的战时共产主义政策虽然集中全国的人力、物力、财力击败了帝国主义的武装干涉,赢得了战争的胜利。但也使国民经济遭到了极大的破坏,再加上 1920 年爆发的自然灾害,人们的不满情绪日益滋长,工农联盟也面临着破裂的危险,这都为以征收粮食税为核心的新经济政策的出台和施行创造了重要条件。事实证明,新经济政策挽救了俄国的命运,列宁也因此才自豪地如本文开篇所说:在俄国,社会主义"已经不是一个遥远将来","我们把社会主义拖进了日常生活","新经济政策的俄国将变成社会主义的俄国",俄国的民众从此将走上社会主义的康庄大道。

但东欧的社会主义国家就没有这样的"运气"。列宁逝世后,因为国际国内局势,后来兴起的斯大林模式虽然使得苏联一跃成为世界第二强国,但也为

---

① 刘保国、王小岩:《日常生活批判理论与两种模式社会主义》,《甘肃社会科学》2003 年第 2 期。

苏联的社会主义建设埋下了深刻的政治和经济危机。而面对苏联社会主义建设所取得的重大成就，东欧多个在苏联帮助下建立的无产阶级政权毫不犹豫地高度模仿苏联模式开始自己的社会建设。然而，苏联模式自身的缺陷和完全"移植"所带来的"水土不服"为东欧社会主义国家的建设带来了灾难，虽然这些国家也在不断地尝试调适和改革，试图冲破这种僵化的发展模式，寻找到适合自己国家特色的道路，但改革打破了苏联模式在东欧的一统天下，却也使改革走向了死胡同，社会矛盾激化，经济发展长期陷入停滞，执政的共产党政权内外危机重重，从而直接导致了20世纪90年代东欧各国政权的更替和突变，苏联也最后解体。或者可以说，以革命建立政权的苏东社会主义国家正是因为难以通过改革像当初列宁那样把社会主义真正和成功地融入人民群众的日常生活而又很快走向崩溃。

第四，中国等亚太社会主义国家的转变。如果说中国等后来的社会主义国家和苏俄社会主义有什么相同之处，那肯定是在于新中国成立后的和平时期，在推进马克思主义大众化的进程中，我们通过"继续革命"和"阶级斗争"的名义把社会的日常生活给高度政治化了。

于是，依据列宁的逻辑，必须把社会主义融入人们的日常生活，让人们切身感受到社会主义的气息，因为"现实的人"就是处在日常生活过程中的人，日常生活世界是人们进行一切物质文化活动的基础性领域，人们只有通过日常生活才能生存并从事其他一切活动："现在我们发现了私人利益即私人买卖的利益与国家对这种利益的检查监督相结合的合适程度，发现了私人利益服从共同利益的合适程度，而这是过去许许多多社会主义者碰到的绊脚石。"若不善于实行这个"物质利益原则"，那么每走一步都会吃尽苦头。① 因为如果社会发展的最终目的不是新社会条件下劳动人民的幸福和解放，不是为了"物质财富极大丰富""人民精神境界极大提高""每个人自由而全面发展"，那么，作为马克思"唯物史观的逻辑起点、中心线索和价值指向"②的"现实的人"就只能是以意识活动为基础的存在。

而如果说当年列宁把社会主义拖入日常生活是一个开端和尝试，那么中

---

① 《列宁选集》（第4卷），人民出版社1995年版，第768页。
② 徐斌：《马克思关于"现实的人"的思想及其当代意义》，《中共中央党校学报》2013年第1期。

国改革开放后把社会主义拖入人们的日常生活则是社会主义国家建设和理论发展中的一个高潮。但不论这种转向是权宜之计还是长久的路线方针,抑或是社会主义在战胜资本主义的过程中所采取的一种适宜的战略或策略,我们都必须清楚,从社会主义建设的最高意义上来说,世界社会主义的日常生活转向并不是社会主义建设的最终目的,虽然理论家的这种理论转向并非偶然,虽然它只是把理论家和实干家的目光从政治和经济革命转向经济文化领域和日常生活的改革,虽然这种被称为"策略"的表述并非完全符合马克思主义的文本阐释。但是,从世界社会主义事业的大局和长远而言,这种转向也只能被看作一种手段,一种迫不得已但却对社会主义建设和发展有着重要意义的前进方略。

四、"一个学派"和"一本书"

显然,在马克思、恩格斯之后,对资产阶级社会(资本主义)的研析和批判并没有停止,而且出现了各种分支和流派,但是从某种意义上说,那种革命性的引领性的变革却非常微弱。当然,这是世界形势合力的结果,不过无论如何,这里仍然需要提到"一个学派"和"一本书"。

"一个学派"即法兰克福学派。第二次世界大战以后,或者说到了20世纪中期,随着美欧资本主义和社会主义局势的变化,面对文化危机和历史发展的困境,马克思主义者积极探索摆脱异化、实现人的解放的途径,尤以法兰克福学派最具代表性。该学派以阿多诺、霍克海默、本雅明、马尔库塞、弗洛姆和哈贝马斯等对资本主义的文化批判闻名于世。他们致力于用西方哲学解释、重建马克思主义,集中对启蒙精神、工具理性、大众文化进行批判,对现代资本主义展开深入分析和激烈批判,对人类社会最终走向提出自己的见解。他们的研究揭开了当代资本主义发展的虚伪面纱,让世人对资本主义制度的本质有了新认识。但是随着该学派成员的纷纷离世、学派内部的理论分歧增大、欧洲"新左派"运动趋于沉寂、法兰克福学派最后的代表哈贝马斯在学术观点和政治立场上的后退,统一的法兰克福学派在70年代已经趋于解体。

"一本书"即是曾煊赫一时的来自法国学者托马斯·皮凯蒂的《21世纪资本论》,被诺贝尔经济学奖得主保罗·克鲁格曼认为是"本年度最重要的经济学著作"。该书对18世纪工业革命之后的财富分配数据进行分析,认为不加制约的资本主义导致了财富不平等的加剧,自由市场经济非但不能完全解决巨额财富分配不平等的问题,而且带来国家贫富差距的继续扩大。或者说,皮凯蒂的结论是基于他自己的两大发现:一是发达国家的资本与国民收入相比过去30多年在大幅上升,二是财富的集中度也在大幅上升。皮凯蒂认为这是现代市场经济出现了系统性问题,要解决这一问题,就必须采取直接对高财富群体和资本实行高额税收。但是皮凯蒂自己也发现,当前资本主义社会人们财富的获得主要通过继承而不是劳动,这会导致资本主义倒退回"承继式资本主义"阶段。即便是高额收税,也难以解决根本问题。不过,因为皮凯蒂的分析只是在流通和分配领域而不涉及生产领域,或者如部分学者所认为的他没有厘清消费性财富和生产性资本的区别,因此皮凯蒂的分析不可避免地存在着根本的缺陷,他提出的解决问题的方式也不可避免地难以从根本上解决资本主义的矛盾。

应该说,马克思的政治经济学批判是需要现实的资本主义矛盾或危机发展的土壤的,而且更加需要政治的伴随。但是在革命高潮过去之后,我们就会发现马克思主义政治经济学批判出现了缺水的状况,因为出现了现实的基础的坍塌。那么马克思主义政治经济学在未来之所以继续得到发展,是因为只要资本主义还在发展,只要资本主义的根本矛盾不能解决,马克思主义的政治经济学批判就永远具有现实意义。马克思向我们展示了一幅与资本主义生产方式密切相关的完整画卷。在政治经济学批判早期,马克思通过对"市民社会""私有制""异化劳动""实践"和"生产关系"等社会经济范畴的理论省察,实现了政治经济学批判理论主题的转换,充分表明了这一理论本身的科学性,也再次说明了这一理论之于时代的意义。

在我国,新中国成立以后,马克思主义政治经济学作为中国马克思主义理论体系的主要内容,为我国的社会主义市场经济建设提供了智力支援。在马克思主义的指导下,在中国共产党的领导下,中国特色社会主义建设取得了巨大成功,中国特色社会主义政治经济学理论也不断完善。同时,中国特色社会主义建设的硕果和中国特色社会主义政治经济学理论的完善也反过来印证着马克思政治经济学批判的当代效力。

党的十八大以来,习近平总书记多次讲到要学习好、运用好、发展好马克思主义政治经济学:"坚持和发展中国特色社会主义政治经济学,要以马克思主义政治经济学为指导""有人说,马克思主义政治经济学过时了,《资本论》过时了。这个说法是武断的""我们政治经济学的根本只能是马克思主义政治经济学,而不能是别的什么经济理论""只有以我国实际为研究起点,提出具有主体性、原创性的理论观点,构建具有自身特质的学科体系、学术体系、话语体系,我国哲学社会科学才能形成自己的特色和优势""要善于提炼标识性概念,打造易于为国际社会所理解和接受的新概念、新范畴、新表述,引导国际学术界展开研究和讨论""经济学虽然是研究经济问题,但不可能脱离社会政治,纯而又纯",政治经济学是有阶级性的,政治经济学必须搞清楚"为了谁"这个根本问题。习近平总书记在中央政治局集体学习时强调,要把以人民为中心作为中国特色社会主义政治经济学的根本立场和主线,要坚持以人民为中心的发展思想,这是马克思主义政治经济学的根本立场。要坚持把增进人民福祉、促进人的全面发展、朝着共同富裕方向稳步前进作为经济发展的出发点和落脚点,部署经济工作、制定经济政策、推动经济发展都要牢牢坚持这个根本立场。因此,马克思主义政治经济学是无产阶级及广大劳动人民的经济学,中国特色社会主义政治经济学必须以人民为根本立场。中国特色社会主义政治经济学只能是马克思主义政治经济学,而不能是别的什么经济理论。[①] 要把中国的改革开放与现代化建设经验上升为系统化的经济学说,着力构建中国特色社会主义政治经济学,不断推进充分体现中国特色的社会主义政治经济学学科体系、学术体系和话语体系建设。

---

① 参见王伟光:《中国特色社会主义政治经济学的重大创新成果》,《经济日报》2022年3月25日。

参 考 文 献

1. [法] 阿图塞:《列宁和哲学》,台北远流出版社1990年版。
2. [英] 艾力克斯·柯林尼可斯:《批判之源》,台大出版社2019年版。
3. [加] 艾伦·梅克森斯·伍德:《民主反对资本主义——重建历史唯物主义》,重庆出版社2007年版。
4. [苏联] 艾·瓦·伊林柯夫:《马克思〈资本论〉中的抽象与具体的辩证法》,山东人民出版社1993年版。
5. [英] 安德鲁·布朗、史蒂夫·弗利特伍德、约翰·迈克尔·罗伯茨等:《批判实在论与马克思主义》,广西师范大学出版社2007年版。
6. [意] 安东尼奥·葛兰西:《实践哲学》,重庆出版社1990年版。
7. [意] 安东尼奥·葛兰西:《狱中札记》,河南大学出版社2015年版。
8. [英] 安东尼·吉登斯:《社会的构成:结构化理论纲要》,中国人民大学出版社2015年版。
9. [法] 奥古斯特·孔德:《论实证精神》,商务印书馆1996年版。
10. 陈岱孙:《陈岱孙学术论著自选集》,首都师范大学出版社1994年版。
11. 《大卫·李嘉图全集》(第1卷),商务印书馆2014年版。
12. 《大卫·李嘉图全集》(第6卷),商务印书馆2014年版。
13. 《大卫·李嘉图全集》(第7卷),商务印书馆2014年版。
14. 段忠桥:《历史唯物主义与马克思的正义观念》,《哲学研究》2015年第7期。
15. [美] E.K.亨特:《经济思想史:一种批判性视角》,上海财经大学出版社2007年版。

16. ［法］费尔南·布罗代尔：《十五至十八世纪的物质文明、经济和资本主义》三卷本，商务印书馆 2017 年版。

17. ［德］弗里德里希·卡尔·冯·萨维尼、［德］艾里克·沃尔夫编：《历史法学派的基本思想（1814—1840 年）》，法律出版社 2009 年版。

18. ［德］弗里德里希·李斯特：《政治经济学的国民体系》，商务印书馆 1997 年版。

19. 弗里德里希·威廉·舒尔茨：《生产运动》，南京大学出版社 2019 年版。

20. ［德］弗·梅林：《德国社会民主党史：现代科学共产主义（1830—1848）》，生活·读书·新知三联书店 1963 年版。

21. ［法］福柯：《词与物：人文知识的考古学》，上海三联书店 2001 年版。

22. 《傅立叶选集》（第 3 卷），商务印书馆 2016 年版。

23. ［英］G. A. 科恩：《卡尔马克思的历史理论——一种辩护》，高等教育出版社 2008 年版。

24. ［德］伽达默尔：《哲学解释学》，上海译文出版社 2005 年版。

25. 广松涉：《文献学语境中的德意志意识形态》，南京大学出版社 2005 年版。

26. 汉娜·阿伦特：《论革命》，译林出版社 2011 年版。

27. ［美］汉娜·阿伦特：《人的境况》，上海人民出版社 2009 年版。

28. 汉娜·阿伦特：《什么是权威》，《历史法学》2012 年第 1 期。

29. 黑格尔：《法哲学原理》，人民出版社 2017 年版。

30. ［德］黑格尔：《逻辑学》，人民出版社 2002 年版。

31. ［德］黑格尔：《小逻辑》，商务印书馆 1996 年版。

32. 户晓坤：《马克思"政治经济学批判"的方法论原则及其贯彻》，《马克思主义研究》2017 年第 5 期。

33. ［英］霍布斯：《利维坦》，商务印书馆 1986 年版。

34. ［法］吉尔德·德兰逊：《社会科学：超越建构论和实在论》，吉林人民出版社 2005 年版。

35. 季陶达主编：《庸俗资产阶级经济学选辑》，商务印书馆 1978 年版。

36. ［意］加尔维诺·德拉·沃尔佩：《卢梭与马克思》，重庆出版社 1993 年版。

37. ［美］加里·B. 赫伯特：《权利哲学史》，华东师范大学出版社 2020 年版。
38. ［美］杰弗里·M. 霍奇逊：《经济学是如何忘记历史的：社会科学中的历史特性问题》，中国人民大学出版社 2007 年版。
39. ［奥地利］卡尔·门格尔：《经济学方法探究》，新星出版社 2007 年版。
40. 《康德著作全集》（第 6 卷），中国人民大学出版社 2007 年版。
41. 《考茨基文选》，人民出版社 2008 年版。
42. ［英］克里斯多夫·约翰·阿瑟：《新辩证法与马克思的〈资本论〉》，北京师范大学出版社 2018 年版。
43. ［法］魁奈：《魁奈经济著作选集》，商务印书馆 1997 年版。
44. ［美］拉塞尔-柯克：《保守主义思想》，江苏凤凰文艺出版社 2019 年版。
45. ［波兰］莱泽克·科拉科夫斯：《理性的异化——实证主义思想史》，黑龙江大学出版社 2011 年版。
46. 李天保：《马克思恩格斯语境中的六种实证主义》，《现代哲学》2019 年第 3 期。
47. 《列宁选集》（第 2 卷），人民出版社 2012 年版。
48. 《列宁专题文集》，人民出版社 2009 年版。
49. ［匈］卢卡奇：《历史与阶级意识》，商务印书馆 1996 年版。
50. ［苏联］卢森贝：《政治经济学史》（上卷），生活·读书·新知三联书店 1962 年版。
51. ［法］卢梭：《社会契约论》，商务印书馆 2003 年版。
52. ［法］路易·阿尔都塞：《保卫马克思》，商务印书馆 1984 年版。
53. ［美］罗兰·N. 斯特龙伯格：《现代西方思想史》，中央编译出版社 2004 年版。
54. ［英］罗纳德·米克：《马克思恩格斯论马尔萨斯》，生活·读书·新知三联书店 1957 年版。
55. 罗雄飞：《马克思的经济学方法论思想——以科学实证主义为核心》，经济日报出版社 2016 年版。
56. ［德］马丁·海德格尔：《路标》，商务印书馆 2001 年版。
57. ［英］马尔萨斯：《人口原理》，商务印书馆 1996 年版。

58. [英] 马克·布劳格：《经济学方法论》，商务印书馆 1992 年版。
59. [英] 马克·戈尔迪、[英] 罗伯特·沃克勒：《剑桥十八世纪政治思想史》，商务印书馆 2017 年版。
60. 《马克思恩格斯全集》（第 17 卷），人民出版社 1963 年版。
61. 《马克思恩格斯全集》（第 1 卷），人民出版社 1956 年版。
62. 《马克思恩格斯全集》（第 1 卷），人民出版社 2001 年版。
63. 《马克思恩格斯全集》（第 29 卷），人民出版社 1972 年版。
64. 《马克思恩格斯全集》（第 30 卷），人民出版社 1995 年版。
65. 《马克思恩格斯全集》（第 31 卷），人民出版社 1998 年版。
66. 《马克思恩格斯全集》（第 33 卷），人民出版社 2004 年版。
67. 《马克思恩格斯全集》（第 34 卷），人民出版社 2008 年版。
68. 《马克思恩格斯全集》（第 35 卷），人民出版社 2013 年版。
69. 《马克思恩格斯全集》（第 3 卷），人民出版社 2002 年版。
70. 《马克思恩格斯全集》（第 42 卷），人民出版社 1979 年版。
71. 《马克思恩格斯全集》（第 44 卷），人民出版社 2001 年版。
72. 《马克思恩格斯全集》（第 46 卷），人民出版社 2003 年版。
73. 《马克思恩格斯全集》（第 47 卷），人民出版社 2003 年版。
74. 《马克思恩格斯文集》（第 10 卷），人民出版社 2009 年版。
75. 《马克思恩格斯文集》（第 1 卷），人民出版社 2009 年版。
76. 《马克思恩格斯选集》（第 1—4 卷），人民出版社 2012 年版。
77. 《马克思恩格斯选集》（第 1 卷），人民出版社 1995 年版。
78. 《马克思恩格斯选集》（第 2 卷），人民出版社 1995 年版。
79. 《马克思恩格斯选集》（第 3 卷），人民出版社 1995 年版。
80. [德] 马克斯·韦伯：《罗雪尔与克尼斯：历史经济学的逻辑问题》，上海人民出版社 2009 年版。
81. [德] 马克斯·韦伯：《韦伯作品集 VII：社会学的基本概念》，广西师范大学出版社 2005 年版。
82. [美] 曼瑟尔·奥尔森：《集体行动的逻辑》，格致出版社、上海人民出版社 2014 年版。

83. 《毛泽东文集》(第 8 卷),人民出版社 1999 年版。
84. [法] 米歇尔·福柯:《必须保卫社会》,上海人民出版社 2010 年版。
85. [法] 米歇尔·福柯:《生命政治的诞生》,上海人民出版社 2011 年版。
86. [法] 米歇尔·福柯:《知识考古学》,生活·读书·新知三联书店 1998 年版。
87. [希腊] 尼科斯·波朗查兹:《政治权力与社会阶级》,中国社会科学出版社 1982 年版。
88. 《普列汉诺夫哲学著作选集》(第 3 卷),生活·读书·新知三联书店 1962 年版。
89. [英] 乔恩·埃尔斯特:《理解马克思》,中国人民大学出版社 2008 年版。
90. [匈] 乔治·卢卡奇:《历史与阶级意识》,商务印书馆 2009 年版。
91. [法] 萨伊:《政治经济学概论:财富的生产、分配和消费》,商务印书馆 1997 年版。
92. 《圣西门选集》(第 1 卷),商务印书馆 2010 年版。
93. 《圣西门学说释义》,商务印书馆 2011 年版。
94. [英] 史蒂文·卢克斯:《权力:一种激进的观点》,江苏人民出版社 2012 年版。
95. 孙代尧、路宽:《探寻中国马克思主义的思想史源头》,《中国社会科学》2022 年第 11 期。
96. [美] T. 帕森斯:《现代社会的结构与过程》,光明日报出版社 1988 年版。
97. 唐正东:《从斯密到马克思》,南京大学出版社 2002 年版。
98. [美] 托尔斯坦·凡勃伦:《科学在现代文明中的地位》,商务印书馆 2012 年版。
99. [法] 托克维尔:《旧制度与大革命》,商务印书馆 1997 年版。
100. [美] 威廉·邓宁:《政治学说史》(下卷),吉林出版集团有限责任公司 2009 年版。
101. [德] 威廉·罗雪尔:《历史方法的国民经济学讲义大纲》,商务印书馆 1986 年版。
102. [英] 威廉姆·奥斯维特:《新社会科学哲学:实在论、解释学和批判理论》，科学出版社 2018 年版。

103. ［英］威廉·配第：《政治算术》，商务印书馆 1978 年版。

104. 吴晓明：《论马克思政治哲学的唯物史观基础》，《马克思主义与现实》2020 年第 1 期。

105. 吴晓明：《〈资本论〉方法的当代意义》，《教学与研究》2018 年第 7 期。

106. ［美］西奥多·M. 波特、［美］多萝西·罗斯主编：《剑桥科学史第七卷：现代社会科学》，大象出版社 2008 年版。

107. ［英］西尼尔：《政治经济学大纲》，商务印书馆 1986 年版。

108. ［法］西斯蒙第：《政治经济学新原理》，商务印书馆 1998 年版。

109. ［法］夏尔·季德、［法］夏尔·利斯特：《经济学说史》（下册），商务印书馆 1986 年版。

110. ［美］小罗伯特·B. 埃克伦德、罗伯特·F. 赫伯特：《经济理论和方法史》，人民大学出版社 2000 年版。

111. ［英］休谟：《人性论》，商务印书馆 1996 年版。

112. ［英］亚当·斯密：《国民财富的性质和原因的研究》（上下卷），商务印书馆 1983 年版。

113. 《亚当·斯密全集》（第 4 卷），商务印书馆 2014 年版。

114. 杨承训、张新宁：《列宁对马克思主义政治经济学的发展及其当代价值》，《当代经济研究》2017 年第 1 期。

115. 杨嵘均：《智力劳动与知识价值论：传播政治经济学的理论基础》，《社会科学》2022 年第 7 期。

116. 叶启政：《重估韦伯的"理念型"——后设理论的启示》，《清华社会科学》第 1 卷第 1 辑。

117. ［德］于尔根·科卡、［荷］马塞尔·范德林登主编：《资本主义：全球化时代的反思》，商务印书馆 2018 年版。

118. ［英］约翰·埃利奥特·凯尔恩斯：《政治经济学的特征和逻辑方法》，商务印书馆 2016 年版。

119. ［美］约翰·罗默：《马克思主义经济理论的分析基础》，上海人民出版社 2007 年版。

120. ［英］约翰·洛克：《政府论（下篇）》，商务印书馆1997年版。

121. ［英］约翰·穆勒：《论政治经济学的若干未定问题》，商务印书馆2012年版。

122. ［英］约翰·内维尔·凯恩斯：《政治经济学的范围与方法》，商务印书馆2017年版。

123. ［美］约瑟夫·熊彼特：《经济分析史》（第2卷），商务印书馆1992年版。

124. ［美］约瑟夫·熊彼特：《经济分析史》（第3卷），商务印书馆1992年版。

125. ［英］詹姆斯·塔利：《论财产权：约翰·洛克和他的对手》，商务印书馆2014年版。

126. 张一兵：《社会批判理论纪事（第四辑）》，江苏人民出版社2010年版。

127. ［意］朱里奥·巴勒莫：《经济学与权力：马克思主义批判观点》，上海财经大学出版社2021年版。

128. Adam Smith, Wealth of Nation, P. F. Collier & Son 1902, Vol. 1.

129. Arendt H. On Violence, San Diego & New York & London: Harcourt Brace.

130. Baratz M. S., Bachrach P., Two Faces of Power, The American Political Science Review, 56 (4), 1962.

131. Bhaskar. R., A Realist Theory of Science, London & New York: Routledge, 2008.

132. Bhaskar R. & Callinicos A., Marxism and Critical Realism: a Debate, Journal of Critical Realism, 1: 2, 2003.

133. Bhaskar R., Dialectic: The Pulse of Freedom, London & New York: Routledge, 2008.

134. Bhaskar R., Reclaiming Reality: A Critical Introduction to Contemporary Philosophy, London & New York: Routledge, 2001.

135. Bhasker R., Philosophy and the Idea of Freedom, Oxford & Cambridge: Blackwell, 1991.

136. Bidet J. & Kouvelakis E. ed., Critical Companion to Contemporary Marxism, Leiden & Boston: Brill, 2008.

137. Callinicos A., Against the New Dialectic, Historical Materialism, Volume13: 2, Koninklijke Brill NV, Leiden, 2005.
138. Callinicos A., Making History: Agency, Structure, and Change in Social Theory, Leiden • Boston: Brill. 2004.
139. Christopher G. A. Bryant, Positivism in Social Theory and Research, Macmillan Education UK, 1985.
140. Cohen P., Is Positivism Dead? The Sociological Review, 1980 - feb. Vol. 28iss. 1.
141. Collier A., Critical Realism: An Introduction to Roy Bhaskar's Philosophy, London & New York: Verso, 1994.
142. Comte, A., A General View of Positivism, New York: Cambridge University Press, 2015.
143. Craib I. & Benton T., Philosophy of Social Science: The Philosophical Foundations of Social Thought, Palgrave Macmillan, 2011.
144. Creaven S., Emergentist Marxism: Dialectical Philosophy and Social Theory London & New York: Routledge, 2007.
145. Creaven. S., Marxism and Realism: A Materialistic Application of Realism in the Social Sciences, London & New York: Routledge, 2001.
146. Creaven. S., Marxism and Realism: A Materialistic Application of Realism in the Social Sciences, London & New York: Routledge, 2001.
147. Dahl R. A., The Concept of Power, Behaviour Science 2 (3), 1957.
148. Eckart Pankoke, Sociale Bewegung, Sociale Frage, Sociale Politik, Stuttgart, 1970.
149. Eckart Pankoke, Sociale Bewegung, Sociale Frage, sociale Politik, Stuttgart, 1970, S.
150. Elster J., Marxism, Functionlism and Game Theory: The Case for Methodological Individualism, Theory and Society 11, 1982.
151. Focault M., Essential Works of Foucault, 1954 - 1984, Volume 2, New York: The New Press, 1998.

152. Gerhard A. Ritter, Soziale Frage und Sozialpolitik in Deutschland seit Beginn des 19, Jahrhundert, Springer Verlag, 1998.
153. Gerhard A. Ritter, Soziale Frage und Sozialpolitik in Deutschland seit Beginn des 19. Jahrhundert, Springer Verlag 1998, S. 9.
154. Goodin R. E., Pettit P. and Pogge T. ed., A Companion to Contemporary Political Philosophy Volume II, Blackwell Publishing, 2007.
155. Gouldner A., Two Marxsim: Contradictions and Anomalies in the Development of Theory, London: Macmilan, 1980.
156. Hannah Arendt, On Revolution, Faber & Faber Ltd., London 2016.
157. Hartwig M. Dictionary of Critical Realism, London & New York: Routledge, 2007.
158. Jackson R., Sovereignty: Evolution of an Idea, Cambridge: Polity, 2007.
159. Jacoud G. ed., Jean-Baptiste Say and Political Economy, London & New York: Routledge, 2017.
160. Jones, G. S., and G. Claeys, The Cambridge History of Nineteenth-Century Political Thought. Cambridge University Press, 2011.
161. Jérôme-Adolphe Blanqui, History of Political Economy in Europe, trans. Emily J. Leonard, Press of G. P. Putnam's Sons, New York, 1885.
162. Keats R. & Urry J., Social Theory as Science, London & Boston: Routledge & Kegan Paul Ltd, 1975.
163. Lcokwood D., Social Integration and System Integration, in Zollschan K. G. ed., Explorations in Social Change. Routledge: Routeledge, 1964.
164. Levine A., Sober E., Wright E. O., Marxism and Methological Individualism, New Left Review, I-162 (Mar-Apr 1987).
165. Little D., The Scientific Marx, Minneapolis: University of Minnesota Press, 1986.
166. Lorenz von Stein, Der Sozialismus und Communismus im heutigen Frankreich, 1842.

167. Lorenz von Stein, Der Sozialismus und Communismus im Heutigen Frankreich, 1842, S.
168. Margaret Archer, Roy Bhaskar, Andrew Collier, Tony Lawson and Alan Norrie ed., Critical Realism: Essential Readings, London & New York: Routledge, 1998.
169. Moses Hess, Philosophische und Sozialistische Schriften, hrsg. u. einl. v. Auguste Cornu u. Wolfgang Mönke, Akademie Verlag 1961, S.
170. Nationalökonomie, in: Historische Wörterbuch der Philosophie online, Schwabe Verlg, 2007.
171. Parsons T., On the Concept of Political Power, Proceedings of the American Philosophical Society 107 (3), 1963.
172. Polsby N. W., Community Power & Political Theory, New Haven & London: Yale University Press, 1966.
173. Popora D. V., Reconstructing Sociology: The Critical Realist Approach, Cambridge: Cambridge University, 2015.
174. Redman D. A., The Rise of Political Economy as a Science Methodology and the Classical Economists. Massachusetts & London: The MIT Press, 1997.
175. Rubin I., Essays on Marx's Theory of Value, Montreal & New York, Black Rose Books, 1990.
176. Toynbee A., Lectures on Industrial Revolution in England, 1896.
177. Walker D. A., Marx, Methodology and Science: Marx's Science of Politics, London & New York: Routledge, 2001.

后　　记

本书的完成实际上是不容易的。疫情后的冲击对于正处于冲刺阶段的写作无论是在精神上还是在身体上都无疑增加了更多的难度,完稿的过程一直是处于时而清醒时而昏沉的状态。但毕竟最终完成了,昏沉的时候就休息会儿,清醒的时候就继续埋头码字。著作中的困苦在疫情等外在因素的"折磨"中最终被打败,这是颇令人欣慰的地方之一。

对于马克思主义政治经济学的关注,如果说还需要从源头谈起,那么这本书无疑具有重要的参考价值。马克思本人的思想变化是其政治经济学得以被继往开来的根本,他在这个过程中做出了卓越的探索和伟大的历史贡献。无疑,这本书的写作肯定不及把握和赞颂马克思(包括恩格斯在内的)政治经济学研究及其转向的贡献的千万分之一,但如果能够由此丰富对马克思本人思想体系的研究,就是颇令人欣慰的地方之二。

本书由上海社会科学院马克思主义学院的三位老师共同完成,第一章的作者是谢晓川,中间三章的作者是潘乐,最后一章的作者是冯莉,全书由冯莉最终完成统稿。如果说从一开始就决定了本书不想流于表面分析并最终成稿和成功出版,并与各位阅览者共同进步,则是颇令人欣慰的地方之三。

感谢所有人在这个过程中的真切付出,尤其感谢出版社相关同志的辛苦付出。

是为后记。

2023 年 9 月

图书在版编目(CIP)数据

马克思政治经济学的开端：从文本到现实 / 潘乐，谢晓川，冯莉著. — 上海：上海社会科学院出版社，2023

（马克思主义理论学位点培优培育）

ISBN 978-7-5520-4165-1

Ⅰ.①马⋯ Ⅱ.①潘⋯ ②谢⋯ ③冯⋯ Ⅲ.①马克思主义政治经济学—研究 Ⅳ.①F0-0

中国国家版本馆 CIP 数据核字(2023)第 154279 号

马克思政治经济学的开端——从文本到现实

著　　者：潘　乐　谢晓川　冯　莉
责任编辑：董汉玲
封面设计：金　峰
出版发行：上海社会科学院出版社
　　　　　上海顺昌路 622 号　邮编 200025
　　　　　电话总机 021-63315947　销售热线 021-53063735
　　　　　http://www.sassp.cn　E-mail:sassp@sassp.cn
排　　版：南京展望文化发展有限公司
印　　刷：浙江天地海印刷有限公司
开　　本：710 毫米×1010 毫米　1/16
印　　张：14
字　　数：214 千
版　　次：2023 年 9 月第 1 版　2023 年 9 月第 1 次印刷

ISBN 978-7-5520-4165-1/F·739　　　定价：75.00 元